JN118841

できるに違いない。

倉本尚徳氏の本書第一章は「仏像を主役とする年中行事――灌仏と行像」と題し、岸野氏がインドに関して論じた「行像」の風習が中国にどのように伝わり、受け継がれたかを、具体的な文物資料に即して解説する。

第二章「身心をきよめる――大乗の懺悔儀礼と仏像」は、インドとの対比から視点を転じ、中国中世に特に重んじられた大乗仏教の菩薩としての実践徳目を論ずる。具体的には過去の過ちを告白し悔い改める「懺悔（さんげ）」――キリスト教の一部で行われる懺悔（ざんげ）と仕方も内容も異なる――をすることの意味と、具体的な仕方、そして懺悔する際に仏像の前で行うことを詳しく論じ、その思想的な意味も解説する。

第三章「仏・菩薩を憶念・観想する――念仏・観仏と仏像との関わり」は、第二章に続き、やはり仏像が大切な役割を果たす実践法として観仏（ブッダを目の当たりにする瞑想体験）を取り上げ、経典に書かれた内容との繋がりを説く。

第二・第三章の内容をまとめる形で最後に第四章「菩薩の誓願――仏前での誓い」では、大乗仏教を実践する者として、まず菩薩として誓願を立て、この世の全ての衆生を救おうとする他者救済・利他行が肝心要の行いであることを、主たる文献資料と実際に残る遺跡の両面から解き明かす。

本冊は、他の四冊と比べて参考文献が多く、また論述もかなり詳細にまで及ぶところが多い。これは仏教を実践するという実態を解説するには具体的な資料を明らかにしながら論述するのが最も適していると判断した倉本氏の見識の表れである。倉本氏の誠実さに裏付けられた詳しく具体的な解説としてお読みいただければ幸いである。

なお倉本氏と岸野氏のお二人の概説への橋渡しとして、第一冊『菩薩として生きる』にて、わたくしはお二人の論を読む助けとなりそうな補足事項を予め解説しておいた。具体的にどのようなことを書いたかというと、菩薩とはどのような修行者かと、経典を読む方法に「転読（てんどく）」と「梵唄（ぼんばい）」という二種の読み方があったことなどである。是非それらも繋げて本書の理解を深めていただければと思う。

詳しい解説の前にくどくどしい事柄を書くのは野暮というもの。「はしがき」はこのあたりにとどめ、詳しい論述を再読三読して実際にじっくり堪能していただきたい。

# 儀礼と仏像

# 目次

目　次

# 凡　例

・略語一覧

P.：ペリオ将来敦煌漢文文献

Pāli.：パーリ語

S.：スタイン将来敦煌漢文文献

Skt.：サンスクリット語

V：敦煌文献などの紙背

ДХ：ロシア科学アカデミー東洋写本研究所蔵敦煌文献

大正：『大正新脩大蔵経』大蔵出版（例えば第十五巻四五六頁上段の場合、「大正一五・四五六上」と表記）

新纂続蔵：『新纂　大日本続蔵経』国書刊行会

（）：異称・語句の解説

〔〕：補って読むことを表す

／：改行を示す

・漢字に関しては、基本的に日本の常用漢字を用いるが、姓名など固有名詞で、特に弁（辯・辨・瓣）、予（予・豫）など、複数の旧字と対応する常用漢字に関しては、時に旧字体を用いる場合がある。

・漢数字の表記

一、単位語として、万、億、兆を入れる。

凡　例

例：一億二五八〇万七二六八人

二、概数などを表す千万、百万、千、百などの位で終っている数字は、単位語を使用する。

例：約八千万人　八百万人　八千人

三、西暦年、巻数、頁数などは、千、百などの単位語を入れない。

例：二〇二〇年　六五三頁　巻四五六

四、二桁の数字の場合、十代は十、十一、十二……、二十以降は二十、二一、二二と表記する。

例：十三世紀　二十世紀　六五万票

五、熟語、慣用語は、そのまま使用する。

例：三十二相　三十五仏　四十八願　二十四重戒

六、小数点の表記については、中黒「・」を用いる。

例：二・五六メートル　二七・三日

# 序章

仏像とは何であろうか、仏像は人のような形でありながら人ではない崇高さをもそなえている。ある仏像は見る者に崇高さを与え、ある仏像は親しみを覚えさせる。博物館に足繁く通う方にとっては精巧な美術品かもしれない。たとえそうであったとしても、人の形をしているということは単なる「もの」とは異なる感覚をおこさせることは確かである。

こうした仏像に血や肉を与えるものが仏教儀礼である。仏教儀礼は仏の存在を確かめる場でもあった。仏を形あるものとして表現した仏像は、目に見えない仏と修行者とをつなぐ存在として、儀礼において大きな役割を果たした。

こうした儀礼が生み出された思想的背景には、開祖である釈迦入滅後の世界に生きる者たちが抱いた、現世あるいは来世において、実際に仏に見(まみ)えてその教えを受けたいという切実な願望がある。この願望は、大乗の経典には「見仏聞法(けんぶつもんぼう)」、仏像の銘文には「値仏聞法(ちぶつもんぼう)」という語でしばしば表現される。「値」は会うという意味である。

仏教儀礼における「見仏」については、仏教儀礼という概念について批判的検証を行ったロバート・シャーフも重視する。すなわち、儀礼における仏像は、単に仏の象徴としてだけではなく、生身(しょうじん)の仏が具現化されたものであるとする。そして同時に、そうした「見仏」が最終的に目指す境地は、現実のすべてに固定した実体はなく、関係性によって成り立つことを悟るという大乗仏教の空観にあることも論じている（Sharf 2005）。

仏に見えたいという思いは仏像の制作にも反映された。日本では中国からの影響も受けつつ、生命を宿した存在としての仏を表現する「生身仏像」が多数造られた。仏像の内部に五臓六腑に見立てたものを納入したり、裸形の像に衣を着せたり、実際に髪が生えているように植毛したり、玉眼をはめこんだりして、実際の人を意識して造られたのである（奥二〇一九、二八五～四七二）。そして、過去の記録には、仏が様々な奇跡をおこしたことが伝えられている。仏像がひとりでに動き出して移動したり、涙を流したり、最もよく史料に見られるのは光を放つことである。

こうした霊験譚と密接に関わるのが仏教儀礼である。儀礼の実践者が仏に誠心誠意祈りをささげると、仏像が光を放つなど、何らかの形で動きを示した事例が史料に頻繁に見られる。

仏教儀礼の研究は近年盛んになり、特に美術史の分野では仏像や仏画が仏教儀礼においていかに用いられたかという観点から、これまでの作品の理解に対し深みを与える研究がなされている。例えば、西谷功氏は、平安末から鎌倉初期に活躍した俊芿など、南宋に渡った僧たちが自ら身をもって現地で学んだ仏教儀礼と、皇室とも関わりの深い京都・泉涌寺の仏像や仏画とが密接に関係していることを明らかにしている（西谷二〇一八）。

仏教儀礼は、仏の誕生を祝う仏生会など、仏菩薩を記念・顕彰する祝祭的意味合いが強い儀礼と、修行としての側面が強い儀礼に大きく分けられる。前者は在俗者が儀礼の主役や運営の主体となる場合も多い。一年の特定の日に行われる年中行事としての性格を持つものもある。後者は出家修行者が主な対象であるが、在俗者も参加し修することが可能とされるものも数多い。悟りを目指す修行の一環として行うものである。

本書では前者の代表例として、仏像に香水をそそぎかける灌仏儀礼と、仏像を輦車に載せて、あるいは御輿でかついで街中をめぐり歩くという行像儀礼をとりあげる。輦車とは、多人数で引いて歩く車であり、日本でいう山車である。

一般的には、灌仏儀礼は釈迦の誕生を祝うものであると考えられているが、インドでは必ずしも誕生を祝う時だけのものではなかった。また、行像儀礼も様々な場面で行われた。しかし中国では、釈迦の誕生・出家・涅槃などがそれぞれ別の日に定められたことにより、行像に関しても特定の日と結びつくことになった。その詳しい事情をインドから中国、さらには日本まで跡づけたのが第一章である。具体的には、皇帝などが主催する「仏を迎える」行像儀礼と、「城を巡る」行城儀礼を区別して論じ、後者が悉達太子（出家前の釈迦）の踰城出家を記念する行事と見なされ、唐代に普及する事情を明らかにする。この行像と行城に関しては、すでに倉本（二〇一一）に中国語の論考としてまとめている。本書の内容は、この論考に日本の事例などを加筆し修正したものである。特に中国の南朝における仏像自体を指す行像の意味に関する記述を修正し、「進み行く像」としての行像についてもその内実を明らかにした。

第二章から第四章は修行的性格の強い大乗の仏教儀礼の各要素について論ずる。とりあげるのはそれぞれ、懺悔・観仏と念仏・誓願である。これらも仏との関係が非常に重要であり、懺悔は仏に対する罪の告白、観仏は仏を憶念すること、誓願も仏に対する誓約という意味を有する。これらは仏なくしては成立せず、その媒介として仏像・仏画が大きな役割を果たした。

第二章では、大乗の懺悔儀礼について論ずる。来世で仏に見えたいというのは、地獄に堕ちたくないという願いと表裏一体である。そして過去世から長い間かけて積み重ねてきた業によって、来世の行き先が決まると考えられ、そうした罪業の滅除のために懺悔が必要とされた。中国において仏教儀礼として最も発展したのがこの懺悔儀礼である。後述するように、懺悔という語の原義は、罪を告白することとされる場合が多い。しかし、インドやインドネシアでの長い修行生活を経て七世紀末に中国に帰国した義浄が当時の中国仏教に対して「懺悔」という語の使用が誤っていると批判するように、中国ではむしろ誠心誠意自分を恥じ悔い改め、仏に許しを請うという意味で理解する方が有力であった。このような行者の誠意が仏菩薩に受け入れられると、仏菩薩が滅罪してくれるのである。そして大乗の懺悔は、遥か昔の過去世より犯してきたすべての罪を十方の諸仏に対して懺悔するものであり、懺悔によって滅罪がなされるのは仏の力に依存する面が大きくなる。

懺悔儀礼は五世紀に画期的な発展を見せる。その背景として、この時期に主要な戒律文献が一斉に中国にもたらされ、インド諸部派の出家者の生活規範である律や出家と在家がともに受持する菩薩戒に関する文献が多数翻訳されたことが挙げられる。

菩薩戒とは、大乗の理想像である菩薩として生きるための実践項目と心構えを体系化した大乗独自の戒律である（船山二〇一九a、二四五）。北涼の曇無讖が訳した『菩薩地持経』は、菩薩戒は三つの構成要素からなることを説いている。三つの構成要素とは、「律儀戒」（悪い行為の抑止としての習慣的行動規範、禁戒）、「摂善法戒」（ありとあらゆる善い事柄を包摂するものとしての習慣的行動規範）、「摂衆生戒」（あらゆる生物のためになる事柄としての習慣的行動規範）のことであり、これら三大支柱の複合体はしばしば

「三聚〔浄〕戒」と称される。出家者の場合は具足戒、在家者の場合は、五戒（不殺生・不偸盗・不邪淫・不妄語・不飲酒）を受けることが前提である（同上、二二五）。これらの戒律文献に基づく生活様式が広まると、違反した場合の罪の意識が強くなり、滅罪を目的とする懺悔儀礼がより必要とされた。

すでに述べたように、大乗仏教では仏に見えること、すなわち「見仏」ということが一つのキーワードである。大乗の懺悔も「見仏」を妨げている罪業を除去するのが主な目的である。大乗の懺悔は見えない十方諸仏に対してなされる。『金光明経』では仏の認可を得るために、懺悔と同時に仏に対する契約として一切衆生を救済するという誓願がなされる。このように懺悔と誓願には強い結びつきが認められる。

ここで大きな問題が生じる。すなわち、行者の懺悔を仏が受け入れ、その結果として実際に滅罪がなされたかどうかをいかに証明するかという問題である。実際に大乗の懺悔を行ずるにあたっては、一部では滅罪の証明に夢などの神秘体験が要求され、苦行的性格の強いものであった。第二章で詳細に紹介する『大方等陀羅尼経』は具体的に懺悔儀礼の次第を説く重要な経典であり、律では最も重い教団追放となるような重罪の懺悔と滅除が説かれ、滅罪の証明に夢における神秘体験が要求されている。これこそが滅罪の証明とされたのである。

しかし大きな流れとしては、懺悔儀礼は、中国において仏名を唱え礼拝する礼懺儀礼として発展した。第二章では『大通方広経』『七階仏名』がそれにあたる。人にその名を呼びかけることがその人との関係を結ぶ最初であるように、仏の名を唱えると言うことは、まさに仏との直接的関係を結ぶにあたって最も直接的な行為であるから、この称名が重視されるようになったのは、大乗仏教の展開から考えれば、ある意味必然的なことであったのかもしれない。

なお第二章の『大方等陀羅尼経』と『大通方広経』、仏名と懺悔に関する記述については、既存の論考（倉本二〇一六b）（倉本二〇一六c）などをもとにしており、文章を改めたり、増補・削除したりしたものである。

第三章では念仏と観仏について紹介する。二語の意味については『観仏三昧経（観仏三昧海経）』についての詳細な研究である山部能宜氏の博士論文に詳しく紹介される（Yamabe 1999, 125–184）。念仏と観仏は経典ではほぼ同じ意味で用いられることが多いが、念仏は心に仏をとどめつづけ憶念することを中心の意味として、観仏よりも広い意味で使われる。釈迦入滅後に諸部派に分かれたインドの部派仏教では、仏の十号（如来・仏・世尊など、仏を指す十種の呼び名）を唱えたり、身体的特徴を心にとどめ思い続けたりすることが念仏である。そこから発展してその図像を観想するという視覚化も念仏の意味に加わることになる。一方、観仏は仏の身体の各部位について順番に観想していくことで、最後に実際の仏の姿全体をありありと目にすることが目的である。

最初にとりあげるのは般舟三昧（はんじゅざんまい）である。『般舟三昧経』は初期大乗経典として研究者に重視されており、阿弥陀仏を憶念するという修行などが説かれる。ただこの経典には別の修行法も説かれる。それは横にならずに三ヶ月間ひたすら行道（仏像のまわりを歩いてまわる、堂内をめぐる）を続けるという大変な苦行である。これは懺悔滅罪の行として重視された。

次に『観仏三昧経』をはじめとした特定の仏・菩薩に対する観想を行う経典について紹介する。『観仏三昧経』は『観仏三昧海経』という経名でよく知られるが、唐以前には『観仏三昧経』と記すことが多いので、以下この語を使用する。この経は、インド原典からの漢訳経典ではなく、五世紀初め頃に、中央アジアのトルファンあたりで中国系の仏教者が口頭伝承を通じて西域の観法を学び、また、漢訳仏典からも語句を流用しつつ、漢語で作成したものとされる（Yamabe 1999, 498–501）。

続いて紹介する『観普賢菩薩行法経』や『観虚空蔵菩薩経』はむしろ懺悔経典と言った方がよく、観想よりも懺悔が中心である。『観薬王薬上二菩薩経』も観想の側面よりは様々な仏名を唱えることによる滅罪が重視され、これをもとに、五十三仏、十方仏、七つのまとまりの仏名から構成される七階仏名などの仏名儀礼が発展した。最後に紹介する『観無量寿経』は『観仏三昧経』と密接に関係する経典である。息子の阿闍世王により幽閉され釈迦により救われる韋提希夫人説話や浄土と往生者の観想を説き、また臨終に際しての称名念仏による滅罪と浄土往生を説く点で、阿弥陀浄土信仰の宣揚に大きな役割を果たした。観想に用いられていた図像は観想から独立して様々な造形作品が生み出され、一連の浄土教美術を形成した。

第四章では、懺悔と密接な関係を有する誓願について論ずる。すべての行為から生じる功徳を菩提（悟りの智慧）に振り向けて生きていくという出世間的価値を志向する誓願を発すことがいわゆる発菩提心である。菩提心は菩薩が必ずおこさなければならないものとされる。そしてまた、世俗的な善行を積んでその結果のよい報いを期待するという価値観からの脱却である。

その誓願の極致として、阿弥陀仏の本願（前世における誓願）を手本として自ら仏国土を建立し、そこに衆生を救い取るという大誓願をおこした中国の僧である慧思と慧審の事例を紹介する。この部分は既存の論考（倉本二〇一九）をもとに、より平易にしたものである。

菩提心を発すことが仏に対する誓約であり、菩薩の出発点であるとすると、修行はその誓約を履行するものであり、誓願をさらに強固にするものである。こうした菩薩の日々の生活における誓願と修行の関係を具体的に述べたのが、『華厳経（けごんぎょう）』の浄行品（じょうぎょうぼん）にある一四〇の誓願である。現代でも日本の禅宗の僧堂などではこの願の一節が用いられている。唐代には、これを受持読誦すれば菩薩戒と同様の価値を持つものと認めるスリランカ出身の僧もいた。

以上が本書で述べる内容をごく簡単にまとめたものである。筆者は中国の南北朝から隋唐時代の仏教史を専門とするので、この時代の中国の仏教儀礼を中心に、それとの関連でインドや日本に関する言及をおこなうことにする。本書を通じて、中国仏教伝来にともない再解釈され組織された仏教儀礼の歴史的展開、そして儀礼において仏像の果たした役割について理解を深めていただくことを願っている。

# 第一章　仏像を主役とする年中行事——灌仏と行像

## 第一節　お釈迦さまの誕生日はいつか？

イエス・キリストの誕生を祝うのがクリスマスであるが、仏教においてこれに相当するのが、釈迦の誕生を祝う仏生会（降誕会、仏誕会、灌仏会、浴仏会などとも呼ばれる）である。日本では「花まつり」として知られており、様々な花で飾った花御堂（図1–1）を作り、誕生釈迦仏立像に香水（多くは甘茶）をかける儀礼が行われている。

図 1-1　東大寺の花御堂と誕生釈迦仏立像

現代の日本では一般的に新暦（太陽暦）の四月八日に行われるが、中国などの東アジア地域では旧暦（太陰太陽暦、農暦）の四月八日（新暦の五月頃）に行われる。筆者がかつて滞在していた台湾では、仏教系の慈善団体である慈済基金会による台湾随一の盛大な仏生会の祭典に、台湾政府の総統までもが参列し、テレビ各局が大々的に祭典の様子を放映していたことに驚いたものである。

上座部仏教を主とするタイなどの東南アジアでは、仏誕・成道（悟りを完成すること）・涅槃がすべて同じ五月か六月の満月の日であるとされ、「ウェーサーカ祭（Vesak）」（インド暦第二番目の月の名であるヴァイシャーカ［Skt. Vaiśākha］のパーリ語形ヴェーサーカー［Pāli. vesākhā］の訛）などと呼ばれている。

二〇二一年五月二六日の満月の日にはアメリカのホワイトハウスで史上初めて、上座部、大乗、金剛乗（チベット密教）の代表者が参加し、このウェーサーカ祭が行われた。バイデン大統領とその夫人ジル氏の声明文には、「ジルと私は、米国および世界中の仏教徒が、ブッダの生誕、成道、涅槃を讃える日であるウェーサーカ祭を迎え祝うにあたって、心からの慶賀を申し上げます」と記された。この声明文でも同様にウェーサーカ祭は生誕・成道・涅槃を讃える日とする。

時代を遡ると、唐の玄奘三蔵の弟子である辯機が玄奘の記録をもとに撰した西域・インドの見聞録・地誌『大唐西域記』巻六によれば、当時のインドでは、仏誕の日をヴァイシャーカ月の後半の八日とし、上座部のみヴァイシャーカ月の後半の十五日であるとしている。同書によれば、出家や成道、涅槃（有力な部派の一つである説一切有部は涅槃を九月八日とする）も同日であり、同日とする説は『遊行経』（『長阿含経』巻四）など多くの漢訳仏典にもみられる。例外はあるが、インドではおおむね誕生・出家・成道・涅槃が別々の日には設定されてはいなかった。

インドでは、中国と同じく太陽暦と太陰暦を組み合わせた太陰太陽暦を用いる。月は月の満ち欠けにより、年は太陽の運動によるのが、この暦の原則である。月は前半と後半にわかれる。月が満ち始めてから満月に至る間を白分といい、月が欠け始めてからすっかり隠れるまで（晦日）の間を黒分という。

地域によって月は白分始まりと黒分始まりの場合がある。白月と黒月を十二回繰り返しても三五四日ほどであり、季節とのずれをなくすために二、三年に一回閏月を挿入する。月はおよそ二七・三日で恒星上を移動するので、月の軌道の周辺にある二七または二八の明るい恒星を選んで「ナクシャトラ」と呼んだ。日本語で二十七宿、二十八宿と呼ばれるのがこれに相当する。インドの暦では、月の名前はその月の満月が位置する星宿の名前に由来する。第一番目の月がチャイトラ月、第二番目の月がヴァイシャーカ月である（矢野一九九二）。

中国に仏教が伝来すると、釈迦の誕生日とされるヴァイシャーカ月の後半の八日が、中国の暦に換算すると果たしていつとなるかについて種々の見解の相違が生じ、大きな問題となった。また、誕生、成道、涅槃をそれぞれ別々の日に設定するようになっていった。現代の日本の仏教では、釈迦の誕生を四月八日、成道を十二月八日、涅槃を二月十五日とすることが一般的である。これは中国に由来する説であるが、その中国においては、時代や地域によって異なり、また、論者によって多様な議論が展開された。

森章司氏が多くの仏典を精査してまとめたように、漢訳仏典では、仏誕の日を中国の暦の二月八日とする説と四月八日とする二つの説に大きく分かれている（森一九九九）。三国呉の支謙訳『太子瑞応本起経』、訳出年代には議論があるが呉から西晋ごろの訳とされる『仏般泥洹経』と『般泥洹経』、西晋の法炬訳『灌洗仏形像経』、隋の『歴代三宝紀』以降の経録では後漢の竺大力・康孟詳訳とされるが実際は東晋頃の訳である『修行本起経』、東晋の迦留陀伽訳『十二遊経』、北涼の曇無讖訳『仏所行讃』等では四月八日とする。

一方、『遊行経』（後秦の仏陀耶舎、竺仏念共訳『長阿含経』巻四）・失訳『薩婆多毘尼毘婆沙』、北涼・曇無讖訳『涅槃経』（北本）、隋の闍那崛多訳『仏本行集経』は二月八日とする。

注意が必要なのは劉宋の求那跋陀羅訳『過去現在因果経』である。版本によって文字が異なり、日本で一般的に利用される『大正新脩大蔵経』の底本である高麗版系統では二月八日、福州開元寺版・思渓蔵・磧砂蔵など宋・元代に江南で刊行された大蔵経に収録された諸本では四月八日とする。ただし、この経典では託胎（仏が兜率天より降下し母の摩耶夫人の胎内に宿ること）を四月八日とし、託胎期間は十ヶ月と述べているので、計算上は仏誕日を二月八日とするのが正しい。また、出家・成道についても、誕生とほぼ同様の傾向を示している。これらを整理すると以下の表1・2のようになる。

これらの二つの表を比較して気付くことは、表2に見える経典は表1に見える経典よりも全体的に時代が下ることとである。時代が下ると、ヴァイシャーカ月を四月ではなく二月に比定することが主流になったようである。

しかし実際の社会において、一部地域を除けば、仏誕の日が四月八日から二月八日にかわるという変化は必ずしも起こらなかった。特に四月八日説の有力な論拠とされたのは、儒家の経典の記述を仏典の記述と結びつけることである。すなわち、春秋時代の魯の年代記である『春秋』荘公七年の経文に「夏四月辛卯、夜、恒星見えず」とあり、その注釈の一つである『春秋左氏伝』はこの経文を「夜明らかなり」と説明している。この記事が、呉の支謙訳『太子瑞応本起経』の「四月八日の夜、明星が出現した時に、右脇より生まれて地に堕ち、（中略）この時、天地は大いに震動し、宮中全体が明るくなった」とある記事に対応するという見解が、早くも宗炳（三七五～四四三）の「答何衡陽難釈白黒論」に見え

表1　釈迦の誕生・成道・出家を四月八日とする仏典（四月七日の場合も四月八日とする）

| | 託胎 | 誕生 | 出家 | 成道 |
|---|---|---|---|---|
| ［呉］太子瑞応本起経 | | 四月八日 | 四月八日 | |
| ［呉？］仏般泥洹経 | | 四月八日 | 四月八日 | 四月八日 |
| ［呉？］般泥洹経 | | 四月八日 | 四月八日 | 四月八日 |
| ［西晋］灌洗仏形像経 | | 四月八日 | 四月八日 | 四月八日 |
| ［東晋］十二遊経 | | 四月八日 | | 四月八日 |
| ［東晋？］修行本起経 | 四月八日 | 四月八日 | 四月八日 | |
| ［北涼］仏所行讃 | | 四月八日 | | |

表2　釈迦の誕生・出家・成道を二月八日（または二月二三日）とする仏典

| | 託胎 | 誕生 | 出家 | 成道 |
|---|---|---|---|---|
| ［後秦］遊行経 | | 二月八日 | 二月八日 | 二月八日 |
| ［失訳］薩婆多毘尼毘婆沙 | | 二月八日 | | 二月八日 |
| ［北涼］涅槃経 | | 二月八日 | 二月八日 | 二月八日 |
| ［劉宋］過去現在因果経 | 四月八日 | 二月八日<br>（四月八日） | 二月八日 | 二月八日 |
| ［隋］仏本行集経 | | 二月八日 | | 二月二三日 |

ており（吉川一九八八、三五五、注六七）、仏の誕生日を四月八日とする説が有力であった。北斉時代（五五〇〜五七七）に魏収が撰した、仏教と道教の概説である『魏書』釈老志もこの『春秋』の記事を紹介し、四月八日を仏誕の日としている。

次に、中国における歴代の高僧や学者の見解を紹介すると、仏教が伝来した初期の仏教理解を示す「牟子理惑論」（『弘明集』巻一）は、四月八日誕生、四月八日出家とする。ただし、福州開元寺版・思渓蔵・磧砂蔵などの江南系統の版本では、四月八日誕生、二月八日出家とする。梁の僧祐が撰述した釈迦の伝記『釈迦譜』では、『過去現在因果経』を引用し、四月八日託胎・誕生、二月八日出家・成道としている。天台智顗の師である南岳慧思の撰と伝えられる『立誓願文』（詳しくは第四章第三節参照）では、その冒頭において『釈迦牟尼仏悲門三昧観衆生品本起経』という来歴不明の経典（おそらく中国でつくられた偽経）を引用し、七月七日託胎、四月八日誕生、二月八日出家、十二月八日成道、二月十五日涅槃とする。慧思が四月八日を仏誕、二月八日を出家の日としていることは、後述する行城儀礼と関わり注意しておきたい。

隋代に興り、末法の世においては自己の悪を見つめあらゆる仏の教えをすべて敬う必要があると説いた異端の仏教、三階教の開祖である信行も、その著作『信行口集真如実観』において、『立誓願文』と同じく七月七日託胎、四月八日誕生、二月八日出家とする。ただし、成道は正月八日としている。

北周時代、儒・仏・道の優劣を論じ、仏教を最も勝れたものとし、道教は儒教の下位に属し、ただ仏教と儒教の二教があるのみと主張した姚の道安撰「二教論」（『広弘明集』巻八所収）や、「二教論」の仏誕説を継承した隋の費長房が撰述した仏教年代記・経典目録『歴代三宝紀』巻一一では、経典に仏誕の日を四月八日とするものは周王朝の暦（周暦）で表したものであり、周暦の四月八日は夏王朝の暦（夏暦）では二月八日となるので、二月八日を仏の託胎、誕生日かつ成道の日としている。

それに対し道教の排仏論に抗した初唐の法琳は、『唐護法沙門法琳別伝』巻中において、胎内にいた期間は一般の人間と同じく十ヶ月とされているから、託胎の日と出生の日を同日とするのは誤りであると批判し、七月十五日託胎で、出生四月八日、成道二月八日、涅槃二月十五日と主張している。

インドに長期滞在した玄奘は、前述した『大唐西域記』において、ある部派の説では三月八日が仏誕日、上座部では三月十五日が仏誕日になると紹介している。しかし三月八日とするこの説は、その後の中国において、一部の著作を除き一般に普及した形跡が見当たらない。四分律の大家として有名な初唐の道宣は、この『大唐西域記』を参照し、永徽元年（六五〇）、インド～西域の地理情報及び中国における仏教史を論じた『釈迦方志』を撰述した。この書では『大唐西域記』の説をそのまま紹介している。しかし、道宣が麟徳二年（六六五）に撰述した釈迦の伝記『釈迦氏譜』では、梁の僧祐が撰した『釈迦譜』を継承し、四月八日仏誕説を採用する。そして、二月七日の夜に出家し、二月七日の夜に禅定に入り、明星が出たときに大悟し成道したとする。よって最終的には二月八日出家・成道とみなしていたと考えてよいだろう。

道宣と師を同じくする道世は、仏教の百科全書ともいうべき全百巻『法苑珠林』の巻九・出胎部・校量部第八において、仏典には諸説有り判断が困難であるが、前述したように『春秋』と『太子瑞応本起経』の記事とが対応することから、四月八日が正しいとする。託胎・出家・成道については、巻一〇〇において法琳と同じ説を採用する。

玄奘の弟子でありつつ玄奘門下の所説を批判した法宝は、『倶舎論疏』巻一（大正四一・四五三上）において、成道の日としては、経に二月八日と四月八日の両説あることを述べ、二月八日が正しいことを二つの理由から説明できるとする。一つは、インドは建子（旧暦十一月）を正月とし、中国は建寅（旧暦一月）を正月としたため、インドの四月は中国の二月であるとし、漢訳経典に四月八日とあるのは梵本の記述をそのまま残したものであり、中国暦に換算すると二月になること。二つ目は、釈迦が初めて説法を行ったのが八月八日であり、説法には聴く者の能力を観察し、正しい状態に整えるのに六ヶ月要し

表3　中国撰述書における釈迦の誕生・出家・成道の月日

| | 託胎 | 誕生 | 出家 | 成道 |
|---|---|---|---|---|
| ［三国］？『牟子理惑論』 | | 四月八日 | 四月八日<br>（二月八日） | |
| ［梁］僧祐『釈迦譜』 | 四月八日 | 四月八日 | 二月八日 | 二月八日 |
| ［北斉］魏収『魏書』釈老志 | | 四月八日 | | |
| ［北斉］慧思『立誓願文』 | 七月七日 | 四月八日 | 二月八日 | 十二月八日 |
| ［隋］信行『信行口集真如実観』 | 七月七日 | 四月八日 | 二月八日 | 正月八日 |
| ［北周］道安『二教論』 | 四月八日 | 二月八日 | | 二月八日 |
| ［隋］費長房『歴代三宝紀』 | 四月八日 | 二月八日 | 四月八日 | 二月八日 |
| ［唐］彦琮『法琳別伝』 | 七月十五日 | 四月八日 | 四月八日 | 二月八日 |
| ［唐］道宣『釈迦氏譜』 | 四月八日 | 四月八日 | 二月八日 | 二月八日 |
| ［唐］道世『法苑珠林』 | 七月十五日 | 四月八日 | 四月八日 | 二月八日 |
| ［唐］法宝『倶舎論疏』 | | 二月八日 | 二月八日 | 二月八日 |
| ［唐］？『歴代法宝記』 | 七月十五日 | 四月八日 | 二月八日 | |

たので、六ヶ月前である二月八日が成道であるというものである。前者の論理に基づけば、誕生についても二月八日とみなしていたと思われる。

また、八世紀後半の禅宗の一派、保唐宗の文献とされる『歴代法宝記』では、七月十五日託胎、四月八日誕生、二月八日出家、二月十五日涅槃とされている。以上をまとめると以下の表3のようになる。

この表を見ると、表1、2とは異なり、誕生と出家・成道を別の日に設定する者が多いことがわかる。上記のように意見の相違はあったが、大勢として見た場合、先述した道世の意見のように、『春秋』の記事と仏典を直接関連づけ、誕生を四月八日とする説の方が有力であった。南北朝隋唐時代を通じて、一般大衆に最も重視された仏教の節日がこの四月八日であったことは疑問の余地がない。

仏誕日としては言うまでもなく、それ以外に、出家するための得度儀礼、戒を授ける授戒儀礼、仏像完成の際に行う開眼法要、経典の講義、寺院や仏塔の完成を記念する落慶法要、遺骨を埋葬する日、舎利を埋納する日、魚などの生き物を放つ放生会、はては、『高僧伝』巻一二に立伝される慧益のように、自身の身体を燃やして仏に供養する焼身供養まで、仏教に関するあらゆる儀礼が多くこの日にあわせて行われた。北朝時代の仏像に刻まれた紀年銘文の日付けにおいても、四月八日が最も多く、二月八日は北魏・西魏では少ないが、東魏・北周・隋では四月八日についで多い（倉本二〇一六b、四七）。また、奉仏皇帝として有名な梁の武帝は、四月八日を選んで皇帝の即位儀礼を行っている。

出家の日については、二月八日と四月八日で意見が分かれており、唐代になっても意見が一致しなかった。しかし成道の日については唐代になると二月八日でほぼ意見が一致したようである。実際に唐王朝では、二月八日が仏の成道を記念する日として、四月八日が仏誕生の日として官吏の休暇日であったことが『大唐六典』巻二や敦煌発見の『大唐新定吉凶書儀』からわかる（中村二〇〇九a、三四八、中村二〇〇九b、一八九）。

以下では、とりわけ仏誕日にあわせて行われることの多い灌仏（浴仏）と行像についてその来歴を検討してみたい。主に『中国古代の年中行事』（中村二〇〇九a・二〇〇九b）の二月八日と四月八日に関する記事に掲載された資料に基づき、適宜資料を追加し、卑見を述べる。

## 第二節　灌仏

仏像に香水をかけて供養することを灌仏と言う。その原語はabhiṣekaであり、灌頂の原語と共通する。インドにおける仏教以前の灌頂儀礼については、土山泰弘氏が論じており（土山二〇一四）、以下、氏の見解を簡潔にまとめて述べてみたい。

紀元前千年頃、北インドの中央部あたりでアーリア人の部族が連合国家を形成し、この国家のもとで王族とバラモンの共同支配が確立し、祭祀儀礼の整備が行われた。彼らに社会的地位を保証し、儀礼的特権を付与する儀礼行為の一つが灌頂儀礼であった。この灌頂は王の即位式で行われるのが有名であり、王は灌頂によって神聖なる水が有する光輝（varcas）という能力を賦与される。ただし、王の即位式以外でも様々な儀礼の中で灌頂が行われたことについては、以下のように説明される。

> 灌頂を意味するアビシェーカ（abhiṣeka）の語は、「そそぐ」という意味の動詞の語根sic-に、行為の方向を意味する接頭辞abhiを伴った動詞abhi-ṣic-の名詞形で、何かに向かって液体をそそぎかけることを意味する。たとえば打撲した身体の部位に薬水をそそぎかけるときや、手に水をそそぎかけるときにこの語が使われる。これがヴェーダ祭式の術語である「灌頂」として用いられるときは、祭主の頭頂部に灌頂水を間断なくそそぎかける儀礼行為を意味する。
>
> ヴェーダ祭式の中で灌頂と言えば、王の即位式で行うものがよく知られており、様々な形式が伝えられる。（中略—引用者）灌頂は一貫してそれら即位式の中心に位置した。しかしその一方で、灌

頂は即位式以外の儀礼でも行なわれた。たとえば、司祭官や軍司令官という地位に就任するための儀礼や、食物の獲得を目的とする儀礼の中では、灌頂は儀礼の中心にあった。（中略―引用者）また家庭儀礼の場面では、灌頂とそれに類似する行為が区別なく扱われた。このように古代インドの灌頂は様々な儀礼の中で行われ、多様な形式と役割が与えられた（土山二〇一四、二四）。

このように、灌頂は王の即位式を代表として、種々の役職就任の場面で行われ、家庭儀礼でも灌頂とそれに類似する行為が行われていた。具体的には、家庭の儀礼を扱う綱要書（グリヒア・スートラ）では、新郎新婦が東北の方角へ七歩進んでのち頭に水をそそぎかけられる行為が記述されていた。また、インド最古の聖典群であるヴェーダの学習を終えた学生が師のもとを去って家に帰るときに行う帰家儀礼（Skt. samāvartana）には、学生が自ら自身に水をそそぎかける行為があった。この行為は多くの場合、前述した灌頂の時に用いる動詞 abhi-ṣic-を用いて記述されるが、沐浴（snā-）を用いる場合もあるという。帰家儀礼と結婚儀礼は家長となるための重要な儀礼であり、ここでも灌頂は、ある資格を得るための儀礼行為である点が共通している。

以上は仏教以前のインドにおける灌頂儀礼について述べたものであるが、仏教の灌仏儀礼もこの延長線上に考える必要があるだろう。仏誕を記念して行われる灌仏の儀礼は、仏の誕生の場面を模したものであり、この場面を描いた仏伝と直接に関連している。初期の仏伝『ブッダチャリタ』（Skt. Buddhacarita）によれば、生まれたばかりの釈迦はまばゆく光を放ち、しっかりと大地を踏みしめ七歩歩いた。天から冷たい水と温かい水が頭上に降り注ぎ、金の蓮華を手にしたヤクシャの王たちがその子を崇めつつ立ち、龍王たちはその子に帰依のまなざしを送りつつ扇で仰ぎ、曼陀羅華をまき散らしたという。前述のインドにおける灌頂の意義を考えると、太子が七歩歩き天から水がそそがれたというのも、この太子に特別な能力が与えられ、仏となる資格を得る儀礼と考えることができるだろう。

次に漢訳の仏伝を見てみよう。呉の支謙訳『太子瑞応本起経』には、四月八日の夜、明星が現れた時、釈迦は母の右脇から生まれ、七歩歩いて右手を挙げ、「天上天下、唯だ我のみ独り尊し。三界は皆苦なり、何ぞ楽しむべけん」と言った。そして、インドのヴェーダの神が仏教に採用されその守護神となった帝釈天（Skt. Indra）と梵天（Skt. Brahmā）が来降して空中に侍し、四天王は天の香湯で太子を浴したとある。

帝釈天と梵天、四天王は仏法の守護神の代表として、しばしばセットで現れる神である。彼らはみな天の世界の住人である。輪廻する迷いの世界は三界（無色界・色界・欲界）と呼ばれる。三界のうち最も下位である欲界内の天が六欲天（他化自在天・楽変化天・兜率天・夜摩天・忉利天・四天王天）である。帝釈天は、六欲天のうち下から二番目の忉利天（三十三天ともいう）の主である。阿修羅と戦いこれを打ち負かしたことが知られている。四天王は、我々人間の住む世界に最も近い四天王天に住する。四天王天は六欲天のうち最も下で、仏教の世界観において世界の中心にそびえる須弥山の中腹に位置する。四天王は帝釈天に仕え四方を守る神で、東は持国天、南は増長天、西は広目天、北は多聞天（毘沙門天）である。

梵天は、釈迦に初めての説法を促した梵天勧請で有名である。色界の初禅天に住する。色界は欲界を越えた清浄な世界であるが、無色界と異なり物質性をのこす世界であり、初禅天・二禅天・三禅天・

四禅天の四種によって構成される。

また、西晋の竺法護訳『普曜経』にも、釈迦が生まれると帝釈天と梵天が来降し、様々な名の香水で釈迦を洗浴し、九匹の龍も上から香水を降らし釈迦を洗浴したとある。

同様の仏伝は玄奘の『大唐西域記』巻六にもみえ、ルンビニー園の無憂華樹のもと釈迦が生まれ、七歩歩いて「天上天下、唯だ我のみ独り尊し。今茲より而往、生分已に尽けり」と宣言し、二匹の龍がそれぞれ冷たい水と温かい水を吐いて太子を洗浴したとある。以上のように、洗浴する主体を帝釈・梵天とするもの、四天王とするもの、龍とするものなど様々である。

具体的な灌仏の方法や功徳を説いた現存する漢訳経典としては、初期のものとして、西晋の法炬訳『灌洗仏形像経』と同本異訳（梵語の原典がおおよそ同じで、翻訳が別であること）の西秦の聖堅訳『摩訶刹頭経』（別名『灌仏形像経』『灌仏経』）がある。その他に、則天武后の時代に提雲般若らが訳した『大乗造像功徳経』にも仏像の洗浴に関する記述がある。『摩訶刹頭経』によれば、四月八日は釈迦だけでなく十方諸仏が出生し、出家し、得道し、涅槃した日とされる。そして四月八日の浴仏法として、

①青・赤・白・黄・黒の五色の香水を作り、それで仏像を洗浴する。
②清浄な水で像を洗浴する。
③白絹または白綿の布で拭き取る。

と説明する。その他に竺法護の翻訳に仮託された『般泥洹後灌臘経』は、四月八日に加え七月十五日の灌仏の功徳を説くものである。

唐代に翻訳されたものとして、宝思惟が神龍元年（七〇五）に訳した『浴像功徳経』、義浄が景龍四

年（七一〇）に訳した『浴仏功徳経』（別名『浴像功徳経』）があるが、同本異訳である。これらは四月八日には言及せず、義浄訳では特に日々灌仏することを勧めている。主に義浄訳を参照して灌仏法をまとめると以下のようになる。

①牛頭栴檀（南インドの牛頭山を主な産地とする香樹より作った香料）、白檀など様々な妙香を浄石の上で磨して香泥とし、それで香水（香湯）をつくり、浄器にいれる。

②清浄な場所に良質の土で壇をつくる。方形または円形にし、大きさは時により変える。壇の上に浴床を置き、その中に仏像を安置する。

③仏像を種々の香湯で順にきれいに洗浴する。

④さらに清水で注ぎ洗う。用いる水は濾過して虫を傷害しないようにする。

⑤像の洗浴に使った水を少しばかり両指ですくいとり、自分の頭の上に置く。（吉祥水という）

⑥これを浄地に注ぎ、足で踏まないようにする。

⑦きめ細かく柔らかい布で像を拭き浄める。

⑧諸々の香を使い焼香し、香気をいきわたらせる。

⑨像をもとの場所に戻し安置する。

⑩安置した後にさらに焼香し、仏像の前で面と向かって誠意をこめて合掌し、灌仏と焼香の讃偈を誦える。（宝思惟訳では、讃偈を誦えるのは像を水で洗浴する時と焼香する時）

これらの他に、密教の灌仏の儀軌（儀式・祭典の実行に関する規則・次第を記したもの）として、八世紀末から九世紀はじめにかけて撰述された慧琳述『新集浴像儀軌』があり、インドのやり方に倣い毎日像を洗浴するように説く。
玄奘や義浄の旅行記によれば、当時のインドにおいては仏像に香水をかけて洗浴し、礼拝する儀礼が日常的に行われていた。ここでは、七世紀末に義浄がインド・南海遊学中に自ら見聞し体験した当地の僧尼の生活を記録しまとめた『南海寄帰内法伝』巻四の「灌沐尊儀（尊像に香水を注ぎ洗浴する）」の記事を見てみよう。

西国の諸寺では、仏像を洗浴するのは、いつも巳の刻（午前九時から十一時）であり、〔その時になると、〕授事（寺の諸務を管理する幹事役の僧）が健稚（ghaṇṭā 鐘）を鳴らすのである。寺庭には宝蓋（天蓋）が張り施され、仏殿の側には、香水の入った瓶がならべられている。金・銀・銅・石の尊像を取り出し、銅・金・木・石の盤の中に安置されることになるのである。妓女たちに音楽を奏でさせ、磨香（香木を礎石の上で水とすりあわせ泥状にしたもの）を塗り、香水を灌ぐのである。浄らかな白い木綿の布で御身拭いする。その後で、仏像を仏殿中に安置し、花や造花をも（尊像の前に）ならべるのである。（中略）大きな銅像の場合は、月の半ばと月末に皆でともに仏像を洗浴し、小さな銅像は自分のできる範囲で毎日〔仏像を〕洗浴すべきである。（宮林・加藤二〇〇四、三一七～三一九を一部改める）

このように、インドの寺院では仏像を日常的に洗浴して御身拭いしており、音楽の演奏や花で飾ることも灌仏にともなって行われていたと義浄は述べる。一方で当時の中国においては、仏像を洗浴しても身拭いせず、花も供えなかったことを義浄は批判する。その一例として、中国の某所で、四月八日の仏誕の日に出家者と在家者が仏像を道端に持ち出して好き勝手に灌仏し、その後、御身拭いをせず風や太陽に晒された有様であるのを義浄は目撃したことがあり、これを正しいやり方ではないと批判している。前述したように、義浄は自ら『浴仏功徳経』を訳出し、インドで学んだ正しい灌仏の方法を説明していることも注意すべきである。

灌仏は、中国でも早く後漢末から行われていたようである。初期の事例は東の沿海地域にみられる。西晋の陳寿が魏・呉・蜀の歴史を記述した『三国志』巻四九・劉繇伝には、

笮融は、丹楊の人である。最初、数百人の人数を集めると、徐州牧の陶謙のもとに行き身をよせた。陶謙が彼に広陵や彭城における物資運漕の仕事の監督に当らせたところ、勝手なふるまいをし、ほしいままに人を殺し、〔広陵・下邳・彭城〕三郡の貢納物を徐州に送らずそのまま自分のものとした。そのようにして財力を蓄えると、大々的に仏教寺院を造営し、銅で人の形を作って、その身体に黄金をぬり、錦やいろどりあざやかなきれで作った着物をきせた。九つ重なった銅盤〔承露盤のことか〕をかかげると、その下に幾層かの楼と閣道〔二層になったわたり廊下〕とを作り、その建物には三千以上の人を収容することができた。人々にはみな仏経を読むことを義務づけ、その郡内および近傍の郡で仏道に心を向けるものには出家を許すとの命令を出し、一般の賦役などを免除してその寺に人を集めたので、遠近よりやって来る者が合せて五千余戸にものぼった。〔灌仏会に〕浴仏の儀式が行なわれるごとに、おびただしい酒食を準備し、道路に敷かれた席は何十里に

> もつらなり、さまざまな人々が見物や食事におとずれてその数は一万人近くにも及んで、費用は巨億にのぼった。（小南一九九三、二六一～二六二）

とある。笮融が監督していた彭城（現在の江蘇省徐州市）は、後漢初期の楚王劉英（?～七一）の封地であり、劉英は、仏教の斎戒や祭祀を行い、仏教を信奉していたことで有名である（『後漢書』列伝三二・楚王英伝）。つまり、この地には古くから仏教信仰の伝統が存在したことがわかる。笮融は建安二年（一九七）に逝去しているので、記事に見られる灌仏の儀礼が行われたのは二世紀末のことである。二世紀末に早くも中国で灌仏が行われていたということは、仏像を西域からもたらした者が灌仏の儀礼も伝えたと考えてよいだろう。ただし、この灌仏の儀礼は特別な日に行われる年中行事として位置づけられ、インドのような日常的に行われる灌仏とは異なる。

劉宋時代の劉義慶（四〇三～四四四）が仏教の霊験譚を記録した説話集『宣験記』（法琳『辯正論』巻七所引）や仏典目録・訳経者の伝記を収録した梁の僧祐撰『出三蔵記集』・『高僧伝』には、三国呉の時代の暴君として有名な君主孫皓（在位二六四～二八〇）の灌仏に関する以下のような霊験譚が収録される。

粗暴な性格で仏教を軽んじていた孫皓は、臣下の勧めによって高僧の康僧会を招き、仏教の因果応報の教えを受けたが、暴虐な行為を改めることはできなかった。その後、孫皓はたまたま掘り当てた金色の仏像を便所の側に置き、四月八日に灌頂だとふざけて小便を像にかけたという。するとしばらくして陰部が腫れ上がり、激痛に堪えられず、名医や様々な神に助けを求めても効験が無かった。仏教を信奉していた女官が仏像をお祀りし供養すればすぐに治ると言ったので、孫皓は自らの手で香湯を用いて仏像を洗い浄めて殿上にまつり、叩頭して過ちを謝罪し一心に哀れみを求めた。するとその夜に痛みと腫れがなくなり、すぐさま康僧会から五戒を授かり、在家仏教徒となったという。

以上、笮融・孫皓の灌仏の事例は、ともに東の沿海地域で行われたものである。一方、中原地域（洛陽を中心とした黄河中下流域）の灌仏の事例はやや遅れて、五胡十六国の一つ後趙の石勒（二七四〜三三三）の時代である。石勒は、幼い息子たちを寺院に預けて養育していたが、毎年四月八日、寺院に参詣し灌仏を行い息子たちのために発願していた（『高僧伝』巻九・仏図澄伝）。

南朝においても灌仏の記事がしばしば見られる。『宋書』劉敬宣伝には、四月八日に衆人が灌仏を行っているところを見たという記事があり、『南史』の張融伝にも、殷淑儀（淑儀は后妃の下位に相当）が亡くなると、四月八日に斎を設けて灌仏し、官僚たちは多い者は一万銭、少ない者でも五千銭以上布施したが、張融だけは百銭しか布施せず、帝の不興を買ったという記事がある。

六世紀における荊州を中心とした長江中流域の習俗を伝える『荊楚歳時記』（詳しい書誌情報については後述）では、二月八日を釈迦の誕生・成道の日とし、四月八日は弥勒菩薩の下生を願う龍華会を行う日であるとする。四月八日には、諸寺が斎会（儀礼的な仏教の集会）を設け、五色の香水によって仏像を洗浴し、ともに龍華会を開催したという。龍華会とは、弥勒が兜率天（欲望にとらわれた世界である欲界に属する六天のうち、下から四番目の天）より下生し、龍が百宝を吐くように百宝の花を開くという龍華樹の下、成仏して三度説法を行うという龍華三会にちなんだ名称である。五色の香水とは、前述した『摩訶刹頭経』に基づくであろう。これらの記事によって、三国呉の時代には、四月八日に灌仏が行われ、後趙や南朝でも行われていたことを確認できる。

また、唐代にも灌仏は行われていたことは確実である。『華厳経』を研鑽した智儼（六〇二～六六八）はその著『孔目章』（『華厳経内章門等雑孔目』）巻四において、浄土往生の方法に十あるとし、その第七門には、四月八日に仏像を灌頂し、菩提樹を洗い清めれば、その福は父母兄弟姉妹に及び、浄土に往生できるとしている。また、李邕（六七八～七四七）が撰した歳時記『金谷園記』（『年中行事秘抄』四月八日灌仏事）によると、今の人は四月八日に花を買って供養し、灌仏を行うのであり、諸寺院はそれぞれ供養会を設け、人々は香と花をお供えして礼拝し、銭を布施して灌仏したという。ちなみに李邕は、南朝梁の昭明太子蕭統によって編纂された詩文集『文選』の注を撰したことで知られる李善の子である。

花を買って供養するのは、釈迦が前世において摩納仙（儒童菩薩、Skt. Māṇava）であった時、婦人から花を買って燃灯仏（定光仏）を供養したことになぞらえるとする。また、『灌仏経』を引用し、毎日一回灌仏し、それを七回繰り返すと無間地獄に堕ちる罪を滅するとしている。灌仏による滅罪は、先に見た孫皓の霊験譚にも通じるところがある。

北宋時代の都である開封の繁栄を記した『東京夢華録』巻八には、仏誕の日である四月八日に十大禅院にて浴仏の斎会が設けられ、煎香（沈香の一種）・薬・糖水が供えられ、浴仏水と名づけられたという。

南宋の周密が一年の行事・習俗を記述した『乾淳歳時記』（『重較説郛』巻六九）には、

> 四月八日は仏誕の日である。諸寺院ではそれぞれ浴仏会を設け、僧尼たちは競って小さい盆に銅像を安置し、糖水でひたし、花棚でおおい、鐃鈸（銅製の皿状の物を二枚打ち合わせて音を出すシンバルのような楽器）を鳴らしてお迎えする。裕福な邸宅をあまねくまわって、小杓で灌仏して布施を

求める。

とあり、盆に銅像を安置し、花棚でおおい、糖水をひたし、小杓で灌仏することなど、現代の日本の寺院で行われる仏生会に共通する要素が多く見られる。元の元統三年（一三三五）に順帝の勅命をうけ、百丈山大智寿聖禅寺の東陽徳輝らが編纂した禅宗の教団規則『勅修百丈清規』にも、仏の降誕会に際し、仏の供養を担当する庫司が「花亭」をきちんと設置し、その中で仏の誕生像を香湯の盆に置き、二つの小杓を仏前に置くとある。この「花棚」「花亭」が現在の花御堂に相当するであろう。

灌仏儀礼は、釈迦の誕生に際し、龍あるいは帝釈・梵天が釈迦を香水で洗浴したことになぞらえるものである。この儀礼において仏像は不可欠で、儀礼の中核的役割を果たす。そして灌仏には滅罪の功徳があるとされる。その際、花を供養することも龍王が曼陀羅華を降らしたことになぞらえられるが、釈迦の前世である儒童菩薩が花を買って燃灯仏に供養したことにもなぞらえられた。南北朝以前と比較すると、唐代以降は灌仏の際に花を供養することが重視されている。義浄による灌仏宣揚の活動が功を奏したのかもしれない。宋代の灌仏会の儀礼は、現代日本の花まつりの儀礼と共通する要素が多く見られ、その直接の起源として考えてよいであろう。

## 第三節　行像――「仏を迎える」儀礼

### インドの行像

例えば山鉾（やまぼこ）が京都の街中を巡行する祇園祭は京都の最大の年中行事の一つと言ってよい。神道では神輿（みこし）をかつぎ町内を練り歩くことが神道の重要な祭祀であることに異論はないであろう。これに類似する仏教儀礼が行像である。行像とは、インド・西域・中国で行われた、仏像を輦車や御輿に載せて街中を巡行する儀礼である。

本「実践仏教」シリーズの第二巻第一章では、岸野亮示氏は、インドの碑文資料とチベット訳の「根本説一切有部律」とを縦横自在に操るインド仏教研究の大家として有名なグレゴリー・ショペンの数多くの論文に依拠しつつ、「根本説一切有部律」の記事を多数引用し、インドにおける行像のあり方を紹介する。特に、上記の律では、輦輿（れんよ）に載せて運ばれる像が釈迦出家前の樹下観耕（じゅげかんこう）（太子が樹木の下で農作業をしている人を見ると小さな虫が小鳥に食べられ、小鳥が大きな鷲に食べられたのを見て、世の無常を悟ったこと）の姿を現した菩薩像であると規定されていること、行像は必ずしも釈迦の生誕のみを記念したものではなく、夏安居（げあんご）の終わりの自恣（じし）の日（この日は参加者全員が集まり、修行中のことを互いに反省し、戒律を点検して自発的に罪を告白し、在家信者たちが食物などを布施する）や大斎会にともなって行われた事例もあるという点が重要である。

ただし、岸野氏も指摘しているように、律はある部派内の規定であり、それがいつの時代に、どの地域で、実際にどのように運用されたかなど、インドにおける行像儀礼の実際の運用面に関しては未解明な点が多い状況にある。

以上の律に記載された行像に関する規定以外に、岸野氏が提示した仮説として注目すべきは、遅くとも七世紀のインドにおける行像には、出家修行者が先導するものと、国王などの有力な在家信者が先導するものとの二種類あったかもしれないと述べていることである。

本節では、主に中国における行像儀礼の展開を論ずる。インドの状況と比較して、中国においてはおおよその時代や地域がわかる資料が多く、より系統的にその時代的変遷を追うことができる。特に行像の典拠となる仏典は何とされたか、いつ行われたかについて注意し、これまでほぼ区別されることなく用いられてきた行像と行城を区別して論ずる。最初に行論の都合上、岸野氏の紹介した史料を重複して引用する場合があることをお断りしておく。

北宋初期までの中国仏教における儀礼や制度の沿革について論じた賛寧（さんねい）の『大宋僧史略』（だいそうそうしりゃく）によれば、行像は、釈迦が涅槃して後、王の臣下たちが仏に見えることができなくなったので、仏がこの世に降生する姿を表し、太子が城を巡る姿を表現した像を造ったことを起源とするという。

具体的には、後述するように、行像は釈迦が誕生し七歩歩いたという仏伝と、亡き母のため忉利天（とうりてん）にのぼり説法していた釈迦がこの世界に下りてくる時、インドのヴァンサ国コーサンビーの王である、優塡王（うでんおう）が釈迦を思慕して造った仏像と共に出迎えたという場面を典拠としている。行像の儀礼においては、仏像やそれを載せた輦車はきらびやかに飾り立てられ、行列には伎楽などの音楽や踊りがともなった。仏誕の日にあわせて行われることが多かったが、十日以上も連続で行われる場合もあった。

古代インドにおいて実際にこの儀礼は多くの地域で行われていた。その具体事例は、法顕や玄奘が記録している。五世紀初め、グプタ朝の都であった、ガンジス河流域のマガダ（摩訶陀）国パータリプトラ（巴連弗邑、現在インドのビハール州都パトナ市）でヴァイシャーカ月に行われていた行像を法顕が記録したのが以下の記事である。

およそ中天竺の諸地域では、この国の都城（マガダ国のパータリプトラ）だけが大きい。人民は富み栄え、競って仁義を実践している。毎年いつも建卯の月（二月）の八日に行像をする。四輪の台車を作り、〔それは〕竹を縛って五層にしてあり、斗拱も文柱をつけて、高さは二丈余りで、形状は〔仏〕塔のようである。白い綿布でその上を覆ってから、〔そこに〕彩画を加えて諸天の形像をかく。金、銀、瑠璃でその上を荘厳し、絹の幢幡と天蓋をかけ、四辺に龕を作る。〔龕には〕どれも坐仏が安置されており、菩薩が立侍している。〔このような四輪車が〕二十車ほどあり、車々の装飾は各々異なっている。この〔行像の〕当日になると、この国の出家者や俗人はみな集まり、歌舞が行われ、花とお香によって供養がなされる。〔かの〕バラモンの息子がやって来て、仏を招請すると、仏〔を載せた台車〕は順に街に入り、入ってから街の中で二泊する。一晩中燈を燃やし、歌舞によって供養する。〔行像のやり方に関しては〕どの国も〔これと〕同じである。（岸野二〇二〇、五七～五八、凡例に従い［］を〔〕に改める）

法顕はこの記事の前に、バラモンの息子ラージャスヴァーミン（羅沃私婆迷）という名の五十歳過ぎの大乗教徒がおり、国王に尊敬され、国中の人が彼を慕い、彼のおかげで仏教以外の教えを信ずる外道も仏教の僧たちを凌駕することがないと述べている。ここでいう「バラモンの息子」とは彼のことを指すとして間違いないであろう。国王からも敬われていた彼が仏を招請する役目を担うことで、儀礼をより盛大なものにすることができたのであろう。ただし、国王が儀礼に参加したかどうか不明であることも注意すべきである。城内で二泊したとあるから少なくとも三日間は行像の儀礼が行われていたことがわかる。岸野氏が述べるように、この儀礼が何を記念したものかは不明である。ただし少なくとも、仏像を城外から城内へと迎え入れる儀礼であったことは確認できる。

法顕の時代から二百年以上も後に、ガンジス河上流のカナウジ（カニヤークブジャ、曲女城）にて、ヴァルダナ朝の国王ハルシャ・ヴァルダナ（在位六〇六頃～六四七）が開催したのが無遮大会（国王が僧俗男女に対して無制限に食事や物品を布施する大集会。なお無遮大会自体は五年ごとに行うという決まりはない。船山二〇一九a、四五六、注五〇参照）である。この時、玄奘も招かれて参加し、盛大な行像の儀礼が行われた。『大唐西域記』巻五に儀礼の詳細が以下のように述べられる。

> この時、諸国の二十余王は先に命令を奉じて、それぞれ自分の国の傑出した沙門やバラモン・役人・兵士と共に大会に参集していた。王はまず河の西に大きな伽藍を建て、伽藍の東に高さ百余尺の宝台を作り、中には王の身長ほどの大きさの金の仏像を安置した。台の南に宝壇を作り、仏像を浴する処とした。ここから東北十四、五里の所に、別に行宮（王が出行時に住する宮）を築いた。この時は仲春の月（ヴァイシャーカ月）であった。初日から珍しい御馳走を沙門やバラモンたちに供し、二一日目までに及んだ。行宮から伽藍まで、道を挟んで閣を作り種々の飾りを尽くし、楽人は移動することなく次々に楽を奏する。王は行宮から一体の金像を引き出す。虚空にくっきり浮かび上がる、その高さ三尺余りの金像を大象に載せ、りっぱな幕を張りめぐらす。戒日王（ハルシャ・ヴァルダナ）は帝釈天の服をつけ宝蓋を手に執り左に侍し、クマーラ王は梵天王の威儀を整え白い払子を手に執り右に侍す。それぞれ五百の象軍が鎧をつけ、仏像の前後を取り巻き護衛する。それぞれ

百の大象は楽人が乗って音楽をかき鳴らす。戒日王は真珠・とりどりの宝や金銀で作った花を歩むにつれて四方に撒き、三宝に供養をする。まず宝壇に昇り香水を仏像に注ぎ、王自ら像を背負って西の台の上に送り届け、種々の珍しい宝や憍奢耶衣（絹の衣）など数十百千を供養とする。この際にはただ沙門二十余人のみつき従い、諸国王は護衛をする。食を進め終わると様々な学派の人を集めて、教義の微意を論定し妙理を宣揚し、日がまさに暮れようとする時［はじめて］行宮に引き返すのである。（水谷一九九九、第二冊・一九九～二〇〇を一部改める）

以上のような儀礼を二一日間毎日繰り返すのであるが、特に興味深いのは、王と等身大ほどの金の仏像を、輦車ではなく象に載せていること、ハルシャ王は帝釈天に扮し、クマーラ王は梵天に扮し、金の仏像の両脇に侍して、自ら行像の儀礼の準主役となっていることである。これは仏が忉利天（三十三天）にて説法を行い、そこから三道宝階（宝でできた三筋の階段）をつたって人間の住む大陸である閻浮提（須弥山の南方海上にある島。我々の住む人間界）のサーンカーシュヤ（Skt. Sāṃkāśya, 僧伽尸）へと降下し、優塡王は釈迦を思慕して造った仏像を持って出迎えたとする説話にならったものと理解することができる（田中二〇〇七）。

具体的に説明すると、『増壹阿含経』には、釈迦仏が母に説法するため忉利天にのぼり、この世から姿を消すと、釈迦を思慕した優塡王は牛頭栴檀で五尺の仏像を、優塡王にならった波斯匿王は紫磨金（紫色を帯びた純粋の黄金）で五尺の仏像を造った。自在天子は仏を迎えるため、須弥山の頂からサーンカーシュヤの大池のほとりまで至る三道宝階を造った。釈迦仏は金でできた中央の階段を、梵天は釈迦の右側の銀の階段を、帝釈天は左側の水精の階段を使って降りてきた。優塡王は像を持って迎え、釈迦に造像の功徳を尋ねたところ、釈迦は天眼視（あらゆるものを見通す力）を得る、天上に生まれ天王となるなどの功徳を説いた。優塡王を含めた五王はこの地に大神寺を建てたという。

七世紀末に漢訳された『大乗造像功徳経』になると、記述内容がハルシャ王の行像儀礼とより近くなっている。優陀延王（優塡王）の願いを知った毘首羯磨天は王のために像を造った。王は白象に珍宝などを載せ、自らはその仏像を荷って華幡や音楽で供養しながら、仏が忉利天から降下する場所であるサーンカーシュヤに向かった。王は仏像・珍宝などを捧げもって仏の処に赴き奉献した。そしてその仏像は釈迦仏と対面した。ハルシャ王が金像を背負って台の上に送り届けるという演出は、まさしく『大乗造像功徳経』の記述そのものであった（田中二〇〇七）。

実際に『大唐西域記』巻四には、釈迦が忉利天より降下した場所であるとされる劫比他国（旧名：サーンカーシュヤ）の東二十余里に大寺院があり、この地において釈迦が黄金の中央の階段を降り、梵天は白い払子を手に執り、釈迦の右側に侍し銀の階段を降り、帝釈天は宝蓋（傘蓋）を持ち、左側に侍し水精の階段を降りたと記述されている。

玄奘がこの地を訪れた当時、すでに諸国王がもとの宝階になぞらえて珍宝で飾りつけた七十尺余りの階段をレンガや石で築きあげており、その上に精舎が建てられていた。その中には石仏像、左右の階段には帝釈・梵天の像があり、それらは階段を降りてくる姿勢であったという。

現存する2～3世紀のガンダーラ出土石造彫刻にも、釈迦が帝釈・梵天と共に宝階を降りてくる場面を表現した仏伝図像が存在する（図1-2）。ハルシャ王の行像儀礼の主役である金像も、優塡王が造った仏像を表象したものであると同時に、単なる像ではなく、仏そのものとしての役割を果たしていた。国王たちが帝釈・梵天に扮したことは、仏の守護者としての国王の地位を観衆に印象づけるものであったと言えよう。このハルシャ王の行像儀礼が、三道宝階の降下（こうげ）仏伝を模して、優塡王が「仏を迎える」ことを象徴したものであることは、パータリプトラの事例と同様に明確である。

ちなみに『大唐西域記』には、この時の行像儀礼に際して、五百のバラモン達をはじめとした外道たちが、仏教の僧たちの手厚くもてなされているのを妬み、刺客をはなってハルシャ王を暗殺しようとしたという事件が記されている。法顕の記したパータリプトラの行像の事例の場合は、国王からも尊崇されていたバラモンの息子の大乗教徒が仏像の招請役を担うことで、バラモンたちやその教えを信奉する者達の支持も獲得していた。以上のように、インドにおいて行像儀礼を行う場合、バラモンたちとの競合関係を絶えず意識していたことを物語っている。

図 1–2　三道宝階降下

## 中央アジアの行像

法顕や玄奘が旅した当時、中央アジアの都市においても行像が盛大に行われていた。法顕はシルクロードの西域南道最大の仏教都市、ホータン（コータン、于闐、現在の新疆ウイグル自治区の和田）にて行像の儀礼を見物するため、三ヶ月間滞在した。四世紀末のその盛大な行像のようすは以下の記述からうかがうことができる。

その国においては、十四の大きな寺院がある。小さい寺院は数えていない。四月一日から街の中では、道路は清掃され、ちまたは装飾される。街門の上では、大きな帳幕が張られる。いろいろな事物が厳粛に飾られ、国王と夫人と宮女たちは、みなその［街門の］中にとどまる。瞿摩帝寺（Skt. *gomatī）［という大寺院］の僧侶たちは大乗を学んでおり、王によって尊敬されている。［そこでは他の十三の大寺院に］先駆けて行像がなされる。街から三、四里離れたところにおいて、四輪の像が載る車を作る。高さは三丈あまりであって可動式の宮殿のようであり、七宝が飾りたてられて、絹の幢幡と天蓋が懸けてある。像の立っている車の中には、二菩薩が侍っており、諸天が侍従となっている。それら（＝菩薩や諸天）はみな金銀や玉細工によって、虚空に懸かっている［ように見えるよう作られている］。像が街門の［手前］百歩まで来ると、王は王冠を脱ぎ、新たな衣に着替えて、履物を履かないで歩いて、花とお香を持って左右に［家臣たちを］従えて街を出て像を迎えて、［像に］頭面礼足して、散花し焼香する。像が街に入る時は、門楼の上にいる夫人と女官が、離れたところから様々な花を散じ、［それらは］はらはらと舞い落ちる。そうした装飾具は、車ごとに異なっている。［こうして］一寺院が一日ずつ行像をなすのである。白月一日から始まり十四日に至って、やっと行像が終わる。行像が終わると、王と夫人はようやく王宮に還る。（岸野

二〇二〇、五六)

于闐では十四の大寺院があり、一カ所の寺院につき一体の行像用の仏像が用いられ、仏誕日である四月八日の前後一週間、合計十四日間にわたって執り行われた。像を載せる輦車は高さ三丈余り=約七・二メートル超であり、法顕が見たインドのパータリプトラの行像の輦車よりも大きいものであった。于闐の行像儀礼における王と王妃の役割は、王が城外からやってくる仏像を城の門外において礼拝して迎え、像の入城する時、王妃や女官たちが城門の楼閣上から散華を行うことであった。城外から城内へと仏像を出迎えるのは、パータリプトラの行像儀礼と共通する。国王が行像を出迎えるのも、優塡王が釈迦を出迎えたことになぞらえるものである可能性がある。城門の楼閣上から散華する行為は、北魏の洛陽においても皇帝によって踏襲され行われている。

一方、七世紀前半に西域北道(天山南路)の都市、クチャ(屈支・亀茲、現在の庫車)国に立ち寄った玄奘も行像について記録している。しかし、玄奘自身は行像の儀礼を見物していないようであり記述も簡潔である。『大唐西域記』巻一には以下のようにある。

大城の西門の外の路の左右には、おのおの立仏の像の高さ九十余尺のものがある。この像の前に五年一大会の会場を建てる。年まわり毎に秋分の数十日間は国中の僧徒がみなここへ集まってくる。上は君王より下は兵士・庶民に至るまで、俗務をとりやめ斎戒をまもり、経を受け説法を聴き、日を尽くしてなお疲れを忘れるほどである。多くの僧伽藍の荘厳された仏像は珍宝で光り輝かし、

> 錦綺で飾り、これを輦輿にのせてひく。これを「行像」といい、どうかすると千をもって数えるほども会場に雲のごとく集まる。（水谷一九九九、第一冊・四五～四六）

これは七世紀前半のクチャの様子である。当時のクチャは説一切有部という部派の仏教が盛んで、律で許されている三種の浄肉を食していたが、玄奘は大乗では肉食が禁止されているとして食べなかった。その弟子である慧立が撰し彦悰が増補した玄奘の伝記『大慈恩寺三蔵法師伝』によれば、玄奘が来訪した際、国王は群臣や大徳僧の木叉毱多とともに城外まで出迎えた。また、クチャと近辺の諸僧数千人は城の東門の外に幔幕を張り、行像を置き音楽を奏して待っていたという。

クチャの行像で特筆すべきは、仏誕日にあわせることなく、毎年秋分の頃に行われたこと、そして、行像に用いられる仏像の数が千をもって数えるほどであると記されていることである。秋分の頃というのは曖昧な表現であるが、九世紀中頃に段成式が撰した『酉陽雑俎』巻四によれば、クチャでは八月十五日に行像が行われていたと明確に記している。部派の一つである説一切有部の戒律の注釈書『薩婆多毘尼毘婆沙』では八月八日、『大唐西域記』巻六によれば説一切有部では九月八日を涅槃の日としており、六世紀以降のクチャでは涅槃が非常に重視されていたので、この涅槃日と行像儀礼に関係がある可能性がある（慶二〇一七、二三〇～二三二）。

また、クチャの行像の数は、これまで見てきた他地域の行像用の仏像の十～二十という数と比較し、千という数に誇張があるにせよ桁が異なるほど格段に多い。クチャの仏像の周辺諸国への影響も見られ、玄奘がホータンを訪れた当時、王城の西南十余里に存在した寺院では、クチャからもたらされた夾紵製（乾漆。麻布を漆で張り重ね、漆と木粉を練り合わせたものを盛り上げて軽量な像を形づくる方法）の立仏像がまつられていたという。

クチャの周辺にはクムトラ千仏洞やキジル千仏洞など、仏教石窟が多数存在するが、近年、石窟寺院遺跡の考古発掘が進み、石窟からは持ち運び可能な多くの小さな木製の仏像なども出土しており、キジル石窟六世紀以降の第二インド・イラン様式の中心柱窟主室の主龕（中心柱の正面に設けられた像を安置するためのくぼみ）に、龕から簡単に持ち出すことのできる仏像が安置されていたことが明らかにされている。それらの状況証拠から、像が龕から取り出されて行像の儀礼を行っていたとする仮説が発表されている（Vignato 2017）。このように仏教が盛んであった于闐やクチャなどのシルクロードのオアシス都市では、インドと比較してもまさるとも劣らないほど行像が盛大に行われていたことがわかる。

## 中国の行像

それでは中国において行像儀礼はどのように行われたのであろうか。中国では、五胡十六国の後趙や東晋時代から行像の事例が確認できる。この時代、北と南では事情が異なるので、まず南の方から説明したい。劉義慶撰『宣験記』（『辯正論』七所引）によれば、孫祚は仏教を信奉していた聡明な息子孫稚を十八歳で亡くした。その後、武昌（湖北省鄂州市）に赴任し、東晋の咸康三年（三三七）四月八日、広く法会の場を設けて仏像を招請して僧を招待し、斎会を設けて行道させた。すると孫稚が僧衆中にあり、仏像の後に従って行道をしているのが見えた。孫祚は孫稚のもとへ往き彼に問いかけると、孫稚はひざまずき拝礼して、それまでどのように暮らしてきたかをつぶさに語り、父母に従って家に帰ったという。ここではこの行道が仏像も隊列に加わる行像儀礼になっていたことがわかる。ただこれが街中を練り歩くものであったかは不明である。

一方、行像儀礼が確実に行われた事例も存在する。すなわち、『高僧伝』巻一〇には、宋の初めに出家した邵碩(しょうせき)が、四月八日に四川の成都で行われた行像儀礼に参加した記事が見られる。邵碩はその行像の隊列に混ざり、獅子に扮し手足ではって進んでいた。これと同日に成都の北西部に位置する郫県(ひけん)においても行像儀礼が行われ、邵碩が同じように獅子のまねをして隊列に参加しているのを見たと言う者がいたという。

以上のように南朝においても地方においては確実に行像の儀礼は行われていたのだが、史料が極めて限られており、その実態は不明な点ばかりである。

一方、華北においては、関連史料が南朝よりも多く残されている。最初に北朝において行像の典拠とされた仏典についてであるが、塚本善隆氏が紹介した敦煌文献に西魏・北周頃の仏教教団の制規が残されており（塚本一九七五、二八七〜三一五）、そこに四月八日と二月八日の行像に関する規定（「四月八日・二月八日功徳法」）が以下のようにある。

> 聖人が世に出現して、その身を託すには時がきまっていた。だから『因果経』にいう、「如来は四月八日の夜、明星が出るときマヤ夫人の胎内に宿りたまい、二月八日、日の出がた、夫人がルンビニ園の無憂という大樹に手をかけたとき、菩薩はゆるゆると右わきの下より生れ、十方に向っておのおの七歩あゆみたもうた」と。また『観仏三昧経』にいう、「如来が忉利天から閻浮提におか

えりになられる時、優塡王は仏不在の故をもって恋慕し、仏の金像を鋳造した。のち仏がおかえりになられると聞き、仏像を車にのせて出迎えた。そのとき世尊は、仏像に向って合掌し申された、『汝は来世において大いに仏事をなせ。わが滅度ののち、諸の弟子あらん。汝に委ねる』と。ときに空中の化仏、異口同音にいうのであった。『もし仏滅の後に、仏像を造立し、幡華衆香をもって供養するものあらば、この人は来世において、必ずや念仏清浄三昧を得るであろう』と。さればすなわち、尊像を厳飾すれば、無量の利益があるであろう。奉戴して四方に出ずれば、同様に利益があるであろう。その際、道俗の衆がみな供養したいと願っても、寺舎がせまかったり、辺鄙だったりしては、だれもが供養するというわけにはゆかないであろう。だから今後、仏弟子たち道俗の衆は、あらかじめ広く平らで清浄なる場所を選び、装飾を施して道場とし、前日に仏像を送りとどけておき、種種の伎楽を設け、香花で供養し、だれもが行道に参加できるようにせよ。もし俗人で仏や僧に供養をささげたいと思うものがあれば、やはり前日に連絡をしておく。翌朝夜が明けると、道俗の衆は仏像を侍衛し、それぞれの縁に随って供養を受けるように。施主とその眷属は、香花をもって、道路の左で奉迎し、うやうやしく供養せよ。規定どおり斎会を行い、それがおわってから、寺にもどれ。（小川一九六五、二〇～二一を一部改める）

この文献において行像の典拠として引用された経典が、『因果経』と『観仏三昧経』である。『因果経』とは、劉宋の求那跋陀羅（ぐなばだら）訳『過去現在因果経』を指す。この経からは、四月八日の夜に明星が出現した時に摩耶夫人の母胎に入り、二月八日、日の出の時に夫人の右脇から出生し、十方にそれぞれ七歩ずつ歩いたという釈迦の誕生の場面が引用される。

『観仏三昧経』はすでに述べたようにインドの原典が元来存在せず、中央アジアにおいて中国系の人物によって漢語でつくられた偽経であるという説が有力である。ただし偽経といってもインドで行われていた様々な禅観が口頭伝承によってトルファンあたりに伝わり、そこで実際に修されていた禅観の内容を含むものとされる。

この経からは、前述したハルシャ王の行像の場面で言及した、優塡王が釈迦を思慕して金像を鋳し、釈迦が忉利天からこの世に降りてきたことを聞き、像を載せて釈迦を迎えに行った場面が引用される。経ではこの後に仏滅後の諸弟子が、仏が忉利天から降りて仏像を見たということを知れば千劫（劫はSkt. kalpa の訳語で、一説では、一劫が梵天の半日、すなわち、人間界の四三億二千万年に相当する）の悪業を滅除することができると述べている。

すなわち、行像の儀礼の典拠とされているのは、釈迦が誕生し歩き出すという奇蹟を現じた場面と、優塡王が仏像を造り仏像とともに忉利天から下りてきた釈迦を迎える場面という二つの仏伝である。

次に行像の儀礼を行い得られる功徳についてであるが、前述の西魏・北周期の教団制規には、仏像を奉じ戴くと、仏像を美しく飾るのと同じく無量の功徳を得られると述べている。また、『観仏三昧経』観四威儀品（かんしいぎぼん）において、仏滅後には仏が歩み行くことを観想すること、あるいは仏跡を見て、仏像の歩み行く様子を見る者は、一歩ごとに千劫の極重（ごくじゅう）の悪業を滅除することができると説き、行像を見ることには滅罪の大きな功徳があるとする。

華北における行像の最も早い事例は、五胡十六国時代の後趙の石氏の都である鄴（現在の河北省臨漳県）において、仏の誕生を記念して行われた行像儀礼である。君主の石虎（在位三三四～三四九）の事跡を記した陸翽の『鄴中記』は、石虎が名匠の解飛に造らせた輦車について、

> その幅は一丈余り、長さは二丈、四つの車輪をつけ、金色の仏像を車上に安置し、九匹の龍が水を吐いて仏像に灌いだ。また木製の僧一体を造り、常に手で仏の胸と腹の間をなでるようにした。さらに像高二尺余りの僧の像を十余体造り、皆袈裟を着け、仏のまわりを周り、仏前に至ると礼拝し、さらに手に香をとって香炉に投ずること、まるで人のようであった。車が動けば木像は動いて龍が水を吐き、車が止まれば止まった。

と述べている。九龍が仏像を洗浴するというのは、仏誕生時に天から九匹の龍が太子に香水を注いだという九龍灌頂の場面を明らかに模したものである。灌仏のところで述べたように、石虎の一代前の王である石勒は、四月八日に灌仏の儀礼を行っている。よって、この輦車も四月八日の仏誕日の行像儀礼用と考えて大過ないであろう。これは後趙において王の師として活躍したインドあるいは西域僧の仏図澄が西域からもたらしたものである可能性が高い。北魏の范亨が撰した『燕書』文明帝紀（『資治通鑑考異』巻四に引く）によれば、前燕の臣下であった呉冑が後趙の鄴都に使者として赴き、帰還して王に対し「四月の浴仏の日に行像〔の隊列〕が宮殿にやって来ますと、太子の石邃（石虎の長男）は馬に騎乗して行像を出迎えましたが、往来の際には馬を馳せ、その様子は太子としての体裁を失するものでし

た」と報告したという。この史料から、後趙において行われた行像儀礼は、四月八日に行像が宮殿まで来て、王の一族たちがそれを迎えるものであったことがわかる。

北魏においても、廃仏を行った皇帝として有名な世祖太武帝（在位四二三～四五二）は、即位当初、四月八日に行像儀礼を行い、帝自らが門楼の上から散華したという以下の記事が『魏書』釈老志に存在する。

> 世祖が即位した当初も、太祖・太宗のやり方を踏襲し、いつも高徳の僧を招き入れて面会し、彼らと談論した。四月八日には、諸仏像を輿にのせて都大路を練り歩くが、帝は自ら門楼に御幸してこれを御覧になり、仏像に散華して礼敬された。

皇帝が門楼に昇り散華供養しているので、これも国王が仏像を迎える行像儀礼であると見てよい。北魏では太武帝による廃仏を経て、文成帝による仏教復興がなされ、以前にもまして仏教が盛んになった。特に太和十八年（四九四）、平城（現在の山西省大同市）から遷都した後の洛陽において、四月八日に大規模な行像儀礼が皇帝の命令で行われていた。北魏の洛陽城は、宮殿を囲む宮城と、その外側に漢魏以来の城郭を継承した大城、さらにその外側に外郭城が存在する三重構造である（図1-3）。ここで行われた行像儀礼は、城を一周巡る「行城」ではなく、城南の景明寺から宮城の閶闔門へと向かって行像の隊列が一直線に北上するものであり、皇帝が仏像を宮城内に迎え入れて散華・礼拝することを儀礼の主要な目的としている。

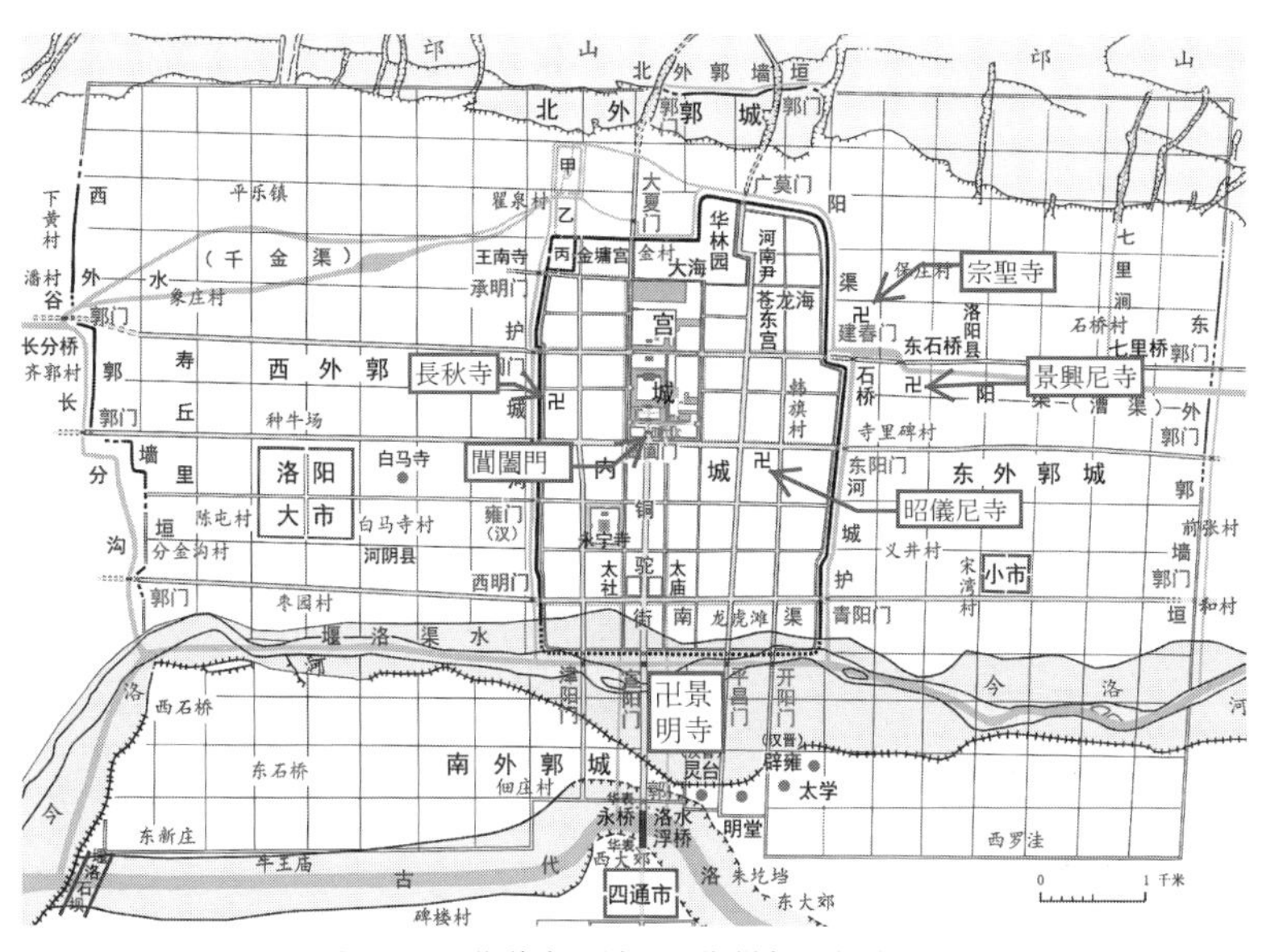


図1–3　北魏洛陽城と行像儀礼関係寺院

より詳細にこの行像儀礼を説明しよう。儀礼が行われる前日の四月七日、祭祀・儀礼をつかさどる役所である尚書祠部曹に登録された洛陽諸寺院の仏像千体余りが景明寺に集められる。景明寺は、宣武帝が景明年間（五〇〇～五〇三）に建立した大寺院であり、大城の南の宣陽門を出て南へ一里のところに位置した。四月八日、千体あまりの仏像をたくさんの輦車にのせた行像の隊列は、順番にこの寺院を出て、都城を南北に走るメインストリートである御道（銅駝街）を、途中宣陽門をくぐり一直線に北上し、宮城の閶闔門へとたどり着き、そこで皇帝の散華礼敬を受けた。各寺院は趣向を凝らして輦車をきらびやかに装飾し、行像にともなう伎楽隊や雑技団を豪華なものにし、その名声を競い合った。行像儀礼に参加した代表的な寺院をいくつか紹介しよう。

①景興尼寺・・・宦官が共同で建立した寺院である。この寺院にまつられた金色の仏像を乗せた

輦車は、高さ三丈（約七・二メートル）もあり、作りは極めて精巧で、言葉で形容できないほどだった。車の上には宝玉をちりばめた天蓋を施し、四方に金の鈴や七宝の珠を垂らした。伎楽を奏する飛天たちの像は、まるで雲の上のような眺めであった。この輦車は、いつも羽林（近衛兵）の兵士百人に詔してかつがせた。管弦や雑技の楽団はみな皇帝の命令によって派遣された。すなわち、この寺院の行像隊列は、まさに皇帝権力を象徴するものであった。

②長秋寺・・・この寺院は、宣武帝に寵愛され権勢を振るった劉騰という宦官が建立した。寺院には、六牙の白象が釈迦仏を背に乗せ、あたかも空中に浮かんでいるような像がまつられていた。これは釈迦が摩耶夫人の胎内に宿った場面を表現し、仏の降誕を祝う趣向を凝らしたものである。像や仏具は金や宝玉で荘厳され、技巧の素晴らしさも表現できないほどだった。行像の隊列も、辟邪（翼を持つ二角神獣）や獅子に扮した者が先導し、奇抜な服装で刀をのんだり、火を吐いたり、梯子乗りや綱渡りなどの曲芸が演じられ、街頭へ繰り出し行く先々で人だかりができ、踏んだり飛び越えたりして死人がでるほどであったという。

③昭儀尼寺・・・ここも同様に宦官が建立した寺院である。一仏二菩薩の塑像の精巧さも都随一の素晴らしさを誇っており、伎楽隊の盛大さも長秋寺のものに匹敵するほどであった。四月八日の行像儀礼に参加するため、その前日に景明寺に赴くと、景明寺の三尊像がこれを出迎えることになっていた。

④宗聖寺・・・仏像は三丈八尺（約九・一メートル）もあり、その姿はすばらしく端正で仏に特有の相好もすべて備わっていた。人々は仰ぎ見て瞬きも忘れるほどであり、ひとたびこの像が街中に出行すると、みな家を空にしてでかけた。雑伎や伎楽も劉騰の建てた長楽寺に次ぐ規模を誇ったという。

行像が北魏洛陽の人々にとっていかに重要な行事であったかは、胡太后の父として権勢を振るった胡国珍（こくちん）のエピソードによって知ることができる。『魏書』巻八三の胡国珍伝によれば、敬虔な仏教徒であった胡国珍は、神亀元年（五一八）の四月七日、八十歳の高齢をおしてまで、自身が造った仏像に随って、自宅から閶闔門まで四、五里の距離を歩いた。翌日には門の上から行像の隊列を立ちっぱなしで参観し、夜になってようやく腰を下ろした。彼はこの疲労がもとで寝込み亡くなったという。

以上のように、洛陽の行像儀礼は、出家の僧侶ではなく皇帝や王族、宦官など在家の有力者主導で行うものであり、皇帝たちが仏の降誕を祝って仏像を城内に迎え、散華・礼拝することが主な目的であったということができるだろう。このような皇帝主催の行像儀礼はその後しばらく途絶えていたようにも見える。ただし、不定期ではあるが、類似した儀礼は唐代に行われていた。

### 行像儀礼の延長線上にあるもの――玄奘の将来した仏像・経典の移送

皇帝が主催する行像儀礼は、北魏以降、隋唐代に行われた形跡がないが、仏像を迎えると言えば、貞観十九年（六四五）、玄奘がインドから多くの経典や仏像を長安に持ち帰った時に、皇城の南門である朱雀門から、西北の方向にある弘福寺（こうふくじ／ぐふくじ）まで長安の人々が将来品を運ぶ時の行列を例として挙げることができる。玄奘の伝記『大慈恩寺三蔵法師伝』巻六の記事を見てみよう。

この日（貞観十九年正月二四日――引用者注）、担当の役人は諸寺院に対して、帳輿（ちょうよ）・華幡（けばん）等を準備して、経典や仏像を弘福寺に送り届けるように命令した。人々はみな躍り上がって喜び、各々競って飾り立てた。翌日、人々は朱雀街の南に集まり、合計数百件が隊列に編成された。法師が西域で蒐集したのは、次のような品々である。（中略）

これらを二十匹の馬が背負ってきた。その日、担当の官はあまねく諸寺院に対し、ただ宝帳・幢幡といった供養の法具のみを持参して、翌二八日（二五日の誤り）の朝、みな朱雀街に集合し、新たに将来された経典と仏像を弘福寺に迎え送るようにと命じた。そこで人々は勇気を増し、各々きそって飾りつけをし、様々な美麗をつくした。各寺院は幢帳・幡蓋・宝案（机）・宝輿を持ち出して並べ終わると、僧尼たちは衣服を整えてこれに従い、梵楽隊は前に並び、香炉（を持つ人）がその後に並んだ。こうして朱雀街にすべてが列をなすと、その数は数百にもなった。経典や仏像を（案や輿に）載せて運んでいくと、衣帯の玉飾りは美しい音をならし、金の花はまばゆい輝きを放ち、送迎に参与した人々は類い稀なすばらしさを歌い讃えない者はなく、俗世間のけがれを忘れ去って、滅多にないすばらしい機会に居合わせたことを喜んだ。行列は朱雀街内から始まって弘福寺の門まで至り、数十里の間、都の役人たち、内外の官僚が道の両側に立ち並んでこの行列を仰ぎ見、人々であふれかえった。所轄の官は人々が人を乗り越え踏みつけることを恐れ、それぞれの場所で焼香・散華すべきで、移動してはいけないと命じた。そうして、焼香の煙や讃える声の響きがいたるところで連なり合わさった。

彦悰の箋にいう、その昔、釈迦如来がカピラヴァスツ城に初めて降臨して誕生し、弥勒菩薩が兜率天に初めて昇ると、龍神たちが供養し、天人が取り囲んだ。その時には及ばないが、これも仏が遺した教法の盛会であると言えよう。（長澤一九八五、一八九～一九二をもとに一部改める）

この仏像・経典を弘福寺まで護送する儀礼も、王朝の主導で行われたが、仏像や経典を運ぶのに御輿が用いられ、隊列には伎楽が加わり、焼香・散華がなされる点で北魏の洛陽で行われた儀礼と共通する。また、彦悰が、釈迦の降臨、弥勒の兜率天上生を比喩として用いることも、行像が仏誕を記念するものとされることに通ずるものと言えるだろう。

さらに、これをはるかに上回る規模で行われたのが、貞観二二年十二月、弘福寺に安置されていた経典・仏像が大慈恩寺にうつされることとなった時の儀礼である。大慈恩寺は、皇太子の李治（のちの高宗）が亡母文徳皇后の追善のために建てた寺院であり、寺のトップである上座に玄奘が就任した。この時、玄奘は太宗からたいへん信頼され尊崇されており、まさに初唐最盛期の皇帝と帝師による行像としてふさわしい壮大な規模で行われることになる。同じく『大慈恩寺三蔵法師伝』を引用してその様子を紹介しよう。

十二月戊辰（二二日）、また太常卿・江夏王の李道宗に勅して、九部楽を引率させた。さらに万年県令宋行質・長安県令裴方彦（両者は長安城を二分する県の長官）に勅して、それぞれ県内の音楽隊や諸寺院の幢幡・帳幕隊を率い、荘厳のきわみをつくすようにさせた。己巳（二三日）の朝早く安福門街に集合し、仏像や僧を送迎して大慈恩寺に入った。この時に隊列が表通りに並ぶと、色とりどりの錦で飾った長廊檻干をもつ輦車や、魚や龍に変幻する幢を用いた曲芸（などが連なり）、合計で車は千五百台あまり、帳幕・天蓋は三百余りもあった。

これより前に、刺繍仏画像二百余幅、金銀の仏像二体、金糸で刺繍した絹織の幡五百枚が宮中から出されて弘福寺に納められていた。これらと法師が西方から将来した経典・仏像・舎利などを、ともに弘福寺からひき出して、帳座や諸車上に安置し、中央に配置して〔大慈恩寺へ〕進んだ。像を安置した車の前には、両側にそれぞれ飾った大車を配置し、その車上に長い竿を立て、竿上に幡をかけた。幡の後には師子・神王等を配置し先導する形にした。また宝車五十台を荘厳し、大徳たちがそれに乗り坐った。次に京城の僧衆が香花を持ち、讃を唱えながらその後に従った。その次には文武の百官が各々侍衛をひきつれて随従した。また太常の九部楽の隊が行列の両側を挟んで演奏し、二県（万年・長安）の音楽隊がその後に続いた。そして幢や幡・鐘や太鼓が賑やかに入り乱れて行進し、まばゆく空に浮かび、その威勢は都じゅうの人々の耳目にとどろきわたり、目の届くかぎり遠くまで望み見ても行列がどこまで連なっているかわからなかった。

　皇太子は率（官名）の尉遅紹宗、副率の王文訓を遣わして、東宮の兵千人余りを率いて人手とした。また帝は勅を下して御史大夫の李乾祐を大使とし、武侯とともにこの行事を管轄させた。帝は皇太子や後宮の人々を従え、安福門の楼閣で手に香炉を持って行列を見送り、たいへん喜んだ。街路にあつまって見物した人々は無数にいた。経典と仏像が大慈恩寺の寺門に到着すると、趙国公の長孫無忌、英国公の李勣、中書令の褚遂良に勅して、香炉をもって殿内にひき入れて安置させた。九部楽を演奏し、破陣の楽や様々な曲芸を寺庭で行わせた。（長澤一九八五、二二七～二二八をもとに一部改める）

　おそらく、これは唐代において最も盛大に行われた行像儀礼とみなしてよいと思われる。玄奘については、皇帝が御書した大慈恩寺碑を宮殿から寺院に移送する時にも同様の儀礼が行われている。唐代ではこれ以降、このような大規模な行像儀礼が皇帝の勅命によって行われた事例は見当たらないが、法門寺の地下宮殿に埋納され保存されていた舎利を三十年に一度、城内に迎える時も同じような盛大な儀礼が行われていたことは付言しておきたい。

以上の事例で確認したように、中国において皇帝などの在俗有力者が主導する行像儀礼は、城内あるいは仏寺に「仏を迎える」ことを主とする儀礼であった。

## 日本における行像

こうした行像儀礼は、少ないながらも日本においても存在する。日本における行像については藤岡（二〇二一、一九五～二二五）に詳しい。主に氏の研究に基づいて簡単に説明しよう。行像は仏像を生身の仏に近づけようとする生身性と密接に関わる儀礼である。東大寺の入宋僧奝然（九三八～一〇一六）が宋から請来した釈迦像は、天皇の命令により、蓮台寺（京都市北区に位置する現在の上品蓮台寺）に運び移されることになった。そこで寛和三年（九八七）二月十一日、行列を作って京都の街中を蓮台寺まで練り歩く行像が行われた。藤原実資の日記である『小右記』には、この行像の記録が残っている。これによれば、山城・河内・摂津の人夫が行像の運搬役を担った。列の最初には雅楽寮が高麗楽を演奏し、仏舎利を納めた七宝の合成塔が御輿に載せて担がれた。次に一切経論（大蔵経）をおさめた五百合匣が担がれ、人々が争ってこれを担い、結縁（仏と縁を結ぶこと）としたという。次に釈迦像を安置

図1–4　令和４年聖霊会（四天王寺）において出御した太子御行像を載せた鳳輦

した御輿が続き、大唐楽の雅楽が演奏された。その後に奝然と七、八人の僧が続いた。

この像は有名な「清凉寺釈迦像」であり、中国の開元寺にまつられていたインドの優塡王が造った釈迦生き写しとされる像の模刻である。像内には、仏牙や舎利、布製の五臓六腑、水月観音の鏡像などが納入され、像の生身性が強調されていた。鏡像とは鏡に線刻された仏像のことである。

十一世紀前半には四天王寺聖霊院の聖徳太子童子像が新造された。この像は清凉寺釈迦像にならい行像とされ、生身性を強調するものであった。江戸時代の四天王寺において、涅槃会・聖霊会・念仏会の三大法会では、聖徳太子十六歳の姿を現す像を鳳輦に、舎利を玉輿に乗せて六時堂まで移動していた。聖徳太子一四〇〇年御世忌慶讃大法会の結願として行われた二〇二二年四月二二日の聖霊会では、江戸時代の古式にのっとり、この行像儀礼が復活した（図1–4）。

十一世紀後半には法隆寺東院の絵殿に安置される太子像が新造された。この像は左手に麈尾（説法の時などに持つ払子）を持ち、右手を膝上に伏せて坐す姿に表される。この像に附随する輦は平安後期に遡るものであり、四天王寺の聖霊会と同じく、法隆寺においても聖霊会の際に太子像と舎利が正殿へと二基の御輿(みこし)によって運ばれていた。現代においても、十年ごとに行われる聖霊会（大会式(だいえしき)）では、このような行像儀礼が行われる。直近では二〇二一年四月三日に行われた。

以上の事例から見ると、日本の行像儀礼も「仏を迎える」ものであると言える。以下では、行像儀礼から発展し、別の意味を有するようになった行城儀礼について、その沿革を述べていきたい。

## 第四節　二月八日の「城を巡る」行城儀礼

### 南北朝期から初唐期における行城儀礼

行像と類似した意味を表す儀礼用語として、「行城（巡城）」がある。これまでの研究では、行像と行城（巡城）という語はあまり区別されずに用いられてきたが、両者は全く同じ概念ではなく、区別すべきであると筆者は考える。すなわち、行像は、像を輦車に載せる、または、輿でかつぐという儀礼を意味し、街中を練り歩くにしても必ずしも城を一周することを意味しない。一方、行城は、城を行(めぐ)（巡）る、つまり、像を輦輿に載せて行像しつつ城内を一周することを基本的に意味し、主に二月八日に行われた。また、行像を伴わない行城もあった。すなわち、正月二三日に行われていた白色の傘蓋・勝幢を持って城を巡る安傘と呼ばれる儀礼に「行城」という語が使用されている（P二八五四〈豎幢傘文(じゅどうさんもん)〉、P三四〇五〈安傘文(あんさんもん)〉）。これまで言及してきたように、北魏以前において、国王が主催するような大規模な行像の事例では、釈迦がこの世に降臨したことを祝い、仏像を城外から城内に「迎え入れる」ことに重点があったのであり、これは「行城」とは呼ばれなかった。

二月八日の行城の儀礼について語る最初期の事例は、『荊楚歳時記』である。最新の研究によれば、現行本の『荊楚歳時記』は、隋の大業年間（六〇五～六一八）に杜公瞻が、宗懍の『荊楚記』と、北魏が東魏と西魏に分裂し、東魏から弾譲を受けて成立した北斉出身の杜台卿が五八一年頃に撰した歳時記である『玉燭宝典』の記事を採用し、自身の文章を加えたものである（中村二〇二一）。『荊楚歳時記』の二月の条には以下のような記事が見える。

> 二月八日は、釈迦がこの世に下生した日であり、また、その成道の日でもある。仏教を信奉する家では、八関斎戒を守り、車輪・宝蓋を具え、七変八会の灯明を建てる。明け方に、香と花を持って城内を一周する。これを「行城」と言う。

この記事に対しては、後述するように、杜公瞻が詳細な注釈を加えている。よってこの文は宗懍『荊楚記』の記事と見なしてよいだろう。宗懍は、『周書』巻四二に立伝される。四九八年～五〇二年に江陵（荊州）で生まれ、刺史として荊州に赴任した南朝梁の湘東王蕭繹に仕えた。武帝の死後、蕭繹が荊州で皇帝に即位すると、そのもとで要職に就いた。ついで西魏が梁を攻め滅ぼすと長安に連行された。『玉燭宝典』巻二は、二月八日に「巡城」する由来を附説として以下のように説明する。

> 『孔子内備経』に「（易の）震の爻。動けば則ち仏有るを知る」とあり、『涅槃経』に「栴檀林の栴檀の如く囲繞し、師子王の師子の如く囲繞す」とあり、また、「仏足に稽首すること百千万匝」

という。今の人々がこの月の八日に「巡城」するのは、思うにその遺された教え（「遺法」）である。元魏王朝の時代に前代を踏襲して行われ、今最も盛んに行われている。

以上の記事につづけて、具体的に以下のように「巡城」の内容を説明する。すなわち、

> （二月）七日の晩に主管の役人があらかじめ上奏しておき、早くに城門を開き、真夜中を過ぎると、城の内外の者がともに起きて、城郭の四周（「四墎」）に満ちあふれる。（中略）この日には仏像を載せた輦や輿がみな出行し、香が焚かれて道が埋めつくされ、幡や花（を持った者）が前で引導し、寺ごとに僧尼が讃唄を唱えて後ろに従う。この季節には花はあまり咲いておらず、聖人（釈迦）がいた世からも遠く離れており、（ほんものの）花を舞い落ちさせる霊験をおこさせるような力もなく、出家も在家もただ華美な絹織物を切り刻んで造花を作る。

すなわち、巡城（行城）の儀礼は真夜中から始まり、仏像をのせた輦輿が多数出行し、讃唄などの音楽や焼香、幡や花をともなう賑やかなものであり、城郭の四周を巡るものであった。ただし杜台卿は、中国の南北で習俗が異なり、必ずしも一周せず、独行する場合があるとも述べており、これは仏がこの日にまさに涅槃に入ろうとすることにちなんでいるという説も紹介している。

また、同じく『玉燭宝典』巻四では、仏誕日に関する議論で、仏の威神力は不可思議で、文字を証拠とはできないとし、仏誕日を四月八日とも二月八日とも決められないとする。そして、二月八日に「巡

城囲繞」し、四月八日には「行像供養」するという年中行事は、ともに仏がこの世にのこした教化で、これらの行事はどちらも廃れることなく行われていると述べる。

以上のように、杜台卿自身は巡城（行城）の儀礼が何に基づくかよくわかっていなかったのであるが、少なくとも「巡城」と「行像」の両者を区別していた。この記事で注意すべきは、真夜中をすぎたころに儀礼が始まることであり、これは、後述するように釈迦が出家する前、まだ王子であった頃の悉達太子が夜半に踰城出家したことになぞらえられていた可能性も考えられる。

現存の資料で、行城の儀礼は悉達太子の踰城出家を表現したものであるとする見解を最も早く明確に表明したと確認できるのが隋の杜公瞻である。杜台卿の甥である彼は、前述した宗懍『荊楚記』の二月八日の行城記事に注を加え、以下のように述べている。

『本起経』を調べると「二月八日の夜、浄居天の神々がみなともに太子に〈今こそがまさに出家の時である〉と告げた。車匿（チャンダカ、御者の名）は自ら目覚め、揵陟（カンタカ、太子の愛馬）もそれ以降嘶かなかった。太子は身体から光明をはなち、獅子吼して〈諸仏が出家した時の作法を、私もまた同様に行おう〉と言った。諸天は馬の四足を捧げ持ち、あわせて車匿をも支え持ち、釈提桓因（インドラ、帝釈天）は傘蓋を手に持った。北門はひとりでに開き、諸天は歌い讃えた。〈夜が明けて〉空が明るくなるまでに、すでに三踰闍那（Skt. yojana、由旬。距離の単位。一踰闍那は四十里、三十里など様々な説がある）も進んでいた。」と言っている。また、『本行経』には、「鬼宿（二十八宿に含まれる星座の名）はすでに月と合し、帝釈天たちは〈時は来たれり〉と高らかに宣言した。太子はこれを聞きおわり、手で髪を引っぱり〔車匿の〕目を覚まさせた。諸天は〔太子の乗った〕馬の足を捧げ持って出立した。このことが王の居処に報告された時、太子はすでに〔宮中から出て〕城中をめぐっていた。」とある。よって今、二月八日、夜が明けると香を執り持ち城を一周巡るのは、思うにここから起こったのである。

ここで杜公瞻は、『本起経』（『太子瑞応本起経』）や『本行経』（『仏本行集経』）の大意を紹介し、行城の儀礼を、悉達太子が城を出て出家するに際し、天人たちが太子の乗った馬の足を捧げもち、城をぐるりとめぐったことになぞらえたものとしている。しかし、これらの経自体には城をぐるりとめぐったとは書かれていない。

ただし、杜公瞻は引用していないが、竺法護訳『普曜経』巻四においては、太子が出家し沙門となり、王舎城に入り托鉢乞食（たくはつこつじき）しようとした時、「太子はまるで紫金のように光輝き、丈六の巨身と三十二相をあらわすと、万民がみな来集してその尊顔を飽くことなく注視し、太子が城をめぐり行くところを、衆人も随従した」（大正三・五〇九中下）と述べられている。

行城の典拠を太子の踰城出家であるとした杜公瞻の解釈は、後の文献にも継承されている。唐初の護法僧として有名な法琳（ほうりん）が撰した『辯正論（べんしょうろん）』巻八の「不合行城」（道教徒は行城すべきでないこと）には、行城に関する以下のような興味深い記事が見られる。

『太子瑞応本起経』などには、二月八日という日は、四天王が太子の馬の足を捧げもち、太子が城を踰え出家した日である、と言っている。これにちなんで行城の儀礼が行われるのである。太子の馬の跡を追って、聖人釈迦への恋慕の情を表すのである。さきごろ各地で道教徒もこの儀礼を行っているのを見た。〔彼ら道教徒は〕行城の時になお「願わくは我れ道場に坐し、香花もて道を供養せんことを」と唱えるのである。これはただ「仏」を「道」と改めたことだけが仏教と異なっているのである。しかしながら、道教にはこの儀礼は元来なく、明らかに虚妄で真実ではないことがわかる。もし、道教にも有るというなら、何の経典に書かれているのか。すなわちこれをもとに考えれば、道教の行事の多くは仏教儀礼に附会したものである。（大正五二・五四八下）

この記事によれば、唐初において二月八日の行城儀礼は悉達太子が踰城出家したことにちなんで行われていた。そして、道教徒も仏教の行城儀礼を模倣し同様の儀礼を行っており、仏教の行城儀礼の際に唱えられた偈頌（仏徳をたたえる詩）である「仏を供養せん」を「道を供養せん」に改変して唱えていたということである。これは管見の限り、行像に関するこれまでの論考では紹介されていないようであるが、唐初において行城儀礼が道教徒も摸倣するほど広く行われていたことを示し、後述する敦煌の行城儀礼の淵源が中原地域にあることを示す貴重な史料である。

## 敦煌の行城儀礼

敦煌においても、二月八日は悉達太子の踰城出家の日であるとみなされ、太子がカピラヴァストゥ城を出るに際し城を巡ったことになぞらえて、城を一周するという行城の儀礼が行われていた。中原における行城に関する資料は、これまで述べてきたような断片的な記事しかないが、八〜十世紀の敦煌に関する行城儀礼の様子については比較的詳しく明らかにすることができる。というのも、敦煌石窟の蔵経洞に隠され保存されていた敦煌文献と言われる資料群には、寺院の倉庫の出納を記録した文書や、様々な目的のために結成された社と呼ばれる組織に関する文書、あるいは斎会に際して読誦された願文など、豊富な資料が含まれていたからである。それらの資料には、行城儀礼に際して設けられた斎会などのために穀物や油を支出した記録や、行像のために組織された「行像社」と呼ばれる社の記録、行城儀礼を描写した表現を含む法会の際に読み上げられた願文などが有り、そこからかなり具体的に行城儀礼の様子をうかがうことができる。

二月八日は先述したように釈迦の生誕の日ともされるが、八世紀から十世紀の敦煌では、四月八日を釈迦生誕、二月八日を踰城出家の日としていたので、敦煌の行城儀礼を釈迦の生誕を記念したものとする見解は誤りである（郝一九九八、三二〇、荒見二〇一四）。

具体的に資料を示して説明すると、八世紀成立とされる『斎琬文』（P二九四〇）では、「太子が王宮に誕生、四月八日」「太子が城を踰え出家、二月八日」とある。S二五六七によれば、「大乗四斎日。二月八日、四月八日、正月八日、七月十五日」と列挙し、二月八日が正月八日や四月八日よりも早く、大乗四斎日の筆頭に位置づけられ、最も重視されていた。S二八三二の「二月八日」では、この日は、「菩薩が王宮（での生活）を厭った時、如来が城を逾え出た日」であり、「世俗の男女は傘蓋を持ち、幡を懸け、白飯の城（悉達太子の父である浄飯王の城であるカピラヴァストゥ）になぞらえ、朱騣（太子の愛馬カンタカ）の事迹を模倣する」とある。また、吐蕃期（七八〇年代〜八四七年）に書かれたS四四一三

図1–5　踰城出家図（雲岡第６窟後室南壁）

「二月八日」にも、この日は「菩薩が城を踰え出た日、天王が馬を捧（ささ）げかついだ時であり、栄華を棄てることは出家入道の初めであり、恩愛を厭うことは出家のはじめである」と述べている。

このような踰城出家の場面は、石窟図像の題材として多く採用されている。例えば、雲岡石窟第六窟後室南壁には、太子が城門を出て四天王が太子の乗った馬を捧げ持つ図像が存在する（図1–5）。また、敦煌莫高窟第六一窟北壁下部の帰義軍（きぎぐん）時代（九世紀半ば〜十一世紀はじめ）の壁画にも、踰城出家の場面が描かれ、城の中央で太子が御者の車匿に命じて馬を準備する場面、そして画面上部には、四天王が太子の乗った馬の四脚を捧げ持ち、城壁を踰え出て上空を飛行している様子が描かれている。

行城儀礼は寺院主導で行われ、諸々の費用の負担や、布施の収集などを行っている。実際に行城の儀礼に必要な費用の徴収や、輿をかつぎ輦車をひく人の手配など、具体的な儀礼の運営を分担したのは、行像社という、専ら行像のために組織された民間の結社であった。また帰義軍時代には、行像司が行像社から毎年一定の費用を徴収し、行城儀礼を行うための資金を貯蔵しており、有利子で貸与して資産の運用を行っていた。行像司とは、都司（都僧統司）という吐蕃・帰義軍時代の仏教事務行政機構の管轄の下に設けられ、数人の僧により構成された組織である。以下、具体的にどのように行城（巡城）の儀礼が行われたかを、主に（小川一九六五）（Trombert 1996）（譚一九九八）に基づき説明してみたい。

**①事前の準備――仏像・傘蓋・幡などの修繕**　まずは行城儀礼を行うための事前の準備から始まる。二月初頭には、儀礼に用いられる仏像およびその付属品（仏像の光背など）や傘蓋・幡などに破損などがないかを点検し、破損のあるものは寺院が費用を拠出し補修を加え、あるいは新調する。

寺院の支出記録によると、行城儀礼の準備段階における主な支出先は、塑匠（塑師ともいう。塑像を造る職人）と木匠（木製仏像などを造る木工職人）であった。例えば、P二〇三二〈浄土寺己亥年（九三九）諸色入破暦（寺院の所蔵物の収入と支出を記録した文書）〉には、「麦五升、二月一日、仏塑像を修理する塑師の食事に用いる。麦二斗、三日、木匠・画師が仏像の光背を修繕する（費用）」とある。

在家者だけではなく、僧尼もこの準備に直接参加していた。例えばP二〇四九では、「粟七斗。二月二日から二月六日の間、傘を縫製する尼闍梨（尼の阿闍梨。女性出家者の尊称）の酒に用いる。粟五斗。二日間の再び傘を縫製する（尼闍梨の）酒に用いる。」とあり、尼僧が行城の儀礼に用いる傘の縫製に従事しており、その報酬として、酒が与えられたことがわかる。この時代の敦煌では僧の飲酒は一般的であった。

さらに仏の光背（「仏焔」）やその製作に用いる鉄や銅の鍱（鍛錬して造った金属の薄片）、行像の際に仏像を載せる坐床など、製作に高度な技術を必要とするものには、それぞれ「鍱人博士」や「仏炎博士」「画床先生」などと呼ばれる専門の技術者に依頼し、報酬も多く支出された。そしてそうした職人たちに食事を作り提供する女性たち（「造食女人」という、寺院の管轄下にある寺戸の身分）の費用も支出されている。

②二月六日・七日　斎会を設け、仏像を寺院から行像堂へと運ぶ　行像社は各家が布施する供物を集める仕事を担う。これを「聚物」という。二月六日から八日にかけて麦や粟・豆などが寺院に施入されている。行像に際しては二月六日から布施が多くなされた。例えば、P三二三四背には「麦四豆、これで食事を作る。行像社の聚物を担当した者の接待に用いる」とあるように、この仕事を担った行像社の社人に対して、食事が振る舞われた。

また、二月六日にはこの日から食事をつくる女性が臨時に雇われ、①の準備作業の終了を祝い斎会が設けられる。

七日には、判官が各寺院を巡回し、寺院はその接待を行う。また、仏像をひく人、かつぐ人を招集し、行像儀礼用の仏像を、城内外の各寺院から行像堂という場所に運び集めて供養する。行像堂においては、一晩中灯明を燃やしつづけるので、六日から八日までで一升の油が供出された事例が見られる。ДX一四〇一〈辛未年（九七一）二月七日拽仏転帖〉（社司転帖は社邑の回覧板の意味）は、仏像（を載せた輦車）を曳く社のメンバーに二月七日に某所に集合するよう通知した回覧板で、内容は以下のとおりである。

社司　転帖　　張少清●　安再升●　梁押牙馬●（以下人名がつづくが省略、●は本人がチェックしたということを表す）。以上の社人は仏像を曳く担当であり、〔誰か代理の者でなく〕本人である必要がある。帖が回ってくれば、今月の七日に（紙が欠損）内に集合すること。遅れて来た最後の二人は罰として酒一角を供出し、欠席者は罰として酒半甕を供出すること。転帖が回ってくれば、速やかに次の人に回すこと。手元に留め置いてはいけない。もし留め置いた者は、社条（社の取り決めを箇条書きにしたもの）に照らして罰を与える。帖が一周りすれば本部に返却すること。これに依拠して罰を告知する。辛未年二月七日、録事の李が帖を発し告示する。

この回覧帖には、省略した部分をあわせて在俗の二二人の氏名が見え、その氏名の右側に墨点がついている。これは回覧板が回ってきて本人が確認したことを示す。これにより、僧ではなく在俗の行像社のメンバーが行像を曳く役目を担当していたことがわかる。「梁押牙」の後に「馬」とあるのは、馬を供出することを示す。「馬」という文字が付されたものは、この人物以外では省略した部分の他の二人にも見られ、おそらく仏像を載せた輦車を馬にも曳かせたのだろう。

**③二月八日――行城儀礼の当日**　八日の早朝には、行像社の社人や仏像をかつぐ人、僧衆などに「粥」（朝食）がふるまわれる。仏像は「大像」と「小仏」に分かれ、仏を載せた輿をかつぐ人は「耽仏人（たんぶつにん）」「擎像人（ぎょうぞうにん）」などと呼ばれる。P二〇五八V・二六三一・三五六六等の〈二月八日逾城文〉には、行像の隊列を描写して、

烏枢沙摩（うすさま）（あるいは金剛力士）が前で〔行像の行列を〕引導し、にらみをきかして拳を振り上げ、獅子は後ろを進み、勢い激しく奮いたって尻尾を振り上げる。五色の美しい雲がたなびき、四花（曼陀羅華（まんだらけ）、摩訶曼陀羅華、曼殊沙華（まんじゅしゃげ）、摩訶曼殊沙華）を街に降り注ぐ。楽団は八種の楽器を演奏し、九功（水・火・金・木・土・穀・正徳・利用・厚生）の徳を八佾（はちいつ）の舞にあわせて歌う。

と述べている。ここに記されているように、獅子が行像の列に加わっていたことは、北魏の都であった洛陽の寺院についての記録である『洛陽伽藍記』長秋寺の条に「辟邪・獅子が前で先導する」とあり、『高僧伝』巻一〇の邵碩が行像の隊列に混ざり獅子に扮したという記述からもうかがうことができる。獅子が先導したというのは、日本の獅子舞（ししまい）の源流にあたるものであり、仮面を被り獅子に扮した人が周囲を威嚇しながら舞い踊るのである。これは疫病・悪鬼の退散の利益があるとされていた。行像にはこうした獅子舞だけでなく、仮面を被り様々な動物や異獣の姿をして踊る、「悉磨遮（しつましゃ）（蘇莫遮（そまくしゃ））」と呼ばれる西域由来の仮面舞踏も行われた。九〇八年に記されたS一〇五三〈寺院破暦〉には、「粟三斗。二月八日に郎君が悉磨遮を踊る費用」とあり、舞踏者に対しても報酬を払っていることがわかる。行像の隊列には、舞楽以外にも傘蓋や幡、散華などがともなった。また隊列が行進する道中において、様々な布施が行われ、寺院の倉庫に納入された記録も多く残っている。

行像の隊列がたどるルートについては、行像堂を出発して、悉達太子の四門出遊故事になぞらえて東門、南門、西門を経て時計回りに城内を一周した後、北門に到着したと考えられる。八世紀末から九世紀中葉にかけての吐蕃統治時代に編集された斎文集（S二一四六）には、「四門より仏像を出行させ、城市を一周する」あるいは、「四門において盛大な法会を次々と行い、一郡の都城を巡る」などの語句が見える。斎文集とは、斎会などの儀礼の際に唱誦される祈祷文を集めたものである。

「四門出遊」とは、悉達太子が都城の東門・南門・西門・北門から外出し、それぞれ老人・病人・死者・出家者を目のあたりにして深く心に感じるところがあり、出家へと心ひかれるようになったという説話である。この「四門出遊」説話は、『過去現在因果経』など多くの仏伝に見える。北門は太子がここを出て出家者に遭遇し出家を願うようになったという意味で、行城儀礼において重要な場所なのである。また、前述した杜公瞻による『荊楚歳時記』の注記に引用された『本起経』によれば、北門は太子が出家を決意し城を出るときにひとりでに開いた門でもある。以上の典拠に鑑みれば、北門は太子の出家と密接に関係している場所であり、悉達太子の行像の隊列が北門に到着したところで、行城儀礼の主要な部分は終了したと考えてよいであろう。

北門に到着すると行像の隊列を解き、食事休憩をとった記録が複数残されている。例えば、P二〇三二には「麺三斗、油一升、粟六斗。大像をかつぐ人（擎大像人）が北門にて食事をとるために供与する」とあり、また、P二〇四九には、「粟六斗。北門で酒を買うための費用として像をかつぐ人に供与する」とある。当時、粟は貨幣の代替として使用されていたが、北門での食事には酒もふるまわれたことがわかる。S四六四二Vに「粟七碩三斗。二月八日に仏を曳く人への支払いとして支出。粟八斗。仏を担ぐ人への支払いとして支出」とあるように、像をかついだ人、または像を載せた輦車をひいた人に対して、食事のみでなく、給料も支給された。

行城儀礼以外に、この日には寺院において盛大な法会が設けられ、経典の講義なども行われていた。このことは、二月八日の踰城出家を讃える願文の類が敦煌文献に多く残されていることから明らかである。城内の大寺院には行像の隊列が招き入れられ、供養が行われることもあったであろう。

**④二月九日以降――慰労会と仏衣の回収**　行城の儀礼が行われた翌日の九日には、侍仏人（行像の隊列に参加していた人）の慰労の宴会が行われる　P二〇四九には「粟三斗。侍仏人が九日に寒苦家（五代時期の敦煌の酒場）にて慰労会を行う費用」とある。他にも地方官や行像社の新入りの社人を接待した

り、社の規則である社条の作成をしたりした。また、九日あるいは十日には行城儀礼に用いられた仏像に着せていた衣を回収した。P二〇四〇には、「麦二斗。十日に仏衣を回収し冷淘（火を使わない比較的高級な食品）を作り僧の食用とする。」とある。ここで注目されるのは、仏像に衣を着せていることであり、後述する剣川県の太子会でも同様である。礼拝像への着装については、像の「生身」化という意義を有することが指摘されており（奥二〇一九、三二七）、行城儀礼においてもこれがあてはまるであろう。

以上のように、敦煌における行城儀礼は、悉達太子の踰城出家を記念したものであり、太子の四門出遊にもなぞらえられており、寺院が主催し、行像社の社人など、多くの人が儀礼に関わり、数日間にわたって行われる盛大な仏教儀礼であった。

## 宋以降の行城儀礼

以上が敦煌の行城儀礼であるが、宋代においてもこの儀礼は一部の地域で行われていた。すなわち、十世紀末に賛寧が勅命を奉じて撰述した、仏法の事理・来歴・制度について論述した書物である『大宋僧史略』によると、当時の夏台（現在の陝西省靖辺県）・霊武（現在の寧夏回族自治区霊武市）では、毎年二月八日に僧が夾紵製（乾漆製）の仏像をかつぎ、侍従が周りを取り巻き、幡と天蓋や歌楽が引導し城市・行市を巡った。これは「巡城」と呼ばれ、人々はこの儀礼によって息災の利益を願ったという。ただこれが何を祝ったものであるかは述べられていない。

遼王朝においても、『遼史』によれば二月八日、『契丹国志』によれば四月八日に、釈迦の誕生を祝い、木製の悉達太子像をかついで城を巡る儀礼が行われた記録がある。これは釈迦の誕生を記念するものとしているので、行城儀礼は踰城出家を表現したものとする唐代の見解が継承された形跡は見当たらない。

さらに『金史』巻五・海陵紀には、正隆元年（一一五六）二月庚辰（八日）に宣華門に御幸し、仏を迎え、諸寺の僧に絹五百匹、あやぎぬ五十段、銀五百両を下賜したことが記される。二月八日に「仏を迎える」儀礼を行っており、これも唐代とは形式が異なっている。

## 第五節　剣川県の太子会と行城儀礼

### 沙渓古鎮の太子会

それでは出家を記念する二月八日の行城儀礼が全く行われなくなったかと言えばそうではない。敦煌の行城儀礼に類似した儀礼が現在でも行われている地域が存在する。すなわち、中国の南西部に位置する大理白族自治州の剣川県である。この地域は、唐王朝から冊封されたり、チベット系の吐蕃に隷属し、唐と敵対したりしつつ、唐王朝や吐蕃の文化を摂取し、七世紀半ばから十世紀初頭まで続いた南詔王国、さらに十世紀前半から十四世紀末まで続いた大理国の統治下にあった。これら王国では、ともに独自の仏教文化が花開いた。

剣川では、現在でも旧暦の二月八日には数箇所において太子会という儀礼が行われており、近年、この儀礼が敦煌の行城儀礼と類似していると指摘されている（馬・段二〇一四、張二〇一五）。この儀礼がいつの時代まで遡るか不明であるが、遅くとも明代には行われていた。敦煌の行城儀礼を考える際にも参考になるので、これらの論考に基づき、概要を説明しておきたい。この地域は現在、密教の系統に属する阿吒力（アザリ）教派が盛んである。阿吒力とは阿闍梨（あじゃり）（Skt. ācārya）のことで、弟子を教導する師という意味である。

剣川県の古城である沙渓古鎮（さけいこちん）において行われる太子会は、二月六日に始まり、八日に行城儀礼を行って幕を閉じる。太子会が行われるのは古県城の北門にある哲母寺である。この寺の建物は主殿しかない。寺では元来、阿梨帝母（訶梨帝母（かりていも）、鬼子母神）を主尊として祭っていたが、現在は釈迦仏が主尊である。その両側には多聞天と大黒天が侍立する。釈迦仏の前の脇には、弟子である阿難と迦葉が侍立し、真前には出家前の釈迦を表す太子坐像と誕生釈迦童子立像が安置される。太子坐像は人間と等身大に作られ、片方の手を挙げもう一方の手を下げ、挙げた手には赤絹で作られた桃の花をつまんでいる。この太子像は、民国時代にイギリスの宣教師が撮影した明代の太子木彫像（一九五〇年代に破壊される）の写真をもとに、一九九四年に楊雲軒阿吒力とその従兄羅八五が復元制作し、二月八日の行城儀礼も復活させたのである。民国四年（一九一五）に太子会に参じてその様子を記録した『花朝節観剣城太子記』によれば、北門には大きな柏の古樹があり、これを切って下の根で釈迦を刻し、中間部分を使い太子坐像を刻し、上端で童子像を刻したという伝説があった。

もと寺の本尊であった阿梨帝母像は大門に正対する位置に安置され、信徒は寺に入ると最初に阿梨帝母を礼拝する。大殿の門前には祭壇が設けられ、達摩祖師の画像が祭られている。大殿内の両側には四天王の画像が掛けられ、画像の下には祭壇が設けられ、四方仏名の位牌が祭られている。さらに四天王像の上には五方仏の名号の幡が掛けられている。他にも仏菩薩の名号を記した幡が多く掛けられている。これらは二月八日の太子会のために特別に設けられた道場である。

法会を主催するのは北門街と西門街を主とする「媽媽会」（母親会）であり、法会全体の収支や用度の責任を負い、老年協会活動センターにて多数の信徒のために食事を作り提供する。法会を行うのは阿吒力派の僧であり、四、五名の法師と三～五名の伴奏師からなる。三日間の法会において、法師が壇を設け祭祀を行い、伴奏師は法師の読経にあわせてチャルメラ・笛・二胡などを用い伴奏する。

太子会は主に七日の献花儀礼、七日の夜に行なわれる太子小像を捧げ持つ行城儀礼、八日の昼から行われる太子行城四門出遊儀礼から構成される。それぞれ順に説明していこう。

**①献花儀礼**　献花儀礼は「散花」と呼ばれるものである。古城の西門と北門を主とする信徒はいくつもの紙製の花束をあらかじめ作って準備しておき、寺廟に送って並べ飾っておく。あるいは献花の時に持参する場合もある。阿吒力法師は各信徒一人ずつのために表白文を上奏し、災厄を祓い福の到来を祈る。献花の時になると、信徒は花を捧げ持って大殿の前にならび、阿吒力法師の祭祀音楽にしたがって手中の花を絶えず舞い動かし、法師が儀礼を行うのを待つ。法師は信徒から一人ずつ順に花をうけとり、太子像の前で何周か右遶し、右遶しながら献花の舞（散花舞）をおどる。散花舞をおどりながら口中でぶつぶつ言って、唱誦の節回しを帯びている。それにともない、チャルメラ・笛・二胡などが伴奏される。「媽媽会」の会員は大殿の両側に整列し、鴛鴦鑼（えんおうら）と木魚を捧げ持ち、法師が『散花経』を諷誦するのに従い、ある時には音楽に従ってそれらを打ち鳴らす。一曲が終わるとき、献花の儀礼も終わり、すぐさま次の信徒のために同様の儀式を行う。儀式は二時間余りで、三百名ほどの信徒が献花を行う。

**②誕生童子像の行城儀礼**　七日の夜七時には、灯明を用いた儀礼が開始される。阿吒力法師は大殿の門口に机を置き、米で机の上に樹木の形の図をつくり、中の空間に七個のろうそくを置く。これを「七

輪灯」といい、『仏門消災延寿灯科』という儀軌に基づく儀礼である。またもう一つ別の机の上にも米で「寿」の字形をつくり、中の空間に十一のろうそくを置く。これを「禳星（じょうせい）」といい、『十一大曜』という儀軌（密教儀式の法則）の儀礼である。この両儀礼は前後して行われ、法師が交替で経文を諷誦する。

夜の八時半から誕生童子像の行城儀礼が始まる。隊列は三名の法師が先導し、一名が童子像を捧げ持ち、他は鈸（ばち）を持つ者と経典を持つ者とである。歩きながら経文を誦え、チャルメラが伴奏される。そのあとに子供たちが「媽媽会」の婦人たちとともに、手にろうそくと香を持ってつづく。隊列は最初に達摩祖師の祭壇を一周し、阿梨帝母の宝座の前で一周し、爆竹が鳴らされ、寺門の外へと出る。門を出ると北へ向かい橋を渡るとき爆竹が鳴らされ少し止まった後、さらに道の突き当たりまで進む。そこで少しの間とどまり経を誦えた後に、もと来た道を帰る。寺廟に戻ると、阿梨帝母、達摩の祭壇、七個と十一個のろうそくがそれぞれ置かれた二つの机のまわりをそれぞれ三周し、大殿に戻り、儀礼は終わる。

**③太子四門出遊の行城儀礼**　二月八日の午後一時になると、人々が哲母寺に集まり、責任者の指示に従い花を運び、各種の祭品を準備し、一切の準備が終わると、爆竹の合図と共に行城の儀礼が開始される。新婚の新郎八人が太子像を担ぎ、途中で順番に交替し休憩する。隊列の先頭はいっぱいの花で飾り付けられた五台のワゴンが先導し、法師の伴奏をする伎楽隊が同乗する。そのすぐ後に、柏の香木を燃やした香炉を持つ二人の男性、「二月八日太子の盛会を楽しく過ごそう」と書かれた長い幡と各種の旗幡を持つ媽媽会の婦人、香炉や供物を持つ数人の婦人がつづく。さらにその後には如意節、揺鈴、鈸（ばち）、鑔（さつ）（小型の鈸）、宝剣、浄水碗、長号を持つ五名の阿吒力法師、花を捧げ持つ阿吒力経母、きらびやかな

白族の衣裳を身にまとった年若い婦女がつづく。彼女達は覇王鞭（はおうべん）（舞踊を演じるときに使う美しく塗った短い棒）をふるいながら歩く。何人かの男の子は太子の童子形に似せた衣裳を着せられ、老人が押す自転車に乗ったり、父母に付き添われたりする。十字路や橋を通るときはいつも爆竹が鳴らされる。隊列の最前列には、二人の男子が賽銭箱を持って歩き、通行人や店舗に布施を募る。ほとんどすべての家は隊列が家の前を通り過ぎる時に爆竹を鳴らし布施をする。

隊列は哲母寺を出た後、北門街に沿ってゆっくりと進み、東門へと到達する。橋や十字路を過ぎる時は少し停止し阿吒力法師がラッパを吹いて演奏し誦経する。媽媽会の婦人たちは木魚を打ち鳴らして誦経する。東門から南門、西門を経て、北門街に戻る。この路傍では青年や婦女たちが集まってタマリンドジュースをつくり通行人にふるまう。隊列が最後に哲母寺に戻ると行城儀礼は終了となる。この行城儀礼の行程はおおよそ二時間余りである。

太子会が敦煌の行城儀礼と大きく異なるのは、新婚の新郎たちが像を担ぐことであり、これは新婚の家庭が子宝に恵まれることを祈願する儀礼なのである。このことは、次に紹介する寺登村の太子会においてより明確である。

## 剣川県沙渓鎮寺登村の太子会

前述した沙渓古鎮から南へ約二五キロメートルの地点にある、沙渓鎮政府の所在地である寺登村においても、旧暦二月八日に太子会が行われている。（杜二〇一四）に基づき、寺登村の太子会の概要を紹介しよう。

寺登村では、数日前から老年協会が村で当年結婚した新郎とその家長を召集し、「二月八伝統盛会組織委員会」を結成し、儀礼に関わる仕事の分担を相談し、儀礼に必要な物品の準備にとりかかる。当年結婚した新郎やその家族たちは、二月八日の早朝から儀礼の中心の場となる本主廟にて客人の接待などに追われる。本主とは、白族社会において最も重視される神である。各村、あるいは数村ごとに本主がおり、村民のあらゆることを庇護する神と考えられている。子宝を望むには本主廟において本主の神力を祈願することによって健康な子供が授けられるのであり、もしそうしなければ、「偸生」といって、子が生まれても早逝してしまうと考えられている。

朝食後の午前十一時には、新郎たちは太子像と釈迦像を廟の中庭に運び込み、像の前に供物机をならべる。阿吒力法師が『釈教祈嗣求寿表法事』を誦し、婦人たちも机を取り囲み唱和する。この儀軌には、太子が十九歳の時に東西南北の四門からそれぞれ出遊し、北門にて僧に出会い礼拝して出家修行の念をおこしたこと（四門出遊）、父である王の制止を振り切り、城を踰え出て雪山へ赴き出家修行したこと（踰城出家）が記されていた。よって、行像で村内の四門を巡ることが太子の四門出遊と踰城出家を象徴したものであることは、法師には理解されていたと考えてよいようである。しかしながら以下に述べるように、村人には、太子会は子宝祈願のためのものであり、太子の出家はむしろ忌避すべきこととして理解されていることに注意する必要がある。

十一時半には、太子像のために新調の仏衣を準備した新郎の家が太子像を新しい仏衣に着せ替える。それは乗馬の時に着る黄色い衣、赤い単衣の中国服、ブーツ、冠帽である。一方、釈迦像の方はただ一枚の黄色い袈裟を着けるだけである。太子像は皇宮の太子を表し、釈迦像は出家僧としての簡素な姿を表す。毎年の太子会には特別に像の衣を新調することが要求される。太子像には、つぎはぎの縫製部分の痕跡が見えないようにし、縫製した部分にも凹凸をなくし、靴は釘を用いない、などの決まりがある。仏衣の準備をした者が言うには、これは神に子宝を祈願するためのものなので、決まりを破ると縁起が悪いことがおこり、また自分で作らず他人に頼むと他人の家に子供が生まれるという。

太子の塑像は一般的な人と同じ大きさの坐像であり、髪を結い、少年の顔をしている。村人が馬を曳いてきて太子を馬に乗せ、縄で固定し、太子に黄色い上着を着せる。その馬は、二歳前後で、去勢しておらず、栗毛色であるという三つの条件を必ず備える必要があり、村内にいなければ村外から購入しなければならない。すなわちこの馬も精力旺盛であり子宝に恵まれることの象徴なのである。

一方、釈迦坐像も一般的な人と同じ大きさであり、色とりどりの色紙を継ぎ合わせて作られた白鶴の御輿に載せられる。白鶴は当地の人にとって神仙が居住する地の動物であり、神仙は白鶴に乗って移動するので、この御輿は俗世から飛び立ち離れ出た神仙を象徴している。

太子像と釈迦像ともに、白族ではなく、必ず漢族の服装であることが要求され、それであってこそ霊験があるとされる。村人たちによれば、神仙はすべて天から派遣されるので、必ず漢族の服装をしなければならないという。この天というのは中国の朝廷を象徴しているとされる。

新郎たちは二隊に分かれ、一隊は太子を載せた馬を曳き、一隊は釈迦像を載せた御輿をかつぎ、廟を出発する。道中では村人たちは家の庭をきれいに掃除し、門前にて焼香し、隊列が門前を通過するとき、争って太子像に硬貨を布施し、多子多福を求める。隊列が四方街に到着すると、興教寺の門前の広場でしばし停止する。太子像を載せた馬は、それまでゆっくりと歩いていたが、興教寺を出ると、ペースが急に速くなり、鞭で叩かれ飛ぶように走り、ある程度走った後、またもとのとおり歩くのである。村人によれば、これは太子が出家の念をおこさず俗世で生活することを願って、寺院からはやく逃れるためである。一方、釈迦像の方はペースに変化はない。

その後は、村を東南西北と順に一周した後、本主廟に戻る。太子像は直接廟内に戻るが、釈迦像は門前で西に向かって休憩する。これは釈迦にその故郷（釈迦は西方から来たと考えられている）を見せ、ついでに村の農作物を見せるためであり、休憩の後に本主廟に戻り儀礼は終わる。本主廟は人が逝去した際にも必ず本主に報告することで、魂が離散しなくなるのであり、儀礼の終着点が本主廟であることは、村民の生命の起源と帰着点がともに本主廟であることを象徴している。

以上のように、剣川の太子会は、北門を重視し、四門を巡るという儀礼の形式において、敦煌の行城儀礼と類似している。しかしながら、元来踰城出家や四門出遊などを象徴して行われる行城儀礼は太子の出家を記念するものであったが、太子会においては、太子の出家を祝うという行城儀礼の元来の意味は薄れ、むしろ出家を忌避し、子孫繁栄の祈願という現世利益の方が前面に打ち出されているのである。

## 第六節　「進み行く像」としての行像

これまでは像を人々が運び移動させるという意味の行像儀礼を紹介してきた。ただし、行像という語が行像儀礼ではなく、像そのものを指して用いられる場合もある。像自身を指す「行像」については、行像儀礼に用いる像の意味以外に、「行きすすむ像」「経行（きょうぎょう／きんひん）の様を表す像」という意味の場合があると指摘されている（肥田二〇一六、五二〜五六）。経行とは、一定の距離をゆっくりと反復歩行することである。また、仏や塔のまわりを巡り歩く行道と同じ意味で使用される場合もある。実際に「行像」の用例を調査すると、多くの場合、進み行く像という意味で用いられている。こうした像は、しばしばひとりでに経行や遊行などの霊験を示現する瑞像でもあった。

この「進み行く」像という意味の行像については、劉義慶が撰した後漢末から宋初までの説話集『世説新語』の巧芸篇に見える「行像」が中国における最も早い事例であると考えられる。すなわち、東晋時代の画家で名匠でもある戴逵（?〜三九六）は、非常に精妙な「行像」を画いた。庾道季（庾和）はこの絵を見て、「仏〔の御姿〕が大変俗っぽい。それはあなたに世俗の情がまだ残っているからだ」と評したという。この「行像」は絵画であるから、行像儀礼に使用する仏像という意味ではない。また、行像儀礼の様子を描いたとも考えにくい。ではいかなる意味かというと、日本の江戸時代、文化十三年（一八一六）に刊行された恩田蕙楼（仲任）が撰した『世説音釈』において、この「行像」の意味を、「行は即ち行住坐臥の行なり」と解釈するのが正解であろう。すなわち、「行（行くこと）」、「住（とどまること）」、「坐（坐ること）」、「臥（横になること）」という四威儀のうちの「行」の像という意味とする。換言すれば、「坐像」や「臥像」、「住」に対応する「立像」に対しての「行像」、進み行く様態を表現した像という意味に解釈できる。

進み行くさまを仏像として表現することに最も関連する経典は、『観仏三昧経』である。この経には、観四威儀品と呼ばれる章がある。すなわち、釈迦の行住坐臥を観想するのであるが、仏滅後には仏が歩み行くさまを観想すること、あるいは仏跡を見て、仏像の歩み行く様子を見る者は、一歩ごとに千劫の極重の悪業を滅除することができると説き、行像を見ることには滅罪の大きな功徳があるとする。

この意味での行像は、インドにも存在した。『大唐西域記』巻七・婆羅痆斯国の鹿野伽藍の近くには過去四仏が経行したという遺跡があり、そこには長さ五十歩余り、高さ七尺ばかり青石を積み上げ、その上に「如来経行像」が造られていた。道宣の『釈迦方志』巻上や道世の『法苑珠林』巻二九ではこれを「釈迦経行像」としている。その造形は優れて威厳が有り、肉髻の上に髪の毛が突き出るという特殊な形をそなえ、霊験あらたかな像であったという。

玄奘がインドから中国に持ち帰った七体の仏像のうち、七番目の仏像もこの事例にあてはまる。すなわち、高さ一尺三寸の栴檀仏像で、「吠舎釐国にて城を巡り化を行うに擬す像」とされるものである。これと同様の榜題を有する図像が敦煌莫高窟二三一窟西壁龕頂や二三七窟西壁龕頂に見られる。ともに水面に像が浮かぶ表現がなされ、特に後者は水上を歩み行く二体の如来像が描かれる。肥田（二〇一一、三九）によれば、これは『大唐西域記』巻七に見られる故事を表現したものである。すなわち、ヴァイシャーリー城から涅槃の場所であるクシナガラへと向かう釈迦に対し、城の人々が追いすがり悲しみ泣きながら見送った。釈迦は言葉では人々を諭せないと考え、威神力で大河を化作し人々を留めさせたという話である。如来が二体である点や「城を巡り化を行う」という語とぴったりとは合わないが、ともかく進み行く様子が表された行像であったと言える。

時代と地域は異なるものの、実際の歩み行く様を表現した彫刻の釈迦如来像は、タイのスコータイ王朝（十三〜十四世紀）の時代に多く造られた。現存する作例も数多い。スコータイ遺跡には、歩行、立、坐、横臥の四姿態（行住坐臥の四威儀に対応）を一組にして安置していた事例もあったという（東郷一九八八）。

一方中国では、東晋・南朝においてこの意味の行像の事例が多く見られる。まずは、前述した「行像」の絵画を制作した戴逵の事例である。『法苑珠林』巻一六には、戴逵が行像を五体造り、もとは都である建康の瓦官寺に安置されていたという記録が残る（大正五三・四〇六中）。初唐の法琳が撰した『辯正論』にも、戴逵が自ら「五体の夾紵像」（乾漆製の像）を造ったとあり（大正五二・五〇五中）、これが同じものを指す可能性が高い。乾漆製の像は非常に軽く持ち運びが容易である。これが行像儀礼用の像であったか、あるいは行像儀礼とは無関係で、進み行く様子を表した像であったかは判断が難しい。ただし唐の道宣が中国における仏教の霊験説話を集録した『集神州三宝感通録』巻中に記載される、会稽郡山陰県の霊宝寺の木像は、戴逵が「真極」つまり仏の真の姿にまみえることを願い、熟慮を重ね苦心して造ったもので、完成した像を見た人々は、まるで本当の仏にまみえるかのようであったという。ここからは戴逵の制作した行像も、進み行くという動きを表現することで、生身の姿に近づけようとした像であった可能性が考えられる。戴逵は、行像の絵画も制作しているので、五体の行像も進み行く姿の像である可能性が高い。

また、『比丘尼伝』巻二・道瓊尼伝にも行像の事例が見える。すなわち、南朝の宋の元嘉八年（四三一）、道瓊は多くの仏像を造り、各地に安置した。瓦官寺には弥勒の行像、建福寺には臥像と堂を造り、さらに普賢菩薩の行像を造ったと記される。「行像」とともに「臥像」も制作しているので、これら「行像」は進み行くさまを表現した像の意味として間違いない。

『法苑珠林』巻一七に引用される『冥祥記』の佚文にも行像の事例が見える。『冥祥記』は南斉時代に王琰が撰した仏教霊験説話集である。東晋末、呉郡の人である潘道秀が後の宋の初代皇帝となる劉裕の北方遠征に従軍したが敵地で捕らえられ、数箇所で奴隷となった。潘道秀は若い時から仏教を信仰し、常に至心に観世音菩薩を念じており、いつもその像を夢で見ていた。後に南へ逃げて道に迷い山中で行き詰まってしまった時、たちまち「真形」（観世音菩薩の真なる御姿）を目の当たりにすること、今の行像のようであった。そこで礼拝すると、像は気付かぬうちに姿を消し、潘道秀はもとの道に戻ることができ、郷里にたどりついた。ここで言う「行像」も進み行く姿の像と解した方がよいであろう。

同じく『法苑珠林』巻一五に引用される『冥祥記』に収録された宋の廬江（安徽省舒城）の人、何曇遠の記事にも「行像」の語が見える。何曇遠は菩薩戒を持つ敬虔な仏教徒であった。元嘉九年（四三二）、十八歳の時に父を亡くし、病気になるほど嘆き悲しみ、心を浄土に帰し、仏の感応（霊験）を祈った。時に師である僧含も含め僧を数人招き、いつも僧含に対し過去世における罪業を懺悔した。続けていても全く感応が起きなかったが、僧含は曇遠に対し怠ることのなきよう励ましていた。翌十年の二月十六日の夜、転経（節をつけて歌のように経を読み上げること）を終え僧たちがすでに眠りについていた時、午前二時に突然曇遠は「歌誦してください、歌誦してください」と声に出した。僧含が驚いて尋ねると、曇遠は、「黄金の仏身を見ました。形状・大きさは行像のようでした。金色の光が仏身の周りを囲み、浮き上がる炎が一丈余りでした。幡や華を持った侍従たちが従い虚空に満ちていました」と答えた。この時曇遠は西廂におり、仏が西からやって来たので西に向きを変えて佇んで立ち、呼びかけ仏を速やかに去らせた。そしてその日の夕べに仏を香華で供養してにわかに臥し、五更（午前三時～五時）に亡くなったという。ここでは仏が来迎する姿を、仏が進み行く姿を表した行像に喩えていると考えられる。

さらに、梁の僧祐が撰した仏典目録である『出三蔵記集』巻一二には、「宋明帝・斉文皇・文宣造行像八部鬼神記第十」という題名が見られ、劉宋・南斉時代に皇帝や王子が行像を造らせていたことがわかる。この場合は進み行く姿の像と断定はできず、行像儀礼用の仏像である可能性も残る。

また、『法苑珠林』巻六五に収録された劉宋の道冏（どうきょう）（あるいは道固・道環ともいう）の伝にも行像がみえる。扶風好時（ふふうこうじ）（現在の陝西省乾県）の馬氏の出である道冏は、十日間の観世音斎を設けた。九日目が終わり、夜四更（午前一時～三時）が終わる頃、他の僧はみな眠っていたが、道冏だけは礼拝して坐禅しようとした。するとたちまち四方の壁に無数の沙門が半身を出しているのが見え、また一仏の螺髪（らほつ）がはっきりと見えた。また長身の人が手に長刀を持ち、香をつまみ道冏に授与しようとしたが、道冏は受けなかった。壁中の沙門は香を受けて人を庇護するように語ると、にわかにその姿が見えなくなった。当時衆会の僧たちは全くこれが見えず、ただ釈迦の行像が置かれていたのが見えただけであったという。これを吉村怜氏は「他所から移って来られた」《遊行像》であるとする（吉村二〇〇六）。あるいは進み行く姿の像の意味とも考えられる。

中国において進み行く様を表現した行像は、しばしば霊験を表し、瑞像とも呼ばれた。『集神州三宝感通録』巻中には、このような行像の霊験説話が三例収録されている。この書については、肥田路美氏が主催する早稲田大学大学院東洋美術史研究室による詳細な訳注があるので各説話の詳細はそちらに譲り、ここではそれぞれの説話の概要を時代順に簡単に紹介しよう。

最初の事例は、「涼州石崖塑瑞像」とされる像である（肥田二〇一五）。この像は、同じく道宣が撰した『広弘明集』の巻一五では「涼州南百里崖中泥塑行像」と記される。ただし如来像ではなく、北涼の王である沮渠蒙遜が涼州の南百里の崖に造営した石窟における塑像の聖僧像である。この聖僧像は遠くから見ると経行しているように見えたが、近づくと止まった。顔の表情を見るとまるで歩いているかのようであったという。道宣の解釈によれば、聖僧像が経行している姿を示現するのは、多数の羅漢たち聖僧が涅槃に入らずにこの世にとどまり仏法を護持していることの証である（肥田二〇一五、二〇）。この聖僧像については、道宣が禅定比丘坐像と想定していた可能性が指摘されているが（同上、二二）、道宣自ら「行像」というからには、これも進み行く像、経行の様を表す像の意味で解釈すべきであろう。

第二の事例は、北周時代、襄州（襄陽）峴山の華厳寺にまつられていた行像である。この行像は、高さが五丈、すなわち約十五メートルの巨大な木像であった。北周の廃仏に際して頭部だけが埋めて隠され、隋代に取り出されてもとどおり荘厳され、盧舎那仏の聖像（『法苑珠林』では「坐像」）として造り直されたという。盧舎那仏は『華厳経』の教主で、東大寺の大仏も盧舎那仏である。大像を運搬する困難さを考えると、この行像も進み行く姿を表す立像の意味と考えられる（肥田二〇一六、五二～五六）。

第三の事例は、唐の顕慶四年（六五九）という道宣からすればごく最近の話である。撫州（江西省撫州市）刺史の祖氏がひどい旱のために雨乞いをしたが効験がなかった。ある人が東山に行像があるのを発見したが、その由来がわからなかった。像を動かそうとしたが動かず、噂が広まって遠近から人がともにやって来た。潭州の人が、「潭州の寺の像が見えなくなったと思ったらここにいらっしゃったのか」と言い、その寺からここまでの道を調べると、長さ各二尺（あるいは三尺）の二つの足跡が互いに五百里離れて見つかった。刺史が赴いて祈り請い、州の官民を挙げて香花をもって二十里ほど歩いて像のもとに到り、泣きながら旱の状況を訴え、懇誠の情がますます痛切になったところ、三人で像を捧げ持つと軽々と持ち上がり、撫州の寺に引き返した。その道に沿って雲が広がり、夜に雨が降り、その年穀物が実った。像は今も撫州にあるという。この説話では像がおそらく撫州の旱を救うため、自ら撫州に移動して来て、撫州の人々が心をこめて祈ることで像が動き降雨という霊験を得たという話である。これについても肥田（二〇一八、一一〜八）が詳細な注釈を加え、「行きすすむ」像として説明している。

本節では、行像儀礼とは異なる、進み行く姿を表現した像と見なしうる行像の事例を集めて提示した。これらの像の中には、実際に像が動いたという霊験を示したとされるものが少なからずある点は無視できない。それは像自体が動きを表現しているという生身性と関係しているだろう。そして、行像儀礼と進み行く姿の行像とは、それぞれ異なる概念ではあるものの、ともに像に動きを持たせて仏像の生身性を表現するという意味では共通することを最後に指摘しておきたい。

## まとめ

以上、本章では仏像を儀礼の主役とする、灌仏と行像儀礼について述べてきた。灌仏は後漢末、行像は少し遅れて五胡十六国や東晋の時代には中国で行われていたことが確認でき、ともにインドに起源を持つ仏教儀礼と認めることができる。

灌仏や行像では、仏像が儀礼の中心的役割を果たしており、灌仏では仏の誕生、行像でも仏の誕生や降臨、踰城出家を祝う儀礼として釈迦の伝記と結びつけることで、伝記が生き生きとした姿で現実世界に表現され、儀礼に参じた者は仏伝を実際に体感することができたのである。

最後に、上記の諸資料を勘案した上で、インドから中国へと至る行像・行城儀礼の展開を整理し提示しておきたい。

岸野氏が示したように、現在のスリランカや東南アジアの仏教諸国において盛んな釈迦の降誕と成道を同時に祝う「ウェーサーカ祭」のごとく、インドにおいては、釈迦の誕生・成道などが同じ日に設定された。「根本説一切有部律」『ニダーナ』の規定によれば、行像の儀礼も誕生や成道を記念してヴァイシャーカ月に行われるものであった。さらに義浄によれば、夏安居の終わりを告げる自恣の日などや大規模な斎会にあわせて、行像（行城）がしばしば行われていた。この場合、布施を集めることが目的であるとすると、街中の様々なところを練り歩くことで、より多くの布施を集めることができたであろう。

しかし、法顕が見たパータリプトラの行像儀礼や、玄奘が見たハルシャ王の行像儀礼のように、国王や在家の有力者が主催するような大規模な行像儀礼では、当然、律の規定に縛られたとは考えられず、おのずから別の発展を遂げたはずである。すなわち、この場合においては、国王などの在俗者が仏を城内に迎え入れ、焼香・礼拝するということに重点が置かれている。これは法顕の見学した于闐国における行像儀礼を経て、四月八日に行われた北魏の帝王が主催する洛陽における行像儀礼までつながるものであろう。

一方、インドにおいて行われていた律の規定に基づく出家者主導の行像儀礼も、形を変えつつ中国に伝来していた。しかしながら中国では、そもそもインドのヴァイシャーカ月を中国の暦のいつとするかについて、二月八日と四月八日とで大きく議論が分かれていた。また、インドのように釈迦・成道・涅槃などをすべて同一の節日と規定することに対し、かなりの違和感があったようで、様々な僧や学者が様々な議論を展開し、具体的な日にちは論者によって異なるものの、それぞれの仏伝故事を同一ではなく別々の日に設定する議論が優勢となっていった。

『荊楚歳時記』の記事に見られるごとく、六世紀の長江中流域においては、二月八日を釈迦の成道と誕生をともに祝う日とし、仏像をひき、城を巡る「行城」の儀礼が行われていた。また、四月八日を弥勒の下生の日とし、行像供養が行われた。一方、西魏・北周頃の敦煌文献においては、『過去現在因果経』を引用して、四月八日を託胎、二月八日を出生の日とし、行像を釈迦の誕生や優塡王が釈迦を慕い仏像を造り釈迦が忉利天から帰還した故事にちなんだ儀礼としていた。

しかし、慧思や信行が二月八日を出家の日、四月八日を誕生の日としているように、隋の杜公瞻の頃から、二月八日の行城儀礼は悉達太子の踰城出家を記念するものとする見解が有力になったようである。唐代になると、四月八日に行像の儀礼が行われた形跡がなくなった。行像と言えば専ら二月八日における太子の踰城出家を記念して城を一周する行城儀礼のことを指すようになり、道教徒もこれを模倣するまでに至った。

義浄が生きた初唐から武周にかけての時代には、おそらくすでに中国では四月八日に行像の儀礼をほとんど行わなくなっており、行城の儀礼が二月八日に行われていた。そのため、義浄はインドで自恣や大斎会に際し行われていた行像儀礼を「神州（中国）の行城の法」と記したのであろう。

八～十世紀の敦煌文献に記録が残る敦煌の行城儀礼や、さらに時代が下る剣川の太子会も二月八日に行われており、基本的にはこの流れを継承するものと言える。ただし、剣川の太子会では四門出遊や踰城出家といった仏伝故事を記念するという行城儀礼の元来の意味は薄れ、新婚の家の子宝祈願という現

表4　中国における行像と行城

| | 「仏を迎える」行像 | 「城を巡る」行城 |
|---|---|---|
| 挙行日 | 四月八日 | 二月八日 |
| 儀礼方式 | 像を城外から城内へ迎え入れ供養する（直線的移動） | 東―南―西―北の四門の順に城を巡る。 |
| 儀礼主催者 | 有力在家者（君主） | 寺院 |
| 典拠となる仏伝 | 太子誕生し七歩歩く<br>優塡王が忉利天宮より降下した釈迦を迎える | 踰城出家<br>四門出遊 |
| 流行時期 | 四～六世紀前半 | 六世紀後半～十世紀 |

世利益が前面に押し出され、その目的にあわせて儀礼の形式も一部変容されている。以上の内容をより簡単にまとめると表4のようになる。

灌仏や行像儀礼が表すものは、仏像を生身の釈迦仏のように見立て、その生涯の重要場面を擬似的に追体験するということである。それは、生身の仏に会うことができない時代において、仏の偉大さを改めて想起し顕彰する場でもあった。また、「進み行く姿」を表した行像についても、仏像の生身性との関わりで論じてきた。ここで注目したいのは、行像の典拠として既に掲げた『観仏三昧経』観四威儀品である。

> 仏滅後に〔瞑想し〕三昧に入り仏が歩み行くさまを観想すれば、千劫の極重の悪業が滅除される。たとえ仏の歩み行くさまを観想できなくとも、仏跡を見、あるいは仏像の歩み行くさまを見る者は、一歩ごとにまた千劫の極重の悪業を滅除される。（大正一五・六七五）

このように仏像であってもその歩み行く姿を観想できれば重

罪を滅除する功徳があるとする。しかしながら、歩み行く像を観想することができない場合、いかにすればよいかというと、懺悔をすべきだと説く経典もある。（伝）鳩摩羅什訳『禅秘要法経』では、以下のように仏像の観想法を説き、像が歩み行くさまを観想できない場合、それは過去世からの罪業のためであり、懺悔するように指導する。

> 〔観想によって〕坐像を見終わって以下のように考えた。「世尊が在世の時は、鉢をとり、錫杖を持ち、村里に入り托鉢乞食し、あちこち遊行して布教し、福徳によって衆生を教化されました。私は今日、ただ坐像を見るだけで、歩み行く像の姿が見えない。前世からのいかなる罪があるのだろうか」。このように考えた後、また更に懺悔し、懺悔が終わると、前のとおりに心を取りおさめ集中して像を観想する。像を観想すると、坐像がみな起ち上がり、丈六の巨大な身となり、真っ直ぐで傾かず、〔仏の特徴としての〕身体の光明がみなそなわる。像が立つのを見終わると、また像が歩み行くのを見る。（大正一五・二五五下）

## まとめ

ここでは、仏を観想する修行においても、行像（進み行く像）を見ることは坐像よりも難しく、見ることができない原因は前世からの罪にあるとされる。この罪を滅除するのが懺悔である。ここで説かれるのは、観想の障害となっている罪業を取り除くための懺悔であるが、本書の冒頭で述べたように、観想に限らず生身の仏に会うことができないのは、自らが罪業に覆われているためであり、その罪垢を滅除できれば瞑想中や夢の中、あるいは来世において仏に会えて説法を聞くことができると考えられた。こうした視覚的観想を重視する禅観においては、罪垢があればその妨げとなるので事前に懺悔が必要とされ、また観想の途中でも妨げが生じれば懺悔するように勧められている。中国における禅宗興起以前の禅観に関する詳細な研究を行っているエリック・グリーン氏が明らかにしたように、禅宗が表舞台に現れる前の、三世紀から七世紀において、懺悔は禅観だけでなく皇室における護国の祈願、僧侶の禁欲と離俗など、仏教の修行が究極的に目指すものの核心であると見なされる傾向があった（Green 2021, 204）。

次章では、この懺悔儀礼について仏像との関係に留意しつつ概観する。

# 第二章　身心をきよめる——大乗の懺悔儀礼と仏像

## 第一節　大乗の懺悔と布薩における懺悔

仏教において、自身の罪を告白し身心を清めるために行うのが懺悔である。一般には懺悔は「ざんげ」と読まれており、カトリックでは、洗礼をうけた後、キリストの代理者である司祭に対して自己の罪を悔い改め告白することで神から赦しを得る。これを告解と言い、神との契約に違反したことに対し、許しを乞う。

それに対し、仏教では「さんげ」と読む。インドの部派仏教における懺悔は、半月に一度僧たちが集まり、律の条文を読み上げて各自が違反したところがあれば僧衆に対して告白するという布薩における懺悔（布薩説戒）である。これは具足戒を受けた大乗仏教徒の僧尼も行うべきものである。

大乗仏教が興起すると、上記の布薩における懺悔に加えて、過去世から積み上げてきた一切の罪業を仏に対して懺悔告白するという大乗の懺悔法が生み出された。布薩説戒は人に対する懺悔であるが、大乗の懺悔は見えない十方諸仏に対して行う懺悔である。

そして中国を中心とした東アジア世界においては、大乗の懺悔儀礼が様々な仏・菩薩に対する信仰をとりこみながら大いに発展した。大乗の懺悔儀礼は、現在の日本でも悔過（懺悔の別名）の法要として各地で行われている。特に天台宗では、祖師である智顗が様々な懺悔の儀礼をとりこみ四種三昧（常坐・常行・半行半坐・非行非坐）という修行体系を構築したため、懺悔は非常に重視される。他の宗派においても、ほとんどの法要の儀式次第にはどこかに懺悔が組み込まれている。

日本の仏教寺院の日々の勤行（おつとめ）においても、仏前において勤行次第の冒頭近くで以下の懺悔文が唱えられているところも多い。

我昔所造諸悪業　（わたくしは、過去世から多くの悪い行いをしてきました。）
皆由無始貪瞋癡　（それらはみな果てしない過去世からの貪りと怒りと愚かさによるものです。）
従身語意之所生　（身の行いと、言葉と、心の働きから生じたものです。）
一切我今皆懺悔　（それらのすべてを、わたくしは今、懺悔いたします。）

これは唐の般若訳四十巻『華厳経』に見える偈文であるが、大乗仏教の懺悔では、現世における罪だけではなく、生まれ変わりを繰り返してきた過去世からの一切の罪業を懺悔するのである。

ここの懺悔に該当する梵語は［āpatti-］pratideśanā「［過ちを］何者かに明示すること、告白すること」である（平川一九七六）。deśanā「明示、告白」という語は「発露」（あらわにする）と同義語である。漢語でもしばしば「発露懺悔」と熟して使用される。

このように懺悔は、過ちを他者に告白するという意味でも用いられたが、中国では別に「求哀」と結びつける有力な解釈も存在した。すなわち、北斉から隋にかけての教学を代表する高僧の一人である浄影寺慧遠（五二三～五九二）は、『観無量寿経』の注釈である『観無量寿経義疏』において、「いま世尊に向かって五体投地の礼拝をし、求哀懺悔す」という経文に対し、「自分が懺謝（過ちを認め謝罪）するのを聴いて下さるように仏に対し哀れみを求めるので「求哀」という。「懺摩」は胡語であり、漢語では「悔過」という。胡語と漢語をともに提示するので「懺悔」という」（大正三七・一七七下）と解釈を加えている。また、天台智顗は懺悔の意味をより明確に以下のように述べている。

> 懺悔とは、「懺」は仏・法・僧の三宝と一切の衆生に懺謝することであり、「悔」は慚愧して自分の過ちを正すことを誓い、〔三宝に〕哀れみを求めることである。「私は今もしこの罪が滅するならば、未来においてたとえ命を失ったとしても、このような苦を生む行為は決してしません」と宣言する。これは例えば、比丘が仏に「たとえ燃えさかる大火に身を投じることになったとしても、決して如来の清浄な戒律を犯しません」と言うようなものである。このような心をおこし、三宝に対し〔この懺悔が真実であることを〕証明し受け入れてくれることを願う。これを「懺悔」と名づける。（大正四六・四八五中）

このように智顗は、三宝と衆生に対して自らの過ちを認め謝罪し、哀れみを求めることであると懺悔を解釈する。滅罪の成就とひきかえに、未来に罪を犯さないことの誓約、すなわち懺悔と誓願の関係を指摘している点も見逃せない。智顗はさらに「懺は外に罪を隠さないこと、悔は内心自らを責めること、懺は罪を悪と知ること、悔はその報いを恐れること」と述べ、要するに「あらゆる存在が虚妄であることを知り、永えに悪業をなさず、善なる道を修行すること」が懺悔であるとする。また、初唐における律の大家であった道宣も、慧遠の解釈を継承し、『四分律含注戒本疏』（元照述『四分律含注戒本疏行宗記』所収）において、「「悔」はこの中国の言葉であり、「懺」は西方の略語である。梵語の音は「懺摩」である。」と述べている。（新纂続蔵三九・七五八上）

七世紀後半にインドやインドネシアのスマトラ島に長年滞在し現地の仏教を学んだ義浄は、この「懺摩」を梵語のクシャマ（kṣama）に相当する漢語で、「忍耐する、堪忍する」の意味であり、「他の悪を忍すること」すなわち、転じて過失をなした時、容恕を乞うことであるとする。例えば、相手の身体に誤って触れてしまったとき、「懺摩」という、その意味は相手の堪忍を乞う、という意味であるとする。

さらに義浄は、以下のように律の違反に対する懺悔については正しくは「説罪」というべきで、中国で使われている「懺悔」という語を用いるべきではないと主張する。

> 旧く（中国で）「懺悔」と言っていたものは、「説罪」とは関わらない。なぜなら、「懺摩」（kṣama）は西国（インド）の発音で、梵語それ自体の意味は中国語の「忍（辱）」の字義に当たるからである。「悔」は中国の文字で、これは「追悔（後悔）（という中国語の意味に対して）名づけたものである。「悔」と「忍」とでは、全く意味が異なる。もしも的確に梵本に依るならば、およそ罪を除く時には、「至心説罪（心より罪を告白します）」というべきである。（『南海寄帰内法伝』巻二、大正五四・二一七下、宮林・加藤二〇〇四、一七〇〜一七一を一部改める）

既に述べたように、律の違反に対する懺悔は布薩説戒と言い、半月ごとに僧衆が集まり、律の条文を唱えて、その規定を守ったか犯したかを確認しあい、違反した場合は罪を僧衆全員、あるいは一部の僧に告白するのである。また、最古の経典群である阿含経典類では、ブッダに対する罪の告白としての懺悔が多く説かれる。

この布薩説戒の懺悔の場合に問題となるのは、四重禁（波羅夷罪ともいう。淫・盗み・殺人・悟ったと妄言するの四項目。）などの重大な罪を犯した場合、教団を追放され、懺悔の機会を得られないことである。また、輪廻を繰り返す中で積み重ねてきた罪業を清浄にするには、こうした対人懺悔では要求を満たさなかった。そこで大乗の懺悔が必要とされることになる。ここで、布薩説戒の懺悔と異なる大乗の懺悔の際立った特徴を列挙してみよう。

第一に、懺悔する罪が現世に犯したものだけでなく過去世までさかのぼり、無限定に拡大し、目に見えない仏に対する懺悔という形をとるため、滅罪の成否を確かめるのに、仏が夢に現れるなどの神秘的な体験がしばしば必要とされることである。この神秘体験を要求する行は好相行と呼ばれ、（山部二〇〇〇）が詳しく説明している。律の違反に関する懺悔（説罪）と大乗の懺悔の相違について、義浄は以下のように語っている。

梵（言）で「痾鉢底鉢喇底提舎那（āpatti-pratideśanā）」と云うが、痾鉢底とは「罪過」ということ、鉢喇底提舎那（pratideśanā）とは「他に対して説く」ということで、自己の非を他に対して説いて自らを清浄にしようとねがうのである。

〔そもそも説罪は、〕自ら必ず各々の〔該当する罪を個別的具体的に〕局分るやり方に従うべきであり、だからこそ滅罪も期待できる。もし〔一切我今皆懺悔のように〕総相として愆ちを談ずるというのであるならば、律は許さないのである。（『南海寄帰内法伝』巻二、大正五四・二一七下、宮林・加藤二〇〇四、一七〇を一部改める）

義浄も述べるように、布薩説戒の懺悔では、懺悔する罪が具体的な律の条目に対する違反であり、その律を受持している僧に限定されるのに対し、大乗の懺悔では、懺悔の対象となる罪が自身の記憶にない過去世にも及び無限の広がりを有する。よって、教団追放となる罪である四重禁を犯した場合でも懺悔による滅罪が可能であり、また、在家・出家どちらでもこの懺悔を行うことができる。懺悔は人に対するのではなく、十方諸仏あるいは特定の仏・菩薩に対して懺悔し、滅罪は仏菩薩の威神力に頼る必要がある。そして、懺悔による滅罪を得たことの証明として、懺悔者の神秘的な体験がしばしば要求される。これは天台智顗のいう観相懺悔に相当する。後述する『大方等陀羅尼経』や『梵網経』では、修行中に夢で仏菩薩の姿などの好相を見ることが滅罪の証として要求される。

第二に仏像が懺悔を行う上で大きな役割を果たすことである。初期大乗では十方諸仏が対象とされ、仏像は必ずしも必要とされなかった。時代が下って懺悔儀礼が特定の仏菩薩との結びつきを強めると、その仏像（掛軸とされた仏画なども含む）が安置され、仏像の前で礼拝や懺悔がなされるようになった。仏像が諸仏・菩薩と懺悔者を媒介するものとなり、懺悔儀礼において欠かせないものになっていった。

第三は、仏・菩薩に対する様々な願い（誓願）と懺悔が密接に結びついていることである。まず、懺悔には十方の諸仏が見守り、その認可を受けることを願い求め、罪を告白し諸仏の慈悲を請い、諸仏に対し一切衆生を救済する誓願が立てられる。そのような誓願を仏が認め滅罪がなされるのである。後述する『金光明経』はまさに懺悔と誓願が一体となっている。また、大乗の懺悔を説く重要な経典である『観普賢菩薩行法経』でも、例えば眼根（根は能力、あるいはその能力を有する感覚器官の意味）の懺悔において、仏の慈悲を請い、自身が肉眼を捨て仏の眼を獲得することを願い、さらに一切衆生が人を惑わす様々なものを見ないように誓願を立てている。

第四は、空の思想との関係が説かれることである。すなわち、罪には実体がなく、その本性が空であり、様々な因縁によって形成されていることを悟ることで、滅罪が得られると説かれる。この思想は最初期の大乗経典である『阿闍世王経』に文殊菩薩の阿闍世王に対する教導という形ですでに説かれており、『観普賢菩薩行法経』でも強調されている。罪の本性が空であることは、鳩摩羅什訳『維摩詰所説経』弟子品に、「彼の罪性は内にもなく外にもなく、中間にもない。仏がお説きになるように、心が穢れるので衆生は穢れ、心が浄ければ衆生は浄い。心もまた内にもなく、外にもなく、中間にもない。心がそうであるように、罪の穢れもそうである」（大正一四・五四一中）と説かれている。

劉宋から梁の時代に文学や政治などの方面で幅広く活躍し、なおかつ仏教徒でもある沈約（四四一～五一三）は、「懺悔文」（大正五二・三三一中下）を撰し、懺悔の意味・滅罪の論理を分析的に論じた。この「懺悔文」は、『維摩経』やその注釈の思想に影響を受け、『荘子』の「兼忘」という語を用いて、自身が心を空にすること、そしてあらゆる存在が空であることを悟ることで滅罪がなされると論じたものである（神塚一九七八）。天台智顗も、禅観の実践法を体系的に述べた『釈禅波羅蜜次第法門』の巻二において、「作法懺悔」「観相懺悔」「観無生懺悔」という三種の懺悔を提示した。このうち、観無生懺悔は、あらゆる存在が本来空寂であり、心も究極的には空であり、罪もまた根本の本性は空であり常に清浄であることを観察することとしている。

第五は、授戒の前に身心を清浄にする目的で大乗の懺悔が行われることである。大乗の懺悔は、菩薩戒や具足戒などの授戒にのぞむ前に、受戒者の罪業を消除し、身心を清浄な状態にして戒を授けるためにしばしば行われた。そして、懺悔を仏・菩薩の前で行うというのは、実際には仏像の前で行われるのが通例であり、仏像が大乗の懺悔儀礼に欠かせないものとして大変重要な役割を果たすことになった。中国人が菩薩戒を受けた最初期の事例であるとされるのが、北涼王朝において国主の沮渠蒙遜（そきょもうそん）から尊崇されていた、中インド出身の僧である曇無讖（どんむしん）（三八五～四三三）が道進（?～四四四）に菩薩戒を授けた以下の場面である。

初め曇無讖が姑臧（こぞう）（現在の甘粛省武威市）にいた時、張掖（ちょうえき）（現在の甘粛省張掖市）の沙門の道進という者がおり、曇無讖から菩薩戒を授かりたいと思った。曇無讖は「ひとまず罪過を悔い改めなさい」と言い、そこで七日七夜にわたり真心をつくして〔懺悔し〕、八日目になって曇無讖のもとに赴き授けて下さいと求めたところ、曇無讖は突然激怒した。道進はひとえに自分の業の障（さわ）りがまだ消えていないからだと改めて思い直し、そこで力をつくして三年の間、禅定や懺悔を修していたところ、禅定の中で釈迦牟尼仏が諸菩薩とともに自分に戒法を授けて下さるのを見た。その夜、同宿の十人余りはみな道進と同じ夢を見た。道進が曇無讖のもとに参じてこのことを申し上げようとしたところ、その前に至るまでの数十歩のところで、曇無讖は驚いて立ちあがり、賛嘆し「よろしい、

よろしい、既に戒を感得している。私があらためてそなたの証人となってあげよう」と言い、仏像の前で順番に戒の具体的項目を説明した。（中略）それ以降、道進から戒を受けた者は千人余りである。（『高僧伝』巻二・曇無讖伝、吉川・船山二〇〇九b、二二六―二二七を一部改める）

この事例にあるように、インド出身の僧である曇無讖が菩薩戒を授けるにあたり、形式的な七日間の懺悔では授戒を認めず、神秘体験を必要とした。道進は三年間懺悔と坐禅を続けてようやく禅定中に仏から受戒するという神秘体験を得たのである。また、授戒にあたり、仏像の前で行っていることも看過できない。このように菩薩戒を授ける前に懺悔を行う事例は、後述する『大方等陀羅尼経』においても見られ、この経においても至る処で神秘体験が要求される。

中国仏教において大乗の懺悔は、仏菩薩や浄土などを観想する観仏経典類や、仏名を列挙してその称名礼拝による懺悔を説く仏名経典類、さらに『涅槃経』『勝鬘経』など有名な経典の偈頌が自由自在に組み合わされ、多種多様な礼懺儀礼を生みだし、国家の儀礼としても採用されるなど、大いに発展した。また、集団儀礼としてだけでなく、個人の修行においても大乗の懺悔は重宝された。例えば、僧が四重禁などの重罪を犯した場合や、在家信者が菩薩戒を受けることを希望した場合、厳格な僧団の場合は徹底的に懺悔し、夢に仏を見るなどの吉兆を得ることが滅罪の証明として要求された。

日本に伝わった懺悔儀礼も、初期に関しては基本的に中国において形成されたものの延長線上にとらえることができるであろう。日本でよく知られている例を挙げれば、東大寺のお水取り（修二会）は、十一面観音を本尊とする十一面悔過と呼ばれる懺悔の儀礼が中核となったもので、玄奘訳の『十一面神呪心経（じんじゅしんぎょう）』を典拠としたとされている。また、興福寺の西金堂に当初祀られていた諸像は、『金光明経』に基づく懺悔を表現したものであった。すなわち、有名な阿修羅像を始めとした八部衆、本尊釈迦、釈迦の子である羅睺羅（らごら）、十大弟子の像などが安置されていたが、金鼓（こんく）と婆羅門（ばらもん）像も安置されていたことは、これら一連の群像が『金光明経』に基づく懺悔を表すものであることを明確に示すものであった（『金光明経』の懺悔については後述）。

大乗の経典には懺悔の強力な効験が説かれており、遥か遠くの過去世から積み重ねられてきた罪業をすべて滅除する功徳があるとされ、法要等を行う際にはまず懺悔を行い、身心を清浄にすることが前提となっていった。本章では、こうした中国における大乗の懺悔儀礼の典拠となる経典の概要と、それに基づいて懺悔が行われた実際の事例について述べたい。以下、中国で大乗の懺悔儀礼が発展する土壌となった歴史的背景から説明していこう。

## 第二節　中国初期における懺悔の事例

中国史における宗教的な意味での罪の意識に注目した吉川忠夫氏は、後漢・明帝の時代の楚王劉英にそれが認められることを指摘する（吉川一九九八、三一～一七）。具体的には『後漢書』楚王英伝の以下の記事である。

永平八年（六五）、明帝は詔を下して天下の死刑囚にみな縑（きぬ）を納めさせ罪をあがなわせた。劉英は郎中令を楚の国相のもとに遣わし、黄色の縑帛と白色の練絹三十匹を奉じ、「私は藩王という位を託されていながら、罪過が積み重なっております。〈詔の〉大いなる恩沢に歓喜し、縑帛を献上して私の罪を贖いたいと思います。」と伝えた。楚の国相はそこで明帝に報告した。明帝は詔して、「楚王は黄老の奥深い言葉を誦し、浮屠（仏）の祠廟を尊び、潔斎すること三ヶ月、神と誓いをなしている。自身の何を疑っているのか。〈贖罪のための絹を奉ったのは〉何か悔いることがあったに違いない。贖罪のための絹を返して、伊蒲塞（優婆塞、すなわち男性の在家者）と桑門（沙門、すなわち出家者）の飲食費に当てさせよ」と答えた。

この記事から、楚王の劉英は、自己が罪過を積み重ねていることを自覚し、黄帝・老子と仏をともに信奉して三ヶ月もの間、神と誓約し潔斎していたことがわかる。これについては、神に対し罪の懺悔告白を行ったことが推測されるが、具体的にいかなる儀礼を行ったかは不明である。

後漢時代の末期、初期の道教である太平道や五斗米道（初期の天師道）でも罪の悔い改めの儀礼が行われていた。原文では「思過」や「首過」の語を用い、過失の悔い改めを表している。以下に引用するのは『三国志』巻八・張魯伝の裴松之注に引く、三国魏の魚豢が漢魏交替期の事跡について撰述した『典略』の記事である。

光和年間（一七八～一八四）になると、東方には張角、漢中には張脩がいた。（中略）張角は太平道を行い、張脩は五斗米道を行った。太平道というのは、巫師が九つの節がある杖を手に持ってまじないをし、病人に叩頭させ、過失を反省（「思過」）させてから、まじないの水を飲ませる。病気にかかっても短時日で快癒した場合には、この人は信心が深いといい、癒らなかった場合には信心しなかったからだ、といった。

張脩のやり方もおおよそ張角と同じで、静かな部屋を設け、その中へ病人を入れて過失を反省（「思過」）させるというものであった。また、姦令祭酒の役を置いた。祭酒は『老子』五千字を習熟させることを役目とし、姦令と称した。鬼吏を置き、病人のために祈祷することを役目とした。祈祷の方法は、病人の姓名を書き記し罪に服するという主旨を述べ、三通の文書を制作し、その一通は天にたてまつるため山の頂上におき、もう一通は地中に埋め、残り一通は川に沈めるというものである。これらを「三官手書」と名づけた。病人の家から五斗の米を供出させるのを常例とし、そのために「五斗米師」と号した。（中略）張魯は漢中を根拠とすると、そこの住民たちが張脩の教えを信仰し実践していることを利用し、この教えに手を加え粉飾した。義舎を作り、米と肉をその中において旅人をひきとめることを命じ、また些細な罪を犯して隠している者に対しては、道路を百歩の区間修理すれば、罪を免除すると命じた。また、季節のきまりに従って、春と夏は殺戮（死刑と狩猟）を禁止した。また飲酒を禁止した。流浪してこの地に身を寄せている者で、服従しない者はいなかった。（井波・今鷹一九九三、一二六～一二七を一部改める）

『太平経』は、太平道の張角が依拠した経典で、後漢の干吉（あるいは于吉）が感得した『太平清領書』の流れを汲み、南朝の梁・陳の頃に手が加えられて成立したとされる。この書によると、自分より前の世代の者の積んだ罪悪の負債を後の世代の人が背負うとされる。これは「承負」と呼ばれ、後漢時代の『太平清領書』に存在した核心となる思想の一つと考えてよい（神塚一九八八）。太平道も五斗米道も、最初に病気の原因を自らの罪過であると認識することが求められる。病気から回復するには、「思過」して天神の許しを得、承負を精算しなければならない。「思過」とは、自分ないし先祖が何をしてきたか過去を回想・反省し、過失を自覚し過失の由来を認識することによって承負の鎖を断ち切ることである（土屋一九九四）。病気は天神が人間に対し過失の存在を示し、それに対し罰を下した結果の現象であり、太平道も五斗米道も、人々が病気にかかり苦しんでいる機会を利用し、病気の治癒を名目に人々に罪過を告白・反省させるものであることは共通する。そして天師道の場合、天・地・水の三官は、地上の人々の行為を監視しており、悪行があると罰を下す役割を担う。

また、北宋に編纂された小説・説話の集成である『太平広記』の巻八に引用される、晋の葛洪が撰した仙人たちの伝記を集めた『神仙伝』張道陵（張陵）伝にも以下のようにある。

〔張陵は〕蜀の人の多くが純朴で人情に厚く教化が容易であることに加え、名山も多いと聞いたので、弟子とともに蜀に入り、鵠鳴山に住して道書二四篇を著作した。こうして精神を集中しその鍛錬につとめていると、忽然として天人が降臨した。（中略）〔天人は〕張陵に新出の正一明威の道を授けた。張陵はこれを授かると病気を治療できるようになった。このため民衆はこぞって集まり、張陵につかえ彼を師と崇めるようになった。弟子たちの戸数は数万にも達したので、祭酒をたてて役人の長のように戸を分担して統領させた。また条令制度を設け、事あるごとに米・絹・器物・紙筆・薪・日用の器物などを供出させた。また人々を率いて道路を修理させ、しない者はみな病気にかからせた。（中略）さらに張陵は廉恥によって人々を統治しようと考え、刑罰を施すのを嫌った。そこで条例制度を立て、疾病のある者にはみな生まれてから犯した罪を書かせてそれを水中に投じ、神明に対して、今後二度と法を犯さず、もし犯した場合は死をもって償うことを盟約させた。こうして民衆は病気にかかるとすぐさま罪過を告白（原文「首過」）すべきと考えるようになった。一つには病気が治り、二つには、羞恥心を起こさせ、二度と罪を犯そうとしない、なおかつ天地を畏れて改心するという。これ以後、罪を犯した者はみな改心して善い行いをするようになった。

ここで使用される「首過」という語の「首」は、自首するという意味で、つまり首過は、自ら罪を白状することである。ただし、ここには罪に服するという意味も含む。土屋昌明氏によれば、首過の機能は罪過を公示することであり、①病気の原因たる罪過を同定すること、②自己懲罰、③自分を悔悛者として認知させること、という三点の達成を目指すものとする（土屋一九九〇）。

この中で注目される概念が自己懲罰である。「思過」や「首過」は、叩頭（頭を地にたたきつけて拝する）「自責」という自己懲罰的行為をともなう。そして自身の罪状を逐一明らかにする行為も、裁判官が罪人の罪状を逐一列挙して責める行為を模した、自己懲罰的行為なのである。

ここで土屋氏は、どうして首過を含めた自己懲罰が、罪を犯した者として自分を示すと同時に罪を消し去ることができるかという問いを立てる。その答えとして、土屋氏は、神々の世界と人間との関係を現実の官僚による司法世界をモデルとして思考しているからと考える。つまり、後漢時代において司法官は罪人の過失にしたがって罰を下すが、罪人は自首して罪を白状し、自責して誠意を示すことにより悔悛者として認知され免責される。これと同様に、天神は罪人の過失にしたがって罰としての病気を下すが、罪人は過失を自首して自己懲罰することにより免責され病気が治るのである。

五斗米道の場合、罪過の告白を通じ神明と誓約させることで、人々を善に向かわせる効果を生み出していた。これ以外に、道教で行われる塗炭斎（とたんさい）も神明に赦しを乞う儀礼である。この儀礼を行う者は罪人の服を着て、以下のような儀礼にのぞむ。

> われわれは、うやうやしく手をとりあって某のために天師の教えにしたがう。赦しを得るための規則にしたがって、〔顔に〕炭を塗り、聖なる場所に身をさらし、たがいに体をくっつけ、みずから体をしばりあい、髪の毛をみだし、ひたいに泥を塗りつけて、欄干の下で、頭をあおむけ、髪を口に入れ、「霊宝下元大謝」の清き斎〔の儀式〕にしたがって、香を焚き、大地に叩頭する。こうしてわれわれは赦しを乞う。（『無上秘要』巻五〇所引「玉清誡」、マスペロ一九七八、一七七）

赦しを乞うこと（「乞恩」）に続いて、灯に火をつけて諸天を照らすあかりを作り、この儀式を三日三晩行うこと、その目的は、祖先や家族が数劫の間積み重ねてきた「罪負」を「懺謝」するためであることが述べられる。以上は六世紀に北周で編纂された道教の類書『無上秘要』に引用されたものであり、劉宋時代に塗炭斎の儀礼を整備した陸修静（りくしゅうせい）より後の成立である（山田二〇一五、四一～四五）。この塗炭斎の儀礼は、自身を罪人に擬して痛めつける自虐的性格を有するもので、自身を罪人と見立てて懲罰を加え、その姿を見た天の神々から赦しを乞うものであることがわかる。以上の道教の懺悔は、自身を懲罰して自責し、至誠（真心の極み）を神々に示すことで赦しを乞うものであった。

仏教の場合、サンガにおいて定期的に開かれる戒律の点検の場における懺悔は、こうした神秘的な力に依存することとは無関係であった。しかしながら、以下で述べるように、中国で行われた大乗仏教の懺悔では、行者の至誠な態度が極めて重視され、その至誠に感じて諸仏・菩薩が行者の懺悔を受け入れることで様々な奇瑞が現われ、それが滅罪の証とされるという構図が見られる。中国においては大乗仏教の懺悔は、むしろそうした道教などが育んできた神明との誓約による悔過という宗教的土壌において受容されたのである。

## 第三節　東晋時代における大乗の懺悔儀礼の整備

中国において大乗の懺悔儀礼が整備され普及するのは、後述するように東晋の道安に始まると考えられる。ただし、大乗の懺悔に関わる経典は後漢末から早くも翻訳されていた。後漢の支婁迦識（しるかせん）訳と伝えられる『阿闍世王経（あじゃせおうきょう）』には、父であるビンビサーラ王を殺し自ら王となった阿闍世王の滅罪の説話が収録される。すなわち、阿闍世王は自ら父殺しの罪により地獄に堕ちる恐怖に苦しみ、釈迦のもとへ助けを求めに訪れると、文殊菩薩は王を巧みな方便で導き、恐怖・疑いや罪が空であることを悟らせた。これは空観（くうがん）による滅罪である。この経の内容については後述する。

また、後漢末の霊帝期（一六八～一八九）に安玄・厳仏調によって訳出された『法鏡経』には、懺悔儀礼に関わる概念である随喜（人の善事を喜ぶこと）と、過去世の悪行の懺悔が見られる。すなわち、在家で修行する者は、師の教えから離れ、仏や仏典も見ることができず、聖衆たちと遭うことができない場合、十方諸仏を稽首礼拝し、諸仏の前世での修行や広大な誓願、さらにその成就したあらゆる仏法の徳を思念し、それを自らの喜びとすべきであるとする。さらに、昼三度、夜三度、三品の経を誦し、自らが前世で行った一切の悪行を懺悔（原語は「首悔」）し、過去の行いを改め未来のための善行を修し、一切の仏に対し限りない法によって愍れみをたまわるように求める（大正一二・一八下～一九上）。

ここで言及される「三品経」の「経」は、スートラ（経）ではなくダルマ（法）の訳語で、経典名を指すのではない（Nattier 2003, 117–121）。具体的にこの三品は懺悔・随喜・勧請（仏に対し涅槃に入らずこの世にとどまり衆生を救済するように請う）を指す。この懺悔・随喜・勧請の三品からなる礼仏の行儀は、全体を「三悔」（三つの悔過）と呼ぶこともあった。

懺悔儀礼としてより整った形を示すのが、『舎利弗悔過経』である。この経は、鳩摩羅什以前の古訳に属し、『出三蔵記集』では西晋の竺法護訳とされる。三品に廻向（得られた功徳を自身の菩提あるいは他者に振り向ける）・発願が加わり、現代の懺悔儀礼にまでつながる五悔（懺悔・随喜・勧請・廻向・発願）の形式を備えている。

『舎利弗悔過経』では、十方諸仏に過去世以来の一切の罪業を懺悔するという大乗仏教の懺悔の形式が見られる。懺悔、随喜、勧請、廻向という、後に定型化した訳語は使用されないものの、それぞれ、「悔」あるいは「悔過」（懺悔）、「助其歓喜」（随喜）、「勧勉」（勧請）、「施与」（廻向）という古い訳語が使用され、明らかに同じ内容が説かれている。中御門敬教氏によりこの経全体の試訳がなされている（中御門一九九八）。ここでは氏の訳を参考にしつつ、要点を抜粋して紹介しよう。懺悔について述べる冒頭部は以下のとおりである。

釈迦の第一弟子である舎利弗は、立ちあがって進み出て、ひざまづき、合掌して仏に質問した。「もし仏道を求める善男子・善女人がいて、前世に悪事を行っていた場合、どのようにこれを懺悔（原文は「悔」）すべきでしょうか。」（中略）

仏はこたえた。「もし阿羅漢道や辟支仏道（びゃくしぶつどう）や仏道を求め、過去・未来のことを理解したい善男子・善女人がいれば、常に夜明け、日中・日没・人定（午後六時から十時頃）・夜半・鶏鳴時（の六時）に身体や口を洗い浄め、衣服を整え、合掌し、十方を礼拝し、任意の方向で以下のように懺悔（原文は「悔過」）を述べるべきである。」

〈私たちは遥か遠い過去世から犯してきた過ち（原文は「過悪」）、現在に到るまで犯してきた愛欲、怒り、愚かさ、（中略）〔以上のような〕これまで犯してきました過ちを、十方の諸仏に対して哀れみを求め、懺悔します。（中略）十方諸仏に哀れみを求める理由は何かと言えば、仏はよくものごとを奥深くまで見通し、あらゆることを聞きとることができるからです。仏の前ではいつわることなどできません。私たちは過ちを犯した時には覆い隠すことなどできません。今後みな二度と過ちを犯しません。〉（大正二四・一〇九〇上）

ここで述べられるように、大乗の懺悔においては、今世の罪だけではなく、はるか過去世以来の一切の罪業を十方の諸仏に対して懺悔する。十方諸仏を対象とするのは、諸仏が何でも見通し、何でも聞き入れてくれるからである。換言すれば、諸仏の偉大な力と慈悲に依存して懺悔がなされる。

上で引用した文章の後も延々と懺悔が続いた後、次に他人の善行を自分のことのように喜ぶという随喜が以下のように述べられる。特に菩薩の修行項目である六波羅蜜（菩薩が行うべき六項目の実践。布施・持戒・忍辱（にんにく）・精進・禅定・智慧）が重視されていることに注意しておきたい。さらに注目すべきことに、随喜の末尾には、随喜により得られた功徳を一切衆生に布施（ここでは布施は廻向の意味）することが述べられている。同じく冒頭部と末尾近くの部分のみを紹介しよう。

> 十方の諸仏よ、願わくは私たちの話をお聴き下さい。天下の人民、空飛ぶ虫や地を這う虫たちの行いにはよいものも悪いものがあります。布施する者もいますし、仏道に勉め励み、教えに基づく戒を破らない者もいますし、慈しみの心を持ち人々のことを思いやる者もいますし、計り知れないほどの善を行う者もいますし、菩薩や比丘たちに布施する者もいますし、凡夫や貧窮者、下は動物にまで布施をして慈しみ哀れむ者がいます。私たちは彼らが善き行いをするよう励まし（原文「勧其作善」）、ともに喜びます（原文「助其歓喜」）。（中略）現在、六波羅蜜を奉じて行ずる菩薩たちがいるならば、私たちは彼らを勧め励まし、ともに喜びます。私たちは、私たちが得た諸々の福徳を、すべて天下の十方の人民・父母・空飛ぶ虫や地を這う虫、二足の生き物、四足の生き物、多足の生き物が成仏することに布施します。（大正二四・一〇九〇下～一〇九一上）

この次には、仏が舎利弗に対して、昼と夜各三回十方仏に対し投地礼拝し、涅槃に入らず教えを説いて人々をお救い下さいと懇願する勧請が述べられる。

どうか私たちの話をお聞きください。十方の仏はすでに悟りを得ているのに、教えをお説きになられません。今、私達は〔十方の仏に〕神々や、人々や、飛び跳ねうごめく虫類のために教えを説かせ、〔彼らを〕地獄や、畜生〔の世界〕や、餓鬼〔の世界〕や、愚かさや貧しさから解放し、最後には涅槃の境地を獲得させるよう鼓舞します。私達は、涅槃に入ろうとしている十方の方々にお願いして、哀れみを求めます。「どうか、しばらく涅槃に入らないでください。神々や、人々や、飛び跳ねうごめく虫類にその福徳を獲得させてください。〔彼らを〕地獄や、餓鬼〔の世界〕から逃れさせてください。」（大正二四・一〇九一上）

この次には以下のように、仏道修行で得た功徳を衆生に廻向する。

私たちは仏道を行じてこのかた得た福徳を、すべて集め合わせて、良い心をもって、世の十方の人々や、父母や、飛び跳ねうごめく虫類に施します。すべての者に、その福徳を得させます。〔福徳が〕少しばかり余れば、福徳を自分自身のものとします。私たちが仏道を行い、仏の教えを実行できますように。救済されていない者たちを、私は必ずや救済します。〔輪廻から〕逃れていない者達を、私たちは必ずや解放します。私たちは涅槃を得ていない者たちに、必ずや涅槃を得させま

す。（大正二四・一〇九一上中）

この廻向の後には、仏の教えを実行すること、救われていない者を救済し、輪廻から解放し、涅槃を獲得させるという、四つの誓願、換言すれば、「発願」が続いていることも注意すべきである。以上見てきたように、この『舎利弗悔過経』には、用語自体は異なるものの、懺悔、随喜、勧請、廻向、発願という、五悔の形をそなえた懺悔儀礼がかなり整った形で説明されている。ただし、史料において、実際に懺悔儀礼を行った記事がある程度まとまってみられるようになるのは、東晋時代になってからである。

これらの経典などの内容をもとに懺悔儀礼の制度化を行った人物として記録されているのが道安である。道安（三一四〜三八五）は、西域（またはインド）出身の禅師仏図澄の弟子である。仏図澄は後趙の国王である石勒・石虎の師僧として尊崇された。仏図澄の死後、道安は教団を率いて移動し、華北から南渡し、江南と華北の結節点とも言うべき襄陽（湖北省の襄樊）において長年住した。また、弟子たちを各地に派遣したため、その影響は全国に及んだとされる。盧山の慧遠はその一番弟子である。

道安は寺院において僧衆が集団で生活し修行するために様々な儀礼制度を初めて中国において体系的に整備し、仏教界に多大な貢献をした。その有名な改革の一つとして、僧の姓の改革をあげることができる。道安以前には、「支」「竺」「于」など、地名と関連する様々な姓を自らの師僧から受け継ぎ名乗っていたが、道安はそれを廃止し、すべての僧が釈迦の弟子として「釈」を姓とするように提唱した。日本の浄土真宗で法名に「釈」をつけるのもこの道安の精神を継承している。

僧制・儀礼方面に関する改革については、『高僧伝』巻五の道安伝に以下のようにまとまった記事が見られる。

> 道安が制定した僧尼の規範、仏法の憲章は箇条書きにすると三例となる。すなわち、一、行香の儀礼（参会者がそれぞれ焼香する）を行うこと、〔法会などにおける〕各々の座を定めること、経典の読誦や講義に関する規定。二、毎日一日六回の定時に行う勤行、飲食、時間の告知に関する規定。三、布薩、使者の派遣、懺悔などに関する規定、である。天下の寺院ではこれを規則として従うようになった。（大正五〇・三五三中、吉川・船山二〇〇九b、一三三を一部改める）

この記事で述べられているのは僧団の日常的な行為規範に関わる重要事項ばかりであり、道安の整備した寺院制度が天下に普及したことを伝えている。条例の第三に布薩や懺悔に関する規定があったことからわかるように、懺悔に関する儀礼も道安によって整備された。

この時代の在家仏教徒が実際に懺悔に対してどのように考えたか、その内容が具体的にわかるものとしては、東晋の郗超（三三六～三七八）が撰した『奉法要』を挙げることができる。郗超は『晋書』巻六七に立伝される高平金郷（現在の山東省金郷県）の名族出身である。祖父の郗鑒は、東晋の都である建康の北の広陵に置かれた北府の軍団を統率し、司空や太尉にまで昇進した。父の郗愔は道教の天師道を信奉し、郗愔の姉は、書聖として有名でなおかつ道教信者であった王羲之に嫁いでいる。

郗超は荊州の西府の軍団を統率していた桓温に仕え、謀略を得意として桓温にしばしば献策していた軍人である。建康において流行していた老荘思想を尊ぶ浮世離れした清談仏教の代表者であった支遁とも深い交流があり、道安にも使者を遣わし千斛の米を贈り、何枚もの書簡を添えて送っている。『奉法要』は、清談仏教とは異なり、在家の日常生活における仏教実践とその根拠・前提となる仏教の因果応報などの基本的思想に重点を置いて述べている。懺悔に関しても以下のように深い考察がなされている。

異訳の『十二門経』に、「人は〔自身に〕善行があれば常にそれを覆い隠し、悪事があれば外にあらわすようにしなければならない」といっている。（中略）かの自然の理法（「天理」）と罪福との関係をたずねてみるのに、己の悪事を外にあらわしてゆけば、その罪はいよいよ軽く、内に結集してゆけば〔その罪は〕いよいよ重くなる。そして、そのことが現実の社会におおやけにされれば、それに対する目に見えぬ応報も、必ずや軽減されるであろう。（牧田一九七五、七〇四～七〇五を一部改める）

ここでは、自分の悪事をあらわすことで罪が軽くなり、仏教の因果応報の論理でいうところの悪報も軽減されることを述べる。続いて、

それに、己の善行を誇り、苦労を他人におしつけるのは人にありがちな気持であり、悪事を匿（かく）し過ちを粉飾するのは、万人に共通する傾向である。善行が明らかにされると事跡が世にあらわれ、

事跡が世にあらわれると名声が集まる。もしも世間の評価が気になるのがひとの情であるところに、名声が外から集まってくれれば、それを失いたくないというけちな根性が、必ず胸中にみなぎるであろう。それにまた人間社会では君子とよばれていても、絶対的な真理の世界（天）からみれば小人でしかないから、まして仁徳が未熟で名声が実際を離れている場合にはなおさらであり、目に見えぬ世界で罪をうけるのは必定である。

完全な人格者（備徳）でもないかぎり、必ず行き届かぬところがあるものである。その場合、こだわりない気持で己の過ちをおおっぴらにしてゆけば、罪は事跡とともに消えてゆく。もしも邪まな気持で過ちを胸中にしまいこみ、外面の体裁をつくろって、他人の非難をのがれ、世間的な名声をかき集めて、天の理法（因果応報の道理）など全くないがしろにすれば、自然のとがめ（報応の罪）はいよいよ重くならずにはおかないであろう。だから荘生も、「不善を人の目につかぬところで行なえば、鬼神が彼を誅戮することができる」といっているのである。（牧田一九七五、七〇五を一部改める）

ここでは、人間の心情として、善行を誇ることで名声が集まり、するとその名声を失いたくないという気持ちが生じて、体裁をとりつくろって過ちを隠すようになり、悪報がさらに重くなると述べている。

それに人間の気持は、道理に対しては恥じなくても、世間（物）に対しては恥じるものである。過ちが世間に明らかになると、非難があびせられ、非難があびせられると、恥じる気持が生じる。

> 情が存して、後悔すれば、過ちも積み重ねられなくてすむのである。〔その反対に〕おのれの過ちの世間にあらわれないことを恃むと、結局改悛することがない。それにまた、自然のとがめ（業報）が内に充満しながら、それの世間にばれることを恐れると、あれやこれやと人知れぬ気をつかって、いよいよ手のこんだ隠しだてをするようになり、生きてあるかぎり心にかけるのはこのことばかり。天のとがめ・人のわざわいは、結局必然的にどっと押し寄せてくる。それというのも、謀（はからい）を始めたばかりの萌（きざし）のうちに防がないで、悪を匿（かく）して善を誇示したからなのである。（牧田一九七五、七〇五を一部改める）

ここでは、悪事は小さいうちに早めに世間に明らかにすれば恥じて悔い改めようとする気持ちが生じ、それ以上過ちを積み重ねることはないが、悪事を隠すことで、世間にばれることを恐れて、さらに心配が大きくなり、あれこれと気を遣い、手の込んだ隠しごとをすることでさらに悪事を重ねることになり、悪報も押し寄せることを述べている。懺悔の必要性について、現代にも通じる深い洞察が加えられていると言えよう。

以上のように東晋時代には、懺悔・随喜・勧請・廻向・発願という五悔の形をそなえた懺悔儀礼を記載する経典がすでに翻訳されており、道安によって懺悔儀礼が整備され、在家仏教信者にも、過失を覆い隠すことによってますます事態が悪化し、悪事をさらに重ねて罪業が深くなり、それを回避するために懺悔が重要であることが認識され、なおかつ実践されていた。ただし、次に述べるように本格的に懺悔儀礼が発展するのは五世紀からである。

## 第四節　南北朝時代の懺悔儀礼

エリック・グリーン氏は、五世紀が懺悔儀礼の発展という点で画期ともいうべき時代であると指摘する（Greene 2021, 162）。そもそも懺悔という行為は滅罪を目的とするから、懺悔儀礼の発展は、罪の意識の明確化、高まりと密接に関係している。この原因として、大きく三つ挙げられる。

一つは、五世紀になって、『十誦律』『摩訶僧祇律』『四分律』『五分律』といった本格的な部派の戒律文献が中国にもたらされ、一斉に翻訳されたことである（平川一九六〇b、一二一～一六二）。僧団生活にそうした戒律文献が実際に用いられるようになったことで、戒律違反の問題がクローズアップされてきた。例えば比丘尼たちは、元嘉六年（四二九）はじめて師子国（現在のスリランカ）からやって来た外国の比丘尼に接し、自身が受けた具足戒の授与儀礼が正しいものだったか不安を抱いた。そのため重ねて具足戒の授与を願い、インド僧の僧伽跋摩から具足戒を再度受けた者が三百人余りにものぼった（『比丘尼伝』巻二・慧果尼伝）。このように、戒律に違反しているのではないかという不安が生じたことが罪の意識の高まりにつながった。そして、実際に教団追放となるような深刻な戒律違反を犯してしまった場合の救済方法としても、強力な滅罪の功徳が得られる大乗の懺悔の需要が生じた。

第二には、菩薩戒という大乗戒の普及である。菩薩戒とは、序論で述べたように大乗独自の戒である。北涼の玄始元年（四一二）都の姑臧に到来した曇無讖は、『菩薩地持経』を漢訳した。また、求那跋摩が元嘉八年（四三一）正月に建康に到来し、『菩薩善戒経』を訳出した。これらはともに、『瑜伽師地論』（Skt. Yogācārabhūmi）本地分の『菩薩地』（Skt. Bodhisattvabhūmi）の漢訳であるが、後者は他と異なった点が多くあり、特殊な系統である（船山二〇一九a、二五四〜二五五）。劉宋の文帝も求那跋摩から菩薩戒を受けようとしたが、求那跋摩が元嘉九年に亡くなり、機会を逸したとされる（『高僧伝』巻三・求那跋摩伝）。菩薩戒を受ける時、受戒前に身を浄める懺悔が必要とされたし、菩薩戒に規定される重罪に違反した場合にも、やはり大乗の懺悔が必要とされた。この他に、曇無讖訳の『大般涅槃経』の影響も極めて大きい。この経には一切衆生が仏性（仏を仏たらしめている本性）を有するが、煩悩に覆われているため、仏性を見ることができない。仏性を見れば菩提（悟り）に到達できると説かれる。この経の文句は後述する北響堂山石窟南洞の石柱にも刻まれ、非常に重視された文章である。この経が仏性を覆っている煩悩を除去するという、滅罪についての具体的なイメージをもたらしたと考えられる。

第三は、強力な滅罪の功徳や懺悔の具体的な実践法を説く様々な大乗経典が翻訳あるいは撰述されたことである。このことは上記の二つと密接に関係しており、実際に五世紀に翻訳または撰述された漢語の経典には、例えば後述する『大方等陀羅尼経』、『普賢菩薩行法経』、『観虚空蔵菩薩経』、『観薬王薬上二菩薩経』のように、教団追放となる四波羅夷（四重禁）の罪や無間地獄に堕ちることが確定する五逆罪（母を殺す、父を殺す、阿羅漢を殺す、仏身を傷つけ出血させる、教団を破壊する）も滅除する功徳があると説くものが多数存在する。

そして、こうした懺悔の経典は、特定の仏菩薩との関係を取り結ぶものが多い。大乗の懺悔は過去世からの一切の罪業を十方仏に対して懺悔告白するものである。しかし、実際問題として、過去世に犯した罪を告白するといっても記憶がなく、実践者の立場からすればきちんと懺悔できているか不安がつきまとうであろう。大乗の懺悔は必然的に仏・菩薩の力なしでは成立しない。そこで有名な仏・菩薩と関係を取り結ぶことが求められ、具体的な特定の仏菩薩に特化して記述する経典が出現することになる。五世紀になると、中国では普賢・観音・虚空蔵菩薩など、特定の尊格に特化した多様な懺悔儀礼が盛行した。

以上の三点があいまって、懺悔儀礼が盛んに行われるようになり、五世紀以降、これらの経典などをもとに、懺悔儀礼で実際に用いる様々な懺悔文が撰述された。中国人が撰した仏教に関わる様々な文章を集成した『法苑』という梁代の佚失した文集があり、その目録が『出三蔵記集』巻一二に収録される。その『法苑』の第三、「法宝集」巻下には、懺悔に関係あると考えられる文章と典拠となる仏典が「出～経」という形で以下のように列挙されている。

「弥勒六時懺悔法縁記」第七（出『弥勒問本願経』）
「常行五法縁」第八（出『五戒論』）
「普賢六根悔法」第九（出『普賢観経』）
「観世音菩薩所説救急消滅罪治病要行法」第十（出『観世音経』）
「虚空蔵懺悔記」第十一（出『虚空蔵経』）
「方広陀羅尼七衆悔法縁記（方広は方等の誤り）」第十二（出彼経）
「金光明懺悔法」第十三（出『金光明経』）（大正五五・九一上中）

また、唐の道宣が編纂した『広弘明集』巻二八・悔罪篇には、梁武帝「摩訶般若懺文」
同上「金剛般若懺文」
陳宣帝「勝天王般若懺文」
陳文帝「妙法蓮華経懺文」
同上「金光明懺文」
同上「大通方広懺文」
同上「虚空蔵菩薩懺文」
同上「方等陀羅尼斎懺文」
同上「薬師斎懺文」
同上「娑羅斎懺文」
同上「無礙会捨身懺文」

などが収録されている。

　これ以外に、『続高僧伝』巻二九・興福篇の末尾にも様々な懺悔儀礼について言及した道宣の論が収録されている。そこで最初に言及されているのは、「薬師の行事」（薬師経の懺悔）、「普賢の別行たる金光総懺」（普賢斎）、「梁初の『方広』」（『大通方広経』）という三種の懺悔である。次に、南斉の蕭子良（しょうしりょう）の『浄住子』、梁武帝が自ら行じた「六根大懺（ろっこんだいさん）」と「六道慈懺」が挙げられる。六道とは、地獄・餓鬼・畜生・修羅・人・天を指し、輪廻する迷いの世界である。

　これらは現存しないが、同じく六道の衆生のための礼仏懺悔を説く現存する『慈悲道場懺法（じひどうじょうせんぼう）』と密接な関わりを有すると考えられる。この文献は、六道の一切の衆生のために諸仏を礼拝する懺悔儀礼であり、一部後代の手が加わっているものの、南斉の蕭子良撰『浄住子』の語句が利用され、なおかつ梁の武帝が撰し僧尼の飲酒・肉食を禁じた「断酒肉文」と共通する要素を含み、ほとんどが梁初のものであると考えられる（船山二〇二二）。

また、道宣は「方等」（『大方等陀羅経』）、「仏名」（『仏名経』）、「般舟」（『般舟三昧経』）も挙げ、これらは多く夢王を見ることによって罪業が浄化されたことの証としていると述べる。さらに、卑俗なものとして「度星」（『灌頂度星招魂断絶復連経』？）「安宅」（『七仏安宅呪』または『安宅呪』『安宅経』？）「決明罪福」（『決定罪福経』？）「占察」（『占察善悪業報経』）も挙げ批判を加えている。唐初の法琳の『辯正論』三教治道篇においては、娑羅（涅槃）・薬師・度星・方広の斎が挙げられている（大正五二・四九七中）。

それでは上記の『法宝集』巻下に収録された懺悔に関わる文章の題目について順に説明していこう。

「弥勒六時懺悔法縁記」は『弥勒問本願経』に出づ」とあり、これは『弥勒菩薩所問本願経』（大正一二所収）のことである。この経は、前半と後半で内容が一変する。前半は釈迦仏が弥勒の問いに応じて答えるもので、種々の菩薩行の名称が列挙される。後半は、釈迦仏が弟子の阿難に向かって、弥勒菩薩が釈迦仏より先に発心していたにもかかわらず、いまだ成仏していない理由を説明する。その理由は、釈迦が前世にて自身の身体の一部を病人たちに与えるという身命を惜しまない困難な布施行を修したのに対し、弥勒は「善巧方便（仏菩薩が衆生教化のために設ける巧妙な手だて）の安楽行」のみによって菩提を得るからであるとする。その行とは、昼夜各三時に衣体を正し合掌して膝を地に着け十方に向かい以下の偈を唱えることである。

私は一切の過ちを懺悔します。〔衆生が〕多くの功徳を積むよう勧め励まします。諸仏に帰命して礼拝します。以上の功徳によって〔衆生が〕この上ない智慧を獲得できますように。（大正一二・一八八下）

これは懺悔と菩提獲得の誓願が一体となった偈である。「弥勒六時懺悔法」とは、おそらくこの偈を中核とした儀礼であったと考えられる。弥勒像の前で懺悔する事例はあまりないが、『続高僧伝』巻二三・静藹伝には、道積という僧が、北周の武帝の廃仏を諌めて納れられず、同友七人とともに弥勒像の前で食事を取らずに七日間礼拝懺悔し、同時に亡くなったという話が伝わる。

次に『常行五法縁』であるが、その典拠である『五戒論』とともに詳細は不明である。ただし五法というのは、失訳『菩薩五法懺悔文』に見える五悔（懺悔・請仏（勧請）・随喜・廻向・発願）を指す可能性が高い。劉宋の孝武帝（在位四五三～四六四）は曇宗の勧めで「菩薩五法礼」を行じ、なぜ私は罪が無いのに懺悔するのかと曇宗に尋ねている。この五法も五悔のことと見なしてよい（吉川・船山二〇一〇b、三七二注三）。

次の「普賢六根悔法」は、「『普賢観経』に出づ」とあるように、『観普賢菩薩行法経』に基づくものと見て間違いない。この経については極めて重要であるので次章で詳しく紹介する。

「観世音菩薩所説救急消滅罪治病要行法」は「『観世音経』に出づ」とあるが、この経が何を指すかは不明である。竺法護訳『正法華経』の光世音普門品や羅什訳『法華経』の観世音普門品を指すというよりも、『観世音懺悔除罪呪経』（『観世音所説行法経』）に比定した方がよいとする意見も有る（塩入二〇〇

七、三七三)。この経は法献が元徽三年(四七五)に于闐(ホータン)で『観世音懺悔呪』の胡本を得て持ち帰り、南斉の永明八年(四九〇)十二月十五日達摩摩提(法意)を訳主として訳出されたものであるが、現存しない。この他にも、現存しないが沮渠京声(~四六四)が高昌(トルファン)で訳出し建康にもたらした『観世音観経』も懺悔に関係する可能性がある。他に観音菩薩の名を冠した懺悔に関係する経には『請観世音菩薩消伏毒害陀羅尼呪経』(『請観世音経』)が有名である。これは、人々の疾病を治療するために観世音菩薩が様々な神呪や陀羅尼を説き、これらを受持すれば一切の疾病が除かれるとする経典である。

時代は少し下るが、これら以外にも観世音の懺悔に関係し現存する訳経がある。すなわち、北周の武帝(在位五六〇~五七八)の時代、闍那崛多が益州の龍淵寺で訳した『種種雑呪経』である。この経には観音に関する呪(陀羅尼)が多数収録される。このうち「観世音懺悔呪」については、「観音像の前で焼香・発露懺悔し至心にこの呪を三遍誦えれば、無始以来の罪が滅し、願いも必ずかなう」と説明される。また、「旋塔滅罪陀羅尼」は、至心に精神を集中し塔のまわりを行道し、七日の間に陀羅尼を一万二〇〇〇遍唱え終われば、観世音菩薩の威神力を目の当たりに見ることができ、一切の罪障が滅し、一切の願いがかなうとされる。

南朝の懺悔儀礼において観音は非常に重視されていたようである。中天竺のバラモン出身の訳経僧である求那跋陀羅(三九四~四六八)も観音を信仰しその名を唱え礼拝懺悔していた。『高僧伝』巻三の伝によれば、求那跋陀羅が中国に船で渡来する途上に無風になり水が尽きた時、「心を一つにし、力を合わせて十方仏を念じ、観世音の名を称えれば、感応が必ずあるだろう」と言い、ひそかに「呪経」を誦し、懇ろに礼拝懺悔したところ、にわかに風が起き雨が降ったという。この呪経は梵文の『請観世音経』か『観世音懺悔除罪呪経』であるだろう。後に求那跋陀羅は南譙王劉義宣（四一三〜四五四）に『華厳経』などの講義を請われた時、中国語に自信がないため忸怩たる思いをしていた。朝夕に礼拝懺悔し観音に霊験を求めたところ、夢に刀剣を手に持った白衣の男が現れ、刀剣で頭を切り新しい頭に取り替えたという。求那跋陀羅が目覚めると完全に中国語ができるようになっており、講義を開始したという。

先述した『慈悲道場懺法』や、簡文帝の「唱導文」にも観音の称名礼拝が組み込まれている。さらに北周時代には密教経典である『十一面観世音神呪経』が訳され、これを玄奘が重訳したのが『十一面神呪心経』であり、これに基づく懺悔儀礼が東大寺のお水取りで行われる悔過行法である。

以下では、懺悔と関わりの深い経典に説かれる懺悔の内容とその経に基づく懺悔法の実践について、より詳細に検討していきたい。重点的にとりあげるのは、『金光明経』・『大方等陀羅尼経』・『大通方広経』などである。

最初にとりあげるのは、五胡十六国の一つで仏教が盛んであった北涼王朝において翻訳または成立した経典である『金光明経』と『大方等陀羅尼経』である。この二経典は初期密教（雑密）という枠組みの中でとりあげられることもある。ともに五世紀初め、五胡十六国時代の河西地域（現在の甘粛省西部）で翻訳あるいは撰述された。共通点は仏・菩薩以外に、仏法を守護する護法神が重要な役割を果たし、関連する陀羅尼や呪文が収録されていることである。仏・菩薩の威神力に依存して懺悔が行われる場合、行者や懺悔の道場を守護する神たちが必要とされたのである。

また、この二経典に続いて、『金光明経』と同じく北涼において曇無讖が訳した『涅槃経』にみえる懺悔をとりあげる。特に国王である阿闍世王の懺悔は、懺悔が南朝の梁において国家儀礼として発展するのに非常に重要な意味を持ち、また、父殺しという重罪の懺悔という意味でも重要である。

## 第五節　『金光明経』——懺悔と誓願が織りなす金鼓の響き

### 経の概要

『金光明経』は懺悔品（金鼓懺悔品）という一章を有し、懺悔が経の主題の一つである。この経は四世紀頃の成立とされ、数種の梵本が現存する。また漢訳をはじめとし、チベット語、ソグド語やウイグル語など様々な言語に訳され、インド、西域から日本まで広範に流通した代表的な大乗経典である。

五世紀初め、北涼の沮渠蒙遜の時代に、曇無讖により『金光明経』四巻として漢訳された。その後、南朝の梁の時代に真諦三蔵が曇無讖訳にない四品を漢訳して七巻本に増補し、北周においても曇無讖訳の一部分について増補がなされた。隋代には宝貴が彦琮や費長房とともに闍那崛多の協力を得てさらに増補し、『合部金光明経』八巻を完成した。したがってこの八巻本は曇無讖訳と真諦訳と北周・隋代の訳が合糅されたものである。この後、武則天の時代である長安三年（七〇三）に義浄らによって改めて訳されたのが『金光明最勝王経』十巻本である。時代が下るほど、密教色が濃厚になっている。

日本では、この経典は四天王が国土・国王・人民を守護するという護国経典として非常に重んじられた。七二一年、天武天皇が『金光明経』を重視し、持統天皇によってこの経百部が全国に頒布された。

図 2–1　東大寺西大門勅額

図 2–2　法華滅罪之寺

さらに聖武天皇の時代には、特に唐に留学していた道慈が帰国後、義浄訳『金光明最勝王経』を盛んに宣揚した。天平七年（七三五）には、大極殿でこの経の講義が行われた。天平十三年（七四一）、全国に国分寺・国分尼寺を建立する詔が下され、それぞれ、「金光明四天王護国之寺」、「法華滅罪之寺」と名づけた。この「金光明四天王護国之寺」という名こそ『金光明最勝王経』に基づいたものであり、総国分寺であった東大寺も古くはこの寺名を冠していた。奈良時代の古い寺額が現在も国宝として残っている（図2–1）。総国分尼寺であった法華寺も本来は「法華滅罪之寺」と呼ばれており、新しいものではあるが、この名を刻んだ石碑が門前に建てられている（図2–2）。

最も古い形を残す曇無讖訳で説明すると、導入部の序品にはじまり、東西南北の四方四仏が如来の寿命の無量であることを説く寿量品、信相菩薩が夢で見て聴いた金鼓の発した懺悔の偈を釈迦の前で唱える懺悔品、信相菩薩の前世の姿である金龍尊という王が諸仏を讃歎し、来世の生まれ変わった先々で金鼓を夢見て懺悔の声を聞くこと、そして釈迦仏から授記（未来に仏になるという確約を与えること）され、衆生を救済し、仏の智慧を完成することを誓願する讃歎品、あらゆるものが不可得であるとする空の思想を説く空品とつづく。ここまでが経典の中心となる教説を述べる部分である。この後は、この経の受持者を供養し尊重する国王を四天王が守護するという護国思想を説く四天王品に始まり、弁天さまとして日本で親しまれる弁財天女（べんざいてんにょ）がこの経の護持者に智慧と弁才を与えることを説く大弁天神品、吉祥天女（きちじょうてんにょ）として知られる功徳天品がつづき、いずれも経の護持者に様々な利益を与えることを説く。これ以降の品でも様々な地神や鬼神による守護が説かれる。また、除病品・流水長者子品（るすいちょうじゃしぼん）・捨身品では仏の前世において人民や魚を救った話や、自分の肉体を飢えた虎に食べさせ飢餓から救った話が説かれる。

　この経が中国や日本において重視されたのは、懺悔品で説かれる懺悔と、四天王品以下で説かれる四天王による護国思想や、その他の神々による護法が説かれたためである。特に国王や国家を守護する四天王はもちろんであるが、女性の神である弁才天、功徳天（吉祥天）なども、日本で非常に重視され、現在においても信仰されている。この経の天や鬼神に関する記述は、密教と近い関係に有り、インドにおいて呪句などが次第に増広された。

　この経典の研究史については（日野二〇一八）にまとめられ、経典の増広過程について研究が進められている。金岡秀友氏は、この経を代表する思想は懺悔と慈悲であるとし、八世紀頃インドで活躍した学僧シャーンティデーヴァ（Skt. Śāntideva）が撰した大乗の道徳概論として定評のある『大乗集菩薩学論』（Skt. Śikṣāsamuccaya）によるこの経の解説を援用し、懺悔と慈悲の両者について詳細に論じている

（金岡一九八〇）。すなわち、金岡氏は、「仏の大悲に依存して始めて懺悔行も実践され、諸悪業も除滅せられる」（同書三二頁）と指摘し、また、「悪業の対治を、一方自身の良心に対する懺悔として求め、他方如来の大悲を願楽し、もって諸法皆空、自他清浄の至境に到達せんとしている」（同書三一頁）と述べ、懺悔と滅罪が仏の慈悲に依存することを強調する。そして慈悲と懺悔が「実践上は両者相互に相倚り相扶ける循環的関係に在」（同書三三頁）るとし、空性を信解して罪障を消滅し、自他の清浄を図る一法として不可分平等の関係にあるとする。金岡氏の説明はやや難解な文章であるので、筆者なりに仏の慈悲、行者の懺悔と行者の衆生に対する慈悲の誓願との関係について経文を具体的に提示しつつ説明してみたい。

## 懺悔と誓願

「金光明」（スヴァナ・プラバーサ、Skt. suvarṇa-prabhāsa）という経題は、スヴァルナが「黄金」、プラバーサが「輝き」を意味する。この経にでてくる太陽のように光明を発する金鼓（Skt. suvarṇa-bherī）がその象徴的存在である。そして金鼓は、『金光明経』の主題の一つである懺悔と密接に関係し、以下のような説話が語られる。

この経の主役の一人である信相（しんそう）菩薩（Skt. Ruciraketu, 義浄訳では妙幢（みょうどう）菩薩）が夢を見た。その夢には、太陽のように光輝く金鼓が現れ、その光の中には十方無量の諸仏が瑠璃座（るりざ）に坐し、無数の大衆に囲まれて説法していた。バラモンが杖でこの金鼓を撃ち鳴らすと、金鼓は大音声を放ち、懺悔の法を明かす妙（たえ）なる偈頌が説かれた。夢から覚めた信相菩薩はその偈頌を記憶して誦持し、それを如来の前で述べるのである。以下、その偈頌のうち、懺悔を述べる部分を最も古い形態を残す曇無讖訳から引用してみたい。

諸仏世尊よ、今まさにはっきりとお知りおき（証知）ください。すでに遥か昔に私に対して大いなる慈悲の心をお持ちになった、あらゆるところにいらっしゃる十方の諸仏、すなわち世間第一の英雄であり二足の者の中で最も尊貴なる世尊たちよ、私がもとより行ってきた悪事や不善の行いを、いま十種の特別な能力を有する世尊たちの前で懺悔（告白）いたします。（大正一六・三三七上）

ここではまず十方諸仏に請い、その御前で懺悔するのである。大乗の懺悔はこのような十方の諸仏を必要とする。前文に続いて、犯した悪事の内容が懺悔（告白）される。

諸仏や父母の恩を知らず、善き教えを理解せず、様々な悪事を犯しました。自分の家柄や財力に恃んで、若さにまかせて心が散漫になり、様々な悪事を犯しました。心に良からぬことを思い、言葉では悪い言葉を発し、心のおもむくままに従い、その過ちから目をそむけました。

凡夫であるため愚かな行いをして、無知蒙昧によって、悪友と親密になり、煩悩で心を乱し、五欲（眼・耳・鼻・舌・身という五つの感覚器官がそれぞれ五つの対象〈色・声・香・味・触〉に執着して起こす欲望）の因縁によって心に怒りを生じ、満足することを知らず、故意に様々な悪事を行いました。聖者をそしる者と親密になり、それによって物惜しみや嫉妬の感情が生まれ、貧困や窮乏が原因で人をだまし人にへつらい悪事を犯しました。

他事に縛られており、いつも恐怖を懐き、自由を得ず、様々な悪事を犯しました。

貪り・怒り・愚かさ（三毒）が心を乱し、強い欲望に迫られ、様々な悪事を犯しました。

衣食や女色が原因で様々な煩悩に悩まされ、様々な悪事を犯しました。

身体と言葉と心の悪が集まりなされるすべての行為による様々な罪を今すべて懺悔いたします。

あるいは、仏・法・聖衆〔という三宝〕を敬わないといった様々な罪を今すべて懺悔いたします。

あるいは、縁覚（えんがく）（師によらず独自に悟った者）や菩薩を敬わないなどの様々な罪を今すべて懺悔いたします。

智慧なきため、正しき教えを誹謗し、父母・高貴な者や年長者を敬うことを知らないといった様々な罪を今すべて懺悔いたします。

愚かさや惑いにおおわれ、驕り高ぶり心が散漫となり、貪り・怒り・愚かさ〔の三毒〕によって様々な悪事を犯しました。このような多くの罪を今すべて懺悔いたします。（大正一六・三三七上）

以上のような様々な罪の懺悔がなされた後に、続いて衆生を救済するために以下のような誓願が仏に対して述べられる。

私はいま、数限りない三千大千世界の諸仏を供養します。

私は十方の一切の無数の衆生のあらゆる苦を取り除き救済します。

私は想像できないほどの無数の衆生を十地（仏に近い高位の菩薩の位）に安住させます。すでに十地に安住している者については、みな如来の悟りを完全にそなえさせます。私は一人一人の衆生のために億劫の長い時間修行をつづけ、無数の衆生を苦しみの海から救い出します。

私は彼ら衆生たちのために霊妙でとても奥深い懺悔の法を広く説きます。この懺悔の法とは、すなわち金光（黄金の輝き）のことで、千劫という果てしなく長い時間に犯してきた極めて重い悪業も、ひとたび誠心誠意に懺悔すれば、すべて滅び尽きてしまうものです。

私はいますでに懺悔の法を説きました。この金光明の教えは清浄かつ霊妙で、あらゆる業の障りを速やかに滅除することができましょう。

私はまさに十地に安住し、十種の珍宝を足として、御仏のこの上ない功徳ある光明を成就し、衆生たちを生存の迷いの海から救い出します。

願わくは、御仏たちの数々の奥深い教えが持つ、想像をこえるほど多くの功徳、完全な智慧をすべて身につけられますように。

幾百千の禅定、五根（五つの感覚器官）・十力（十種の智慧の力）・七覚支（悟りへと導く七つの要素）や、想像を超えた力を持つ数々の陀羅尼によって、私は十力を備えた最も優れた仏（世尊）になります。（大正一六・三三七上中）

以上の箇所では、懺悔が自分のためだけではなく、衆生を救済し悟りへと導くためであることが明確に述べられ、大乗としての懺悔であることが強調される。そして、自らも仏になる誓いを仏前で立てるのである。以下は仏の慈悲にすがり、仏に対して請い求めを行うのであり、仏が懺悔を受け入れることで、はじめて罪業の消除が完成すると考えていたことがわかる。

諸仏世尊よ、その大いなる慈悲で私のささやかなまごころを証明し、哀れんで私の懺悔をお受け下さい。

もし私が百劫の間に犯してきた数々の悪事の因縁によって、大いに憂い苦しみ、貧困で窮乏して愁い恐れ、悪い業報をおそれ、心は常に怯え弱々しく、どこにいても少しも楽しみがないのでしたら、十方の現在世の大いなる慈悲をお持ちの世尊よ、世尊は衆生のあらゆる恐れを取り除くことができますので、願わくは私の誠心からの懺悔をお受け下さり、私の恐れをすべて消し去って下さい。ただ願わくは現在の諸仏よ、私のあらゆる煩悩悪業を大いなる慈悲の水によって洗い流して清浄にして下さい。（大正一六・三三七中）

この後にも過去・現在の罪業の懺悔に加え、未来世のいまだなされていない悪業に対してもこれから先しません、と誓願が立てられる形で懺悔がなされる（三三七中）。また、身・口・意のあらゆる行為による悪業の懺悔がなされる（三三七中下）。

その次に諸仏に対する敬礼、仏徳の讃歎がなされ、「衆生が仏のこのような徳をすべて具えますように」との誓願がなされる（三三八上）。さらには、私は善き行いによる様々な因縁によって来世においてやがて仏になり、すばらしい教えを宣説し、衆生に恵みを与え、一切の限りない苦しみから救済します。（三三八中）

というように、自ら仏となり衆生を救済するという誓願に始まり、「願わくはもし諸々の衆生が求めるものがあり、それが必要であれば、その思いに応じてすぐに獲得できますように」（三三八中）など、衆生を主体とした誓願がつづく。これこそが大乗思想を特徴付ける誓願であろう。

そして再び自らの罪業の滅除の誓願に戻り、過去世に行った悪業によって自らの意にそわない悪果を得ることになっていたとしても、それを残らずすべて滅除して下さいと願う。さらには、閻浮提（須弥山の南方にあるわれわれの住む世界）やその他の数限りない他方世界におけるあらゆる衆生のなす種々の善き行いを深い心でともに喜びますと誓い、この随喜（他人の善行を見て喜ぶこと）の功徳と身体・言葉・心のなす善き行いによって、来世においてこの上ない悟りの智慧を完成し、清浄無垢の吉祥の果報を得ますようにと重ねて成仏を願う。

懺悔品の末尾近くでは、実践による功徳が説かれる。すなわち、仏を敬礼・讃歎する功徳により信心が清浄になり様々な疑いが無くなり、このように懺悔すれば六十劫の罪が滅除されるとする。善男子や善女人、王侯貴族やバラモンたちが敬虔に仏に向かって合掌し讃歎してこの偈を讃頌すれば、生まれ変わった先々において常に前世の記憶を保持し、感覚器官が健全であり、清浄で端正でありあらゆる功徳をすべてそなえ、常に国王や大臣に尊敬されるとする。

そして最後に、この懺悔を聞くことができたのは、一仏や五仏、十仏ではなく、無量の百千万億の諸仏のもとで様々な善き功徳を積んできたからであると述べ、この懺悔の偈を聞く者が選ばれし者であることを強調する。

以上をまとめると、まずこの懺悔の偈は、信相菩薩が夢の中で聞いた金鼓の懺悔を、目覚めた後に記憶しており説かれたものであることが重要である。夢の中での神秘体験と懺悔との関わりは、次で見る『大方等陀羅尼経』と共通するテーマである。その内実は仏の見守りのもと、懺悔を行う功徳による強力な滅罪の効果を期待し、さらに仏に対する敬礼や仏徳の讃歎も語られる。そして、それらの功徳によって自らが成仏し、衆生を苦から救済するという誓願と一体になったものであることがわかる。衆生救済の誓願があるからこそ懺悔が強力な滅罪となるのである。

## この経に基づく懺悔儀礼

智顗の弟子灌頂による文献集成である『国清百録』に収録された金光明懺法では、この経に基づく懺悔儀礼の具体的内容をうかがうことができる。功徳天（吉祥天）の座を仏座の左に設け、もし道場が広ければ四天王、弁財天にも座を用意するように説かれる。儀礼において道場に奉請（その場へ来臨するよう祈願要請すること）されるのは、この経に登場する四方仏や信相菩薩をはじめとした諸仏・諸菩薩だけではなく、四天王・弁財天・功徳天以下の神々も含まれるのである。

現存する文献において、この『金光明経』に基づいた懺悔儀礼を行ったことが確実な最も早い事例は、『高僧伝』に記録された北魏の玄高（四〇二～四四四）による金光明懺である。玄高は馮翊万年（現在の陝西省臨潼区東北）の人で、長安の石羊寺に住し布教していた外国僧の浮駄跋陀禅師や曇無毘禅師から禅定を学んだ。この時、禅定と戒律にすぐれ『華厳経』を訳した仏駄（陀）跋陀羅はすでに長安を去っていたので、浮駄跋陀羅は仏駄跋陀羅ではなく曇摩耶舎の誤りであるという説もある（吉川・船山二〇一〇b、五三、注二）。廃仏を行った北魏の皇帝として有名である太武帝の皇太子拓跋晃は、玄高を師として敬っていたが、父である太武帝からあらぬ疑いをかけられた。この時、玄高が七日間の金光明斎を行じさせたところ、七日目に太武帝の夢にその祖父と父が現れ、剣を執ってなぜ讒言を信じて太子にあらぬ疑いをかけるかと詰め寄ったという。

他にも『続高僧伝』巻一四に立伝される呉郡呉県の朱氏出身である智琰が、唐初に蘇州武丘山の寺院において法華・金光明・普賢などの懺悔を修したという記録がある。天台智顗は、曇無讖訳に基づき懺悔儀礼をつくり、これが「金光明懺」として『国清百録』巻一に収録されている。

有名な興福寺の阿修羅像もこの経典と深く関係する。すなわち、阿修羅像などの八部衆が元来安置されていた興福寺の西金堂は、橘三千代（?〜七三三）の菩提供養と一周忌法要の実施にあわせて完成したものである。天平宝字年間（七五七〜七六五）成立の『宝字記』によれば、西金堂内に本尊の丈六釈迦仏をはじめとし、脇侍菩薩二躯、羅漢十躯（十大弟子）、梵天王、帝釈像各一躯、四大天王、八部神王が安置され、さらに「師子吼一頭」「菩提樹一根」「宝頂一具」とつづき、さらに、「金鼓一台」「龍形四頭、玉を含むこと各おの一貫、日（白?）石面に坐す」「婆羅門形一人、槌を持つ」と記録される。龍形四頭というのは図2-3のように鼓を取り巻いていた四匹の龍のことである。ここから、金鼓と金鼓を撃つ婆羅門像が安置されていたことがわかる。

興福寺に現存する華原磬（図2-3）は、古くはまさしく「金鼓」と呼ばれていたものである。鼓部分は平安から鎌倉時代、龍の部分は唐の舶来品や奈良時代とする説もあり、また鎌倉時代の再造とする説もあるが、獅子は奈良時代当初の形をものに倣う形で造られたとされる。制作年代には議論があるが、奈良時代に類似のものが制作され、この経に基づく懺悔の儀礼が行われたことは疑いない。

『金光明経』は国家を守護する護国経典としても有名であり、国家の法要でも用いられた。奈良時代の神護景雲元年（七六七）勅命が下り、天下太平・五穀豊穣などを祈願し、義浄訳『金光明最勝王経』に基づく吉祥悔過が各地の国分寺にて正月に行われた。宝亀四年（七七三）以降、毎年正月に七日間修すことが恒例となった（藤谷二〇一一）。この経の四天王護国品や大吉祥天女増長財物品によれば、吉祥悔過は中央に釈迦像、左側に吉祥天、右側に多聞天像を配し、諸仏に香華供養して懺悔する儀礼である。

一方、天台系統の『金光明経』に基づく懺悔は、天台智顗以降も中国において変化をとげつつ連綿と伝えられた。鎌倉初期の律僧俊芿は南宋に渡航し、現地で長年滞在して天台系統の金光明経懺悔儀礼を学び、帰国後日本でこれを広めた。現在も泉涌寺で実践される宋式「金光明懺法」においては、修法に際して、中国由来の諸天に加え、日本の神祇類を加えた神々の画像が掛けられる（西谷二〇一八、四〇五～四三四）。

図2-3　華原磬

最後にこの経の懺悔について要点をもう一度まとめると、本経の懺悔が夢により得られたものである点、衆生救済の誓願と懺悔を一体とするものである点が重要である。そして、後代の増広では様々な神々が追加され、護国を説く経典として重視された。

## 第六節　『大方等陀羅尼経』――重罪を滅する懺悔の実践手引き

### 経の概要

『大方等陀羅尼経』は、『金光明経』と同じく北涼時代に漢訳されたと記録にある。別名を『方等檀持陀羅尼経』と言う。この名は、この経典中で最も重視される陀羅尼「摩訶袒持陀羅尼」（「袒」は「檀」と音が通じる）からとられた名前で、摩訶袒持陀羅尼がすなわち大方等陀羅尼である。「方等」とは、Skt. vaipulya の訳語で、広大な、増広発展せしめられた、などの意味であり、大乗を指して使用されることも多い語である。「陀羅尼」とは Skt. dhāraṇī の音訳で、総持・能持と意訳され、すべてを記憶し忘れない力、または行者を守護する章句を言う。

この経は、もと魔王であった者たちが仏教の守護神である十二夢王となること、鬼神である毘沙門天が守護神となることなど、『金光明経』と同じく、鬼神や陀羅尼が重要な役割を果たす経典である。密教学者からは初期密教経典として扱われている。

ただし『金光明経』が対応する梵本の存在する翻訳経典であるのに対し、この経は対応する梵本が見つかっておらず、同本異訳の漢訳経典も現存しない。経文にも杜撰で不整合な箇所や梵本があったと想定しがたい箇所が散見されるため、中国の河西地域で創作された可能性が極めて高いとする説も提出されている（山部二〇〇〇、Kuo 2019）。筆者もこの説に賛同したい。

天台智顗がこの経の行法を四種三昧の半行半坐三昧（本尊の周りを歩くことと、坐して修することを組み合わせた行法）に組み込んだことで、この経典は天台宗において重視されてきた。しかしながら、この経典の流布状況を見れば、天台や密教といった宗派の範疇だけで議論すべきではない。

僧伝や敦煌写経・石刻資料からは、北朝・南朝の梁以降にこの経が尊ばれて広く流通し、この経に基づく懺悔法が盛んに実践されていた様子がうかがえる。敦煌から出土した北魏～唐代にかけてのこの経の写経断片が五十数点残り、また北朝時代の石刻にもこの経に基づく菩薩や神王の名が見られる。この経の所説に基づいて行う懺悔の行法は「方等懺（ほうどうせん）」と呼ばれ、南朝陳の文帝が撰した「方等陀羅尼斎懺文」も『広弘明集』巻二八（大正五二・三三四上中）に収録されている。

なぜこの経がこれほど重視されたかと言えば、経の末尾において、釈迦が弟子の阿難にこの経を託す時に述べた以下の言葉を見ればわかる。

> 真なる我が弟子は真に我が教えを用いて、三界（輪廻の世界）の苦から抜け出すことができる。すばらしいぞ、阿難よ。衆生はこのような経典を受持することができず、重大な戒律違反を犯し、正しい教えを誹謗し、聖人を害する。阿難よ、このために私はかさねてこの経をそなたに託すのだ。衆生のために重罪を滅除するように。（大正二一・六六〇下）

ここにあるように、この経に期待されたのは、重罪を犯したときの滅罪である。章のはじめにおいて、大乗仏教の懺悔においては、布薩説戒では救済が難しい重罪を滅除することができると述べた。この経はそうした重罪の懺悔法を具体的な実践法として提示するので重宝されたのである。

歴代の経典目録には、この経は現行本と同じ全四巻として記録されている。『出三蔵記集』巻二（大正五五・一二上）では、「東晋の安帝の時代（三九六～四一八）、高昌郡の沙門釈法衆が訳出した」とする。また、すでに述べたように『出三蔵記集』巻一二に収録された『法苑』の目録に見える「方広陀羅尼七衆悔法」という懺悔法の記録がこの経典に基づくものであることは間違いない。

次に隋の費長房が撰述した『歴代三宝紀』巻九（大正四九・八四上）では、「晋の安帝の世、高昌郡の沙門釈法衆が張掖にて河西王の沮渠氏のために訳出した。竺道祖『晋世雑録』に見える」とする。竺道祖（釈道祖、三四七～四一九）は『高僧伝』巻六に立伝されている。東晋の呉国（江蘇省蘇州）の人で台寺の支法済に師事し、その後、廬山に入り慧遠に師事した人物である。

一方、同じく隋代の法経ら二十大徳が勅命を受けて編纂した『衆経目録』巻一（大正五五・一一五中）、彦琮『衆経目録』巻一（大正五五・一五一上）、静泰『衆経目録』巻一（大正五五・一八二中）はともに、法衆が高昌郡で訳出したとする。さらに、『開元釈教録』巻四（大正五五・五一九中下）では、「法衆が北涼の永安年間（四〇一～四一二）に張掖にて河西王の沮渠蒙遜のために訳出したとするが、『宝唱録』では高昌郡で訳出したと述べ、どちらの説が正しいか不明である」としている。いずれにしろ、五世紀初め頃に河西地域で四巻本としてこの経が訳出されたとすることは一致する。

ただし、現行の四巻本以外に一巻本も流通していた。北魏時代の敦煌に存在した官営の写経場で延昌三年（五一四）に書写されていたことがわかる敦煌出土写経（S六七二七）は、冒頭部分を欠く一巻本であるが、現在の経典の巻二のはじめの部分（大正二一・六四七上二三行）までを含んでいる。このように序分の末尾でもない場所で経文が終わり、その後に羯磨文（儀礼の所作次第を記した文）と経文には見られない偈が挿入されている。すなわち、北魏王朝公認の一巻本も四巻本と並行して広く流布していたと考えることができる。

この本と同じかは不明だが、唐初においても一巻だけ用いて方等懺を行っていた事例が『続高僧伝』巻二四の護法篇に収録された曇選伝に見える。すなわち、北朝から唐初までを生きた護法の僧である曇選（五三一～六二五）が、三百人余りの僧衆を率いていた智満（五五一～六二八）の住する義興寺を訪れた時のことである。曇選は、仏教に仮託して反乱の火種になることを行っているのではないかと危惧し、衆を集めて何を修しているのか、それは何の経典に基づいているのか、と尋ねた時、『大方等陀羅尼経』四巻のうち一巻だけ持ってきて、この経に基づき方等懺を修していると曇選に示したという。このように、本経は、そのまま一部分が実践の教則本として用いられる実践的性格の強い経典であった。

この経の実践面での特徴を列挙してみると、

①陀羅尼の念誦を中核とし、教団追放となるような重罪も対象とする懺悔行法が具体的に数種説かれる。

②魔王や鬼神が経の守護神として重要な役割を果たす。

③夢の中で特定の相（イメージ）を見ることが行の前提、あるいは行の成就の証明として重視される。

④二四条からなる独自の菩薩戒を説き、さらに在家者を専ら対象とした七科五事の規則を説く。

⑤在家者の実践行にもかなりの重点を置く。

などが挙げられる。特に③の夢については、この経に説かれる様々な行法において、滅罪の証明、あるいは行法を修してよいかの許可を与えるために欠かせない役割を果たしている。『金光明経』においても、信相菩薩が夢で金鼓の発した懺悔の偈を聞いたことが重要な要素になっており、夢と大乗の懺悔とのつながりは無視できない。

本経は序分、授記分、夢行分、護戒分、不思議蓮華分の五章からなり、巻数は全四巻である。巻一が序分、巻二が序分の余と授記分、巻三が夢行分、巻四が護戒分と不思議蓮華分である。各分の概要を行法に重点を置きつつ説明してみよう。この経の概要の記述については、（大塚二〇一三、二二五〜二七八）が初期密教の翻訳経典という観点から他経との関連を非常に詳細にまとめられており大いに参照させていただいた。ただし、この経は梵本からの翻訳ではない可能性が高いため、インドの初期密教経典とみなすよりも、中国における懺悔行法の受容という面から考える方がより有効ではないかと筆者は考える。この角度から、懺悔儀礼に関わる部分に重点を置き、改めてこの経の概要を記述する。

**a 序分**　この経の序分では、通常の経典と異なり、経の根幹となる最も重要な内容が説かれ、ここだけで話がほぼ完結している。釈迦が五百人の弟子と舎衛国の祇陀林（祇園精舎）に滞在していた時のこと、王舎城から文殊菩薩が九二億の菩薩と共に参集した。また波斯匿王が五百の王子を率い、郁伽長者が六百人の優婆塞（在家男性信者）を率いて参集した。五百人の篤信の優婆夷（在家女性信者）も参集した。

その時、文殊菩薩が釈迦に対して、衆生のために陀羅尼を説いて下さいと請うた。そこで釈迦は「摩訶祖持」以下、数々の陀羅尼の名字を説く。この陀羅尼を聞いた聴衆たちは、様々な利益を得た。比丘たちが釈迦に説法を請うと、釈迦は陀羅尼門に入り大光明を放つ。十方世界の夜叉も釈迦のもとにやって来て、聴衆たちとともに陀羅尼門に入る。

その時、聴衆の中にいた雷音比丘が林中に往き、禅定し三昧に入った。すると、祖荼羅という名の魔王が魔衆を引き連れて現れ、将来この比丘が仏になるのを阻止するため、雷音の善根の因縁を覆い隠してしまう。雷音比丘が十方に助けを求めると、東方世界において華聚菩薩が宝王仏に対し、どのようにして祖荼羅を誡めればよいかと尋ねた。宝王仏はそれに答えて、「摩訶祖持陀羅尼章句」によって魔王を降伏し、比丘の善根を増やせばよいとし、汝のために「諸仏の秘法」（この陀羅尼章句を指す）を説こうと述べた。ただし、みだりにこの法を喧伝してはならないとし、十二夢王のうちの一王を見た者にのみ説くべしとする。

そしてこの陀羅尼を授かった華聚菩薩が、魔王に苦しめられている雷音比丘のもとへ行き、この陀羅尼の章句を説いた。すると魔王が苦しみ出し助けを求めた。華聚菩薩は魔王たちに対し、苦しみから逃れるためには菩提心をおこせばよいと述べ、教えのとおり魔王たちは菩提心をおこし、仏法の守護者である神王となった。そして摩訶祖持陀羅尼章句・経を受持する者が苦難に遭遇したならば、我ら十二神王の名を称えれば、彼らを救い利益を与えますと述べた。

雷音比丘は華聚菩薩とともに釈迦のもとに赴こうとした。すると魔衆や天衆たちも二人と一緒に釈迦のもとに赴く。祇園精舎に到着すると、華聚菩薩が大光明を放ち、この光を見た者はみな解脱した。すると、婆藪仙人が地獄から出て多数の罪人を率いて釈迦のもとに赴く。釈迦の弟子の舎利弗が、なぜ見たこともないような者が多く参集したのかと尋ねると、文殊菩薩は釈迦にかわって彼らの来歴を説明し、婆藪仙人は華聚菩薩の放った光明によって地獄から出られてここに来たと答える。舎利弗はさらになぜ不善の行いをなす婆藪が多数の罪人とともに地獄から出て仏に値うことができたのか尋ねた。すると、婆藪が地獄にいたのは、地獄で苦しむ多数の人々を救うためであったと文殊にかわって仏が答え、婆藪の過去の因縁を語る。すなわち、羊を殺して天を祀れば天に生まれかわれるのか地獄に堕ちるのかという人々の疑問に答えるため、婆藪は自ら地獄に堕ちてみせることで殺生をやめさせたのである。そしてその人々は死後、舎衛国に生まれ変わり、釈迦が初めて舎衛国に着いたとき、その教化により出家し菩提心をおこした人々となった。

次に雷音比丘が釈迦に対し、なぜ東方世界の華聚菩薩が自分を救いに来てくれたのかと質問する。すると釈迦は、華聚菩薩は昔の汝の善知識（仏教の正しい道理を教え、利益を与えて導いてくれる人）であるとし、過去世の因縁話を始める。

すなわち、過去の栴檀華如来の時、恒伽比丘（雷音比丘の過去世）が上首菩薩（華聚菩薩の過去世）から空の教えと六波羅蜜を教授された。さらに恒伽比丘が様々な香花や飲食で上首菩薩を供養すると、上首菩薩は一切諸仏の受け行じるべき実法（「諸仏実法」）とその行法において誦される陀羅尼章句を説く。これこそが後代まで継承発展していく「方等懺」と呼ばれる行法の最も原初的な形である。経で説かれる順に挙げると、

①七日の長斎を行う。毎日朝昼夜の三度洗浴する。

②浄衣を着て、仏坐像に五色の傘蓋をかける。
③その仏坐像のまわりを一周行道するごとに陀羅尼章句を一遍誦し、一二〇周する。
④それが終わると一旦坐し、分析的思考を離れ固定的実体がないことを悟る無分別空の境地を思惟する。
⑤思惟が終わると③と④を交互に行う。

この行程を朝・昼・夜の一日三座行い、七日間合計二一座を修す。

というようになる。仏像はこの行法に不可欠な存在であり、仏像の周りを行道し、仏像の前で坐禅するという、立ったり座ったりを繰り返す半行半坐の行である。この行法の教授を願う者がいれば、恒伽がその人の夢の中で姿を現したならばこの行法を教えよと説く。ここでも夢を見ることが前提条件である。この行を修すると、一心に懺悔すれば、様々な戒を犯しても持戒の状態に戻ることができるという。経文では非常に簡潔にしか説明されていないが、この行法を基本として、仏菩薩名の称名などが加えられ、南北朝時代には異なる数種の方等懺が世の中で行われていたようである。

次に、上首菩薩は恒伽のために菩薩が持つべき二四条の戒を説く。この二十四重戒（にじゅうしじゅうかい）はかなり特色のある戒である。例えば第三戒に、「比丘が妻子を持つのを好き勝手に非難してはいけない」とあるのは、経が撰述された当地の僧に妻帯する者がかなりの数いたことを示していると考えられ、第二四には「持戒しているとき、華聚菩薩や虚空蔵、観世音など、様々な菩薩（法王子）を見たなどと言いふらしてはならない」とあるのは、まさにこの経に即した独自の内容である。

そして上首菩薩は恒伽比丘に二十四重戒に関わる過去の因縁譚を語る。昔、栴壇香国（せんだんこう）に宝栴檀王（ほうせんだん）という国王がおり、国王には「林果」という弟と、九九九人の王子がいた。王子たちは暴悪で規律に従おうとはしなかった。王とその弟は、九二億恒河沙の諸仏から二十四重戒を受けていたが、王子たちにこの戒を受持させ訓導しようとし、諸仏からこの戒を受けさせた。この時の第一王子が自分（上首菩薩）であり、第二王子がそなた（恒伽比丘）であったと述べた。上首菩薩がこの教えを説いた時、虚空の九二億の諸天は無生法忍(むしょうぼうにん)（一切の存在が固定した性質を持たない「無生」という道理を受け入れること。『大智度論』などでは不退転の菩薩の地位でこれを獲得すると説く）を得、恒伽比丘は喜んでこの二十四重戒を受けた。

ここで釈迦は雷音比丘に対して説いていた過去世の因縁譚をしめくくり、その時の上首菩薩が華聚菩薩で、恒伽比丘がそなた雷音比丘であることを明かす。さらに宝栴檀王は東方の宝王仏で、その弟の林果が私（釈迦）であり、王子たちが現在の賢劫(けんごう)千仏、九二億の諸天はいまの九二億の魔王であると説く。魔王たちはそなた雷音比丘に過去世に修した善業の力を思い出させ、わたし釈迦に過去の因縁を語らせ、『大方等陀羅尼経』を説かせて苦悩する衆生を救済させるために、そなたの善行を覆い隠したのだと説明した。その時、その場にいた大弟子・菩薩・在家信徒から魔王や夜叉(やしゃ)（インドの鬼神）に至るまで歓(かん)喜踊躍(ぎゆやく)してこの教えを頂戴し奉行した。

以上、過去の因縁譚の中でさらに過去の因縁譚が説かれるという二重構造をとるこの経の序分の内容を解説してきた。登場人物の過去世とのつながりをまとめると、

宝栴檀王――――東方宝王仏

弟の林果――――――釈迦

第一王子——上首菩薩——華聚菩薩
第二王子——恒伽比丘——雷音比丘
その他王子————現在賢劫千仏
　　九二億諸天——九二億魔王

となる。以上の説話では、悪魔による雷音比丘の禅定実践に対する妨害（禅定の妨げ）、婆薮仙人による地獄の人々の救済（地獄に堕ちる重罪）、王子たちの戒律違反と受戒という、罪業に関わる三つの重要テーマがセットで語られており、この三つの組み合わせは、同じく重大な罪の懺悔法を説く『治禅病秘要法』の「治犯戒法」にも見られる（Greene 2021, 182）。

現行本ではここは巻二の途中であるが、話としてはここで一応完結している。北魏時代の敦煌写経一巻本『大方等陀羅尼経』においては、経文はここで終わっており、この後、方等懺の行法を授かる儀礼を記した文章や偈頌がつづく。一方、現行の四巻本では、釈迦は阿難にこの経を託すことを説いて序分が終わる。

**b　授記分**　授記とは将来に仏になるという確約を仏から得ることであり、この授記分でも雷音比丘や弟子たちに釈迦が授記することが説かれる。さらに授記に関して教理的な定義がなされることがこの授記分の特徴である。

雷音比丘が釈迦を大慈悲主と誉め讃える。すると釈迦は雷音に対し、汝は賢劫において成仏して「雷音宝王如来」となると授記する。さらに釈迦を讃歎した声聞の五百弟子や梵天・帝釈以下にも授記する。そして授記とは法性を観ずることであるとする。

釈迦は五百人の弟子たちから、この法を行じている時に魔王波旬たちが妨害してくればどうすればよいかと質問を受けた。それに対し釈迦は、摩訶祖持陀羅尼とともに「南無釈迦牟尼仏。南無文殊師利法王子・虚空蔵法王子・観世音法王子・毘沙門法王子・虚空法王子・破闇法王子・普聞法王子・妙形法王子・大空法王子・真如法王子。」というように、釈迦自身と合計十人の法王子の名を念ずれば擁護を得られると説く。この十法王子の名について、文殊や観音など有名な菩薩たちに混ざり毘沙門が含まれたり、真如といった教理用語まで入っているのが興味深い。すると阿難は、どのように彼ら仏・菩薩を供養すればよいか釈迦に質問する。そこで説かれるのが第二の行法である。この行法を同時に修することができるのは十人以内という制限があり、他の仕事をしたりしゃべったり笑ったりせずに、ひたすら一心に行じなければならない。以上の十人の法王子たちを供養する行法は以下のようになる。

①種々の香を練り合わせ、室内に塗る。仏・菩薩の姿を綵画する。
②香華・塗香・抹香で諸尊を供養する。
③異口同音に諸尊を讃ずる。
④観世音菩薩が様々な者の姿に身を変えて室内に入る。
⑤一心に摩訶祖持陀羅尼を念ずる。
⑥無量寿仏、釈迦牟尼仏、維衛仏、式仏、随葉仏、拘楼秦仏、拘那含牟尼仏、迦葉仏（釈迦から迦葉までは過去七仏）、過去雷音王仏、秘法蔵仏をこの眼で見る。
⑦以上の諸仏の前で至心に懺悔すれば、九二億回生まれ変わってくる間に得た罪が滅する。

この行法は、仏菩薩の姿を室内の壁に描くように規定している点が興味深い。描かれた釈迦仏や十の法王子像を香華で供養し讃歎することで、まず観世音菩薩が室内に現れ、そこで摩訶袒持陀羅尼を念じ、もし過去七仏を含んだ十仏を見ることができれば、それら諸仏の前で懺悔することで滅罪が達成されるのである。ここでも懺悔の対象は仏でなければならないという原則が守られている。

この行法を修する者が家を辞去して修行する場合、剃髪する必要はないが、父母に許可をとる必要がある。許可された場合、比丘の作法と同様にする。もし許されなかった場合、屋舎を浄め、焼香して供養し、黙して自ら思惟し、この経を読誦する。そうして深く心をつなぎとめ放逸にならなければ、七日のうちに、夢の中で、あるいは寝ている時でも目が覚めている時でも、観世音菩薩がその人の前に現れ説法を聴くことができる。ただし、もし心が散乱した状態で修行すれば地獄に堕ちるという。さらにこの経を誹謗する者は、地獄の中でも最も苦しみが激しい阿鼻地獄（無間地獄）に堕ちるなどの苦しみを受けると説明する。これが在家者も対象とした行であることは明白である。

**c　夢行分**　続く夢行分で主に説かれるのは、二つの事柄である。第一は、経典供養の行法である「七日行法」を授かるために見ることが必要とされる夢の具体的内容（十二夢王）と、七日行法の具体相、とりわけ行法中に日ごとに異なる仏菩薩が道場に現れるという奇瑞についてである。最終的な奇瑞が浄国（浄土）を見ることとされることは注意される。

第二は、『無量寿経』に説かれる法蔵菩薩（阿弥陀仏の過去世の姿）が立てた四十八願のように、華聚菩薩が衆生を妙楽国（浄土）へと導く大誓願を立てることである。

まず第一の十二夢王と七日行法について見ていこう。釈迦が文殊菩薩に対し、自分の在世中、あるいは滅後、文殊のもとに人々が陀羅尼経典を求めて来た場合に、十二夢王を教え求めさせ、そのうち一王でも夢で見ることができれば「七日行法」を教授せよと述べる。この十二夢王とは、序分に登場した魔王たちが菩提心を発して、この経・陀羅尼を受持する者の守護者となった十二神王のことである。各王について、具体的な夢の相が説明され（これについては後述の十二夢王石刻のところで説明する）、この相のいずれかを夢で見て初めて「七日行法」を教授するのである。夢行品で解説される七日行法の内容は、道場において様々な香を焚き、繒幡（ぞうばん）（絹で作られたはたぼこ）と天蓋を懸けてこの経典を供養するというものである。経の内容をまとめると、以下の仏・菩薩が順に現れる。

| | 実践内容 | 道場に現れる仏・菩薩名と行者が得る功徳 |
|---|---|---|
| 第一日 | 経を種々の香で供養。 | 華聚菩薩・観世音菩薩。<br>現在・未来の願をかなえる。 |
| 第二日 | 経を種々の香と繒幡・蓋で供養。 | 宝王如来・釈迦仏。経の修行・受持を思念。 |
| 第三日 | 経を種々の香と繒幡・蓋で供養。 | 維衛仏（過去七仏の第一）・虚空蔵菩薩。<br>その放つ光明を見て菩提心を発す。<br>他方世界のあらゆる賢聖も道場に来る。 |
| 第四日 | 経を読誦・修行。<br>経を種々の香と繒幡・蓋で供養。 | 式仏（過去七仏の第二）。式仏の放つ光明を見て諸法性を理解する。式仏の足下に頂礼した者は式仏から摩頂（まちょう）（頭頂を撫でる）され、将来菩提樹の下で諸魔外道を降伏し陀羅尼を得て成仏することを約束される。 |
| 第五日 | 経を受持・読誦。<br>経を種々の香と繒幡・蓋で供養。 | 随葉仏（過去七仏の第三）。<br>仏が説く章句を聞き、はっきり心にとどめ忘れない。 |

| | | |
|---|---|---|
| | いつ様々な苦や難を離れられるだろうかとひたすら念ずる。 | |
| 第六日 | 経を受持・読誦。経を種々の香で供養。 | 拘那含牟尼仏（過去七仏の第五）。七仏が総じて現れる。久しからずして三悪道を離れ衆生を救い人天に在って快楽を究める。 |
| 第七日 | 至心に経を礼敬し、他の妄念を懐かない。 | 十方の一切諸仏と浄土。これを見た皆が「いかなる縁にて諸仏が清浄世界を現ずるのか」と思うと、釈迦が文殊とともに道場に現れ、行者の機根にあわせて説法し、行者にははっきりと釈迦自身の姿を見させ、虚空の座と様々な浄土を見させる。行者は浄土を見て歓喜踊躍し菩提心を発し不退転を得る。 |

この表を見てわかるように、菩提心を発すことが第三日と七日で二回説かれ、過去七仏のうち、第四の拘留秦仏や第六の迦葉仏が現れないなど、必ずしも完全に整序されているわけではない。ただし、ある程度の構成は読み取ることができる。修行内容としては、三日目までは経を様々な香を焚き繒幡・蓋を懸けて経を供養するだけであるが、三日目に菩提心を発してからは、経を読誦する修行がなされ、最終日には経を敬礼することが説かれる。行法中に見ることのできる仏菩薩については、最初は華聚菩薩・観世音菩薩からはじまり、二日目には釈迦と東方の宝王仏という現在仏を見、三日目から過去七仏を順番に見て、最終日には、十方諸仏を見、さらに釈迦が文殊と共に現れ、諸仏の浄土を見させて、菩提心をおこし不退転（修行の階位が二度と後退しない）を獲得することがこの修行の最終的な功徳として説かれている。以上が第一の七日行法についての解説である。

次に、第二の華聚菩薩の大誓願について説明しよう。華聚菩薩の大誓願は、行者に浄土を見せ、そこ

に生まれさせるということを主題とする。例えば、

もし衆生に陀羅尼を修行する者がいれば、私は昼夜彼に説法し、歓喜させる。臨終の際には、必ずや妙楽世界に生まれること疑いなしと自ら知る。あるいは遥かに妙楽世界を見させること、掌中の阿摩勒果（あまろくか）（skt. āmalaka. 食用・薬用にされる熱帯アジア原産の果実）を観るように簡単にさせ、あらゆる一切の善悪についてみなはっきりと悟る。もし一切の衆生を妙楽世界に生まれかわらせることができたら、私はそのときにはじめて正覚を成ずる。

もし衆生が我が名を憶念しており、昼夜六時に憶念を絶やさず、妙楽世界に生まれることを求める者がいたとして、もしその者が往生しないならば、私は最後まで正覚を成じない（成仏しない）。

といった、まさに『無量寿経』に説かれる阿弥陀仏の過去世身である法蔵比丘の大誓願を彷彿とさせるような誓願である。この二つの誓願のように、衆生を妙楽世界に往生させることが誓願の主題なのであるが、問題はこの浄土が特定の方角に限定される浄土かどうかである。この問題については、経において説明がなされている。すなわち、阿難が華聚菩薩に対し、「諸法が不定というなら、諸仏も不定で、十方世界も不定であるはずだ」と述べたのに対し、華聚菩薩は右手で西方妙楽世界（西方浄土）を手に取り、それを虚空に挙げてあらわすこと、あたかも菩薩が阿摩勒果を右手にとるようであった。その時大衆は遥かに西方妙楽世界の美しさをはっきりと見て歓喜踊躍（かんぎゆやく）し、至心に無量寿仏を敬礼し、妙楽世界に生まれることを求めた。

その時に華聚菩薩が阿難にこの妙楽世界に定性（固定的な本性）が有るかどうか尋ねると、阿難は無いと答えた。すると釈迦は、二人にこのような無用な議論をしてはいけないと述べ、菩薩は有無の議論を離れ、中道に住するべきであると述べた。十方の妙楽世界についても定・不定の議論を離れ、中道に住するべきとする。すなわち、華聚菩薩は西方浄土を例に出し、阿難は浄土に固定した実体がないことを述べたのだが、釈迦がそのような議論はすべきでないとし、定・不定の議論を離れ、あくまで中道の態度をとるべきことを主張したのである。

華聚菩薩の誓願に続いて、毘沙門天もこの陀羅尼経を護持し、陀羅尼経を受持する者の修行を妨害する悪人を懲らしめ、あるいは死にまで至らしめるという誓願を立てている。『金光明経』にも毘沙門天に関する記述が見られることは、天人や鬼神の重視という点でこの経と共通する。

**d　護戒分**　この章では　まさに大乗の懺悔の大きな役割の一つである、教団追放となってしまう重罪を懺悔によって滅罪する修行法が説かれる。具体的には、比丘が四重禁（淫・盗・殺・妄）、比丘尼が八重禁（四重禁に加えて、他の比丘と抱擁する、比丘と交流する、他の比丘尼の破戒を隠す、比丘に随順し他の比丘尼の諫止を容れないという八項目）、菩薩が八重禁という、教団追放となる最も重い罪を犯した場合の懺悔法が説かれる。菩薩の八重禁とは比丘尼の八重禁と異なり、『菩薩善戒経』に説かれる出家菩薩の八重戒（四重禁に加え、自讃し他を譏らない、法財を惜しまない、怒らない、三宝を誹謗しない）を指すと思われる。さらにいまだ具足戒を受けて比丘や比丘尼になっていない、沙弥・沙弥尼や在家の信者である優婆塞・優婆夷がそれぞれの戒を破った場合の懺悔滅罪の方法が説かれる。この四種の場合について表にまとめてみると以下のようになる。

| | 陀羅尼と懺悔法 | 陀羅尼の回数と行の日数 | どのように清浄戒を得たことを証明するか |
|---|---|---|---|
| 比丘が四重を犯した場合 | 至心に陀羅尼を憶念し、千四百遍誦す。千四百遍誦すごとに一回懺悔する。一人の比丘に証人となってもらい、形像（仏画像）の前で自らの罪を告白（懺悔）する。すると諸戒の根が再生し、菩提心が堅固になる。 | 千四百遍ごとに懺悔八十七日。 | 夢に師が現れて行者の頭を摩する。あるいは、夢中に父母・婆羅門・長老・有徳の者が現れ、行者に |
| 比丘尼が八重を犯した場合 | 諸律を熟知する比丘を請い、罪を告白する。比丘は律と陀羅尼を教える。毎日四九遍陀羅尼を誦し、それが終わるごとに懺悔し、師に随って修行する。 | 毎日四九遍ごとに懺悔。九十七日。 | 比丘戒と同じ。 |
| 菩薩が八重を犯した場合 | サンガから追い出され空の静室に住する。その室の内外を浄め、律を熟知する者を招請して罪を告白し、律を清浄にする法（陀羅尼）を請う。陀羅尼を六百遍誦すごとに比丘を招請し、その前に立ち罪を告白（懺悔）する。久しく世間に住(とど)まり、一劫あるいは一劫足らず衆生の為にこの陀羅尼とそれにまつわる因縁を受持し読誦し解説、愚者のために説く、という釈迦の想いに心の中で遭い、罪を告白する。 | 六百遍ごとに懺悔。六十七日。 | 比丘戒と同じ。 |
| 沙弥・沙弥尼・優婆塞・優婆夷が様々な禁を破る場合 | 律を熟知する比丘を請い、形像あるいは尊い経典に説かれる般若を前にして自らの罪過を告白し、比丘の方を向く。この比丘は律を清浄にする法（陀羅尼）を教授する。四百遍誦すごとに比丘の前で罪を告白（懺悔）する。 | 四百遍ごとに懺悔。四十七日。 | 比丘戒と同じ。 |

飲食・衣服・臥具・湯薬を与える。

この表を見ると、重罪の懺悔だけあって、いずれの場合も長期間の行が必要とされる。日数に関しては、一の位がすべて「七」であるから、七日行法をそれぞれ八十回、九十回、六十回、四十回行う意味であるという解釈もある（唐の湛然（たんねん）述『止観輔行伝弘決（しかんぶぎょうでんぐけつ）』大正四六・一九一下）。最終的に戒が清浄になるのはいずれも夢で特定の相を見ることによって達成されることになっており、この経における夢の重要性を物語るものである。

比丘の場合や、沙弥・沙弥尼・優婆塞・優婆夷の場合も仏像（この場合は仏画像）の前で懺悔することが必須とされていることは無視できない。文字には表現されていないが、比丘尼の場合も比丘と同様に仏の画像が必要とされたと考えてよい。菩薩の場合は、おそらく何も置かれていないのが「空の静室」であろうから、仏の画像がないので、心の中での観想を要求したのであろう。

繰り返すが、教団追放となる重罪の懺悔行法を具体的かつ明確に説いていることが、この経が僧たちにとりわけ重宝された理由の一つである。

この懺悔行法の後には、在家修行者が戒を犯さないための七科五事が説かれる。各科に五事で合計三五条の禁止事項からなる。第一科と第二科は業不犯戒性（ごうふぼんかいしょう）と呼ばれる。その内容は、例えば陀羅尼義を犯さない、方等経を誹謗しない、他人の過失を見ない、毎日朝昼夜の三時に地を塗り浄める、毎日に一回懺悔する、などである。これらは修行内容に直接関わる内容である。第三科から第七科の五事は、「業護戒境界（ごうごかいきょうがい）」であり、鬼神を祭祀する人と交際してはならない、破戒の比丘と交際してはならない、など、素行不良な人との付き合いから戒を破ってしまうことをあらかじめ防ぐ効果を考えて制定されたものである。そして、これら七科五事を護ることを、母が嬰児を護持することに喩えて強調している。

**e　不思議蓮華分**　これは経の流通分（るずうぶん）、すなわち、経の所説の護持と流布を弟子たちに託し委ねるところである。釈迦がいた祇陀林に巨大な宝蓮華が地面から出現し、幾重にも重なった花びらの一枚一枚に一仏がおり、みな「釈迦牟尼」という名であった。仏たちはそれぞれ無数の大衆に囲まれ、陀羅尼を説き、光明を放っていた。釈迦は花で諸仏を供養し、この経を誰に託すべきかを諸仏に尋ねる。すると集会にいた諸菩薩は、よくこの経を理解し修行するならば、私たちは彼らを守護し様々な利益を与えると答えた。

そこで諸仏は諸菩薩を称賛し、本経を受持し修行して本経の受持者を供養すれば、菩提を得ることができるとする。もし、いかなる者が先に菩提を得られるかなどと人が菩薩に質問すれば、この経を理解し修行する者であると答えなさいと述べ、この経や陀羅尼に出会えば、仏が近くにいることを知るべきであるとする。

そして、諸仏は諸菩薩に対し、おまえたちは未来世の妙童幢花（みょうどうどうけ）という国の王家に生まれ、出家修行して成仏し、釈迦牟尼と号するだろうと告げる。この時に宝蓮華は虚空中で大光明を放ち、そこから諸菩薩がほどなくして菩提を得、常楽我浄（じょうらくがじょう）という涅槃の境地を得るだろうと讃える妙声が発せられ、宝蓮華は忽然と姿を消す。

釈迦は五百人の弟子たちが驚き怪しむのを知って、この蓮華は陀羅尼の力によって現れまた消えたのであり、陀羅尼もまた蓮華と同様に幻や虚空の雲のごとく定まった相がないとする。

次に、釈迦は阿難に対しこの経を受持するよう命じる。釈迦はすでにこの経を三回説いており、一回目は衆生の病苦を救うため（救病）で、二回目は教えを護ること（護法）を、三回目は一切衆生を救い涅槃に至らせるために説いた。実はこれらはみな菩提のためで、阿難に自分の滅後もこの陀羅尼を受持して流布するように命じ、陀羅尼経だけでなく大小乗の経典も彼に委ねる。

ただし、十二夢王の様相は一度に全部説明してはだめで、少しずつしか説明してはならず、また、この陀羅尼を鬼やばけものに取り憑かれる病の治療のため用いてはならないことを説く。衆生が重大な禁戒を犯し、正法を誹謗し、聖人を害するなど重罪を犯した場合に、それを滅除するためにこそ、汝にこの経典を託すと説く。

以上この経の概要について、①序分で説かれる、授戒の前に行ずる半行半坐の七日行法、②授記分で説かれる、十法王子を供養し、現れた十仏の前での懺悔、それによる滅罪を説く行法、③夢行品で説かれる、十二夢王を夢で見ることを前提条件とし、経典供養を中心とし、諸仏や浄土の世界を見ることを目的とする七日行法、④護戒分で説かれる教団追放となる極重の罪を滅除するための一ヶ月以上の長期間にわたる懺悔行法という、四つの修行法を中心に説明してきた。それぞれ内容は異なるものの、いずれも夢の内容が行法を教授される前提となったり、行法が成就したことを示す証拠となったりして重視されている。

経の末尾に述べられるように、この経はまさに重罪の滅除を第一の目的として、陀羅尼の読誦と観想、懺悔を組み合わせた行法を具体的に説くものである。以下では、実際にこの経が用いられていたことを示す文献や文物資料を提示していこう。

## 僧伝に見える方等懺

本節冒頭において、北魏の敦煌における官営の写経場でこの経が書写されていたことを述べたが、北魏時代から初唐にかけてこの経が用いられていた痕跡は文献や石刻資料に数多く残されている。以下、なぜ方等懺が修されたかに注意しながら、僧伝に見える方等懺について、経典との関係を説明しよう。

**a　北魏の玄高**　方等懺を行じたという最初期の事例は、『高僧伝』巻一一・玄高伝に見える。玄高については金光明懺悔に関するところですでに言及した。北魏が北涼を占領し、多くの僧が北魏の都である代都（平城）にうつされたが、北涼の名僧玄高（～四四四）もその一人であった。僧正（そうじょう）の職に就いていた法達は、玄高をかねてから敬慕していたが、教えを受ける前に玄高が示寂したことを知って悲嘆し、連日食事もとらず、「玄高法師は変幻自在であるのになぜお姿を現してくださらないのか」と叫んでいた。すると、亡き玄高が再び空から現れ、罪業が重い法達に対して、方等懺により懺悔することを勧めたという。玄高の寂年は太平真君五年（四四四）である。これは北魏において重罪の懺悔に方等懺が用いられたことを示している。

**b　慧思・智顗・永陽王陳伯智（ちんはくち）**　天台宗でこの経典が重視されていることは既に述べたが、智顗（五三九～五九八）や智顗の師匠である慧思（五一五～五七七）がこの経に基づく方等懺を非常に重視し、なおかつ長期にわたり実践していたことがよく知られている。すなわち、智顗の弟子の灌頂（かんじょう）が撰した智顗の伝記『智者大師別伝（ちしゃだいしべつでん）』によれば、慧思は七年間も方等懺を修している。さらに慧思は、その臨終の際にも、「もし身命を惜しむことなく常に法華・般舟（はんじゅ）の念仏三昧、方等懺、常坐の苦行を修す者が十人いれば私は必要に随って供給し、必ず利益（りやく）を与えるであろう。もしいなければ、この世から遠くへ去ろう」と言ったという（『続高僧伝』巻一七・慧思伝）。智顗も衡州の大賢山で『法華経』『無量義経』『観普賢菩薩行法経』といういわゆる法華三部経を読誦し、二十日で習得した後、方等懺の修行に進み、清浄な心で行に勤しむと、勝相（瑞相。目に見えるかたちとなって現れた吉祥）が現れた。その勝相とは、「道場が広大で美しく荘厳されていたが、経典や仏像は縦横入り乱れて雑然としていた。自身は高座にあって、足は縄床（縄や籐を張って作った腰掛け）を踏み、口は法華を誦し、手で経典や仏像を正し整えた。」というものであった。これは、おそらく様々な経典の思想や仏が法華思想を中核として頭の中で整序されることを象徴したものではないだろうか。

方等懺を修したのは出家者だけではなかった。『智者大師別伝』によれば、この智顗を尊崇した陳の文帝の子である永陽王の陳伯智は、元来仏教を信仰していたが、智顗のいた地を管轄下におく地方官として赴任すると、ますます熱心に信仰した。智顗のいる会稽（現在の浙江省紹興市）に赴き、自ら七日間方等懺法を修した後、親類縁者とともに戒を授かった。昼は講義を聴き、夜は坐禅を習ったという。この戒はおそらく菩薩戒であると考えられる。このように在家者が自ら方等懺を修し、滅罪を行って身を清浄にしてから受戒したことは注意しておくべきであろう。

**c　彦琮・法純・徳美・空蔵**　この四人は隋または唐初に長安で方等懺を修していた高僧である。彦琮（五五七～六一〇）は名門である趙郡栢仁（河北省隆尭県西）の李氏の出である。若くして高貴な人物と交遊し、隋代に訳場に参じ、多数の新訳経典の序文を撰するなど大変活躍した。最初は、信都郡（河北省冀州市）の僧辺法師に弟子入りした。試しに七千字足らずの『須大拏経』を誦させると一日でできるようになり、さらに『大方等経』（おそらく『大方等陀羅尼経』を指す）を誦えさせると、また数日ですべて覚えてしまったという。

後のある日、地獄に入る夢を見て、経や仏名を念ずることで脱出できたが、様々な獄を見ると、自身とともに講義を行っていた名僧たちが様々な苦しみに苛まれており、その事情を詳しく彦琮に話した。彦琮は彼らに十善を説き、しばらくしてようやく目が醒めた。数年後、再び以前と同様の夢を見て、仏・菩薩の名を唱えることで免れることができた。隋の文帝は彦琮からこのことを詳しく聞いて、彼に文章にまとめて道俗に賜与し永久の戒めとさせるよう勅命を下したという。この後、彦琮は専ら罪業を思い、俗事を絶ち、講義・執筆などに意を用いることをやめ、方等懺を行じ、貧者や病人に物資を供与したという。

浄住寺の法純（五一九～六〇三）は俗姓祝氏、扶風郡始平県（現在の陝西省興平市東南）の人である。北周時代、都の長安の陟岵・天宮二寺に住したが、武帝による廃仏に遭い、内では法衣を身にまとい続け、外では俗服を着た。隋の文帝によって仏教の復興がなされると、最初に出家得度を許された百二十人のうちの一人に名を連ねることができた。得度後は都の大興善寺に住し、隋の文帝に請われ皇宮に入り戒を授けたが、厚遇されることを辞退し、本寺である浄住寺に戻った。身命の無常を嘆じて、手厚い供養を受けた罪障が消し難いと考え、四五年もの間、方等懺を修した。常に清浄な場所におり、『大方等陀羅尼経』の教えに基づき自らの過失を点検した。食事とトイレ以外は行を廃することがなかったという。行法中におきた霊験が以下のように語られる。

かつて道場において灯明を燃やし続けた。七夜経過した行法の最終日に、灯心に油を加えずとも、輝きがいつもの倍になった。法純はこれを特別なこととして、滅罪がなされたことの瑞相としたという。また、油をいれた甕が仏堂内に置いてあったが、忽然として消え去った。二晩を経た後、もとの場所に戻っており、油ももとどおり満たされていた。また、いつも夜の静かな時に説法教授の声が聞こえ、すばらしい香りが隙間から漏れだし、香気が外を衝いたが、近づいて見ると、何も見えなかった。識者はここが幽祇（冥界の神々）が集まる場所だからであるとした。

この法純の場合でも、奇瑞が現れることが滅罪の証明とされている。また、説法教授がなされるということに関しては、既に見たように、夢行分の七日行法において、他方世界からも様々な賢聖が集まってくることや、仏菩薩が説法することが説かれている。

次に、徳美（五七五～六三七）であるが、出自は清河臨清の王氏であり、十六歳で親元を去り、林野に諸師を訪ね求めた。十九歳で出家し、四分律を学び、開皇（五八一～六〇〇）の末年には、都の長安に往き、さらに太白山（陝西省郿県・太白県・周至県の境界にある山）に入り『仏名経』十二巻を誦し、懺悔を行う時は誦えかつ礼拝した。この地では、もと僧稠禅師の弟子でその後三階教の信行の弟子となっていた僧邕禅師に師事した。後に都に戻り慧雲寺に住し、信行の孫弟子にあたる静黙禅師に十年以上も師事した。唐初の武徳元年（六一八）に会昌寺が建立されると、召されて入住し、西院にて壮麗な懺悔堂を建て、衆生と共に悪業を断ずることを誓い、いつも礼拝懺悔を行い、身を浄め方等懺を行じた。具足戒を受けようとする者がいると、必ず先に方等懺によって身心を清浄にし、そうしてはじめて戒壇に登り授戒したという。またある時、身体を洗浴するのに用いる井戸が突然涸れてしまった時、徒衆たちが懺悔に必要な洗浴をできずに立ち止まっていると、徳美が香炉をとって井戸に臨み、ねんごろに祈りを捧げた。すると、すぐさま泉水が湧き出してきたという。『大方等陀羅尼経』の序分で説かれる七日行法では、第一に毎日朝昼夜の三度身体を洗浴することが説かれており、これは実際に方等懺において身体の洗浴がなされていたことを示す貴重な事例である。

また、同時期に会昌寺にいた空蔵（五六九〜六四二）も方等懺を行じている。『続高僧伝』巻二八・空蔵伝には、唐初に会昌寺に入住し、「夏分に常に方等懺法を行じ、賢劫千仏を毎日一遍礼拝した」（大正五〇・六八九下）とある。その場所が徳美の建てた懺悔堂であった可能性もある。

**d　慧瓚・道綽・智満・曇栄**　次に隋から唐初にかけて并州や潞州周辺、すなわち、現在の山西省の中部から南東部にて活躍した数人の僧をとりあげたい。まずとりあげるべきは慧瓚（五三六〜六〇七）である。慧瓚は浄土教の祖師である道綽が師事したことでも知られているが、他にも智満・志超・道亮・曇韻など多数の弟子を育成し、戒律や禅定の実践面で優れた僧として知られている。出自は滄州（現在の河北省滄州市）の王氏であり、三十歳にてようやく出家した。定州（現在の河北省定州市）の律講に参じた際、講義が財宝に関する戒に及んだところで、「このことはまさに現在行われており、にわかに禁ずるのは難しいが、いかがか」と述べた講師の説を軽蔑し、持っていた三百銭を投げ捨て、利得について終生口にしなかったという。北周の廃仏に遭うと南の陳朝に逃れ、諸師の講義を聴いた。隋になり仏教が復興すると、趙州（現在の河北省隆堯県）の西の封龍山にて徒侶を集め行を修した。律を主とし、大小乗の経や律を相互に議論し、徒衆は二百人にも及んだという。その後、西へと向かい、朔州・代州・并州・晋州（いずれも現在の山西省の北・中部）を遊歴し、声望を集めた。開皇十年（五九〇）隋の文帝の三男でかつて出家を志したほどの篤信の仏教徒である秦王の楊俊が并州総管に赴任すると、太原（現在の山西省太原市）の蒙山に開化寺を置き、慧瓚を招いて住まわせた。慧瓚はこの寺院で半月に一回布薩を行い、重い過失があれば方等懺によって懺悔させ、軽罪であれば律に従い処分したという。そして必ず経の所説に基づき、滅罪の証があるか検証した。慧瓚の場合もやはり重罪の懺悔に方等懺を用いている。

浄土教を宣揚した善導の師として知られる道綽（五六二～六四五）も晩年に慧瓚に師事し、その後浄土教に帰信した後も、方等懺・般舟三昧を毎年行じたという（『続高僧伝』巻二〇・道綽伝）。

次に、方等懺を授戒前に滅罪のために行じたという智満（五五一～六二八）の事例を紹介しよう。智満の出自は太原の賈氏である。七歳で出家し、成人して具足戒を受け、『涅槃経』などを学んだ後、上党（山西省南東部の長治市周辺）の石墨山に行き、徒衆を集め修行した。隋初のことである。菩薩戒を授ける時に、受者の地位や名声に忖度することなく、自ら至心に方等懺を修し、『大方等陀羅尼経』の記載どおり、夢に仏が摩頂し説法する瑞相が現れてはじめて授戒を行ったという。前に掲げた夢行分の七日行法の表を参照してもらえばわかるように、この行法の四日目には式仏が行者を摩頂し、七日目には釈迦仏と文殊菩薩が説法をすることが記載されている。

智満はその後、雁門川（山西省繁時県西）に行き前述の慧瓚に師事し、師に随って開化寺に住した。師が長安へ招聘された後は、同志五十人余りを率い嵐州（山西省嵐県）土安山に入り、変わらず修行生活を続けた。唐初には、高祖李淵に尊崇され供養を受け、太原の義興寺に入住し、三百人余りの僧を統率することとなった。この時代も夏安居（旧暦四月十六日から三ヶ月間一カ所にとどまり集団で生活し修行に専念すること）の時に方等懺を修しており、一巻（おそらく巻一）のみを用いる行法であったことが『続高僧伝』巻二四・曇選伝の記述からわかる。

次に曇栄（五五五〜六三九）の事例を見てみよう。曇栄の出自は定州九門の張氏である。十九歳で書生となったが、霊裕の『華厳経』講義を聴いたことが縁でその弟子となり、具足戒を受けて後は専ら律学を学んだ。四十歳になると西遊し、上党・潞城・黎城（いずれも山西省の東南部）の諸山において居を構え隠遁した。道俗が帰依してくると、広大な禅坊を建てた。隋末になり世が乱れると、戒をたもつことのできるものが少なくなった。そこで曇栄は経に基づいて罪業を洗除しようとして、毎年の春と夏に方等懺と般舟三昧を行じ、秋と冬には、坐禅と念誦の行を興した。晩年の貞観七年（六三三）には、在家信者の常凝保が曇栄を招請して、潞州の州治の法住寺にて方等懺を行じた。この寺の僧定という僧は戒行を堅持し精勤であった。七日行法の最終日である七月十四日になり、道場内にて大光明が現れるという奇瑞がおこった。ここで語られる奇瑞が興味深いので紹介しておこう。

> 五色の光がとぎれとぎれに放たれ、上から下へと照らした。光の中に七仏がいまし、その相好は常ならざる素晴らしい様子であった。仏は僧定に対し、「私は毘婆尸如来・無所著・至真・等正覚（過去七仏の第一）である。汝の罪が消えたのでここに来てそれを証明するのだ。だが汝の本師ではないので授記しない」と言った。このように六仏がみな同じ言葉を述べた。最後の一仏は、「わたしは汝の本師である釈迦牟尼である。汝の罪が消えたのでここに来て授記する。曇栄は汝の滅罪の良き縁者であり、賢劫中に普寧という名の仏となる。汝の身は清浄であり、後に仏となり、

普明と号するであろう」と言った。

これまでしばしば参照した夢行分の七日行法によれば、三日目から過去七仏が登場し、第四日には式仏（過去七仏の第二）が現れ、行者に授記する。そして、五日目に過去七仏の第三、六日目に第五がそれぞれ出現し、七日目に釈迦と文殊が現れる。しかし、この奇瑞の場合、七日に過去七仏が釈迦を含めすべて登場する。また、式仏ではなく、釈迦仏から授記を得た点も経の記載とは異なる。これはむしろ、授記分に説かれる、十法王子を供養する行法との関係もあると考えられる。この行法では、釈迦と七仏がともに現れる。また、曇定だけでなく曇栄にも賢劫中に成仏するとして授記されているのは、後述する、この経の賢劫千仏信仰とのつながりを示唆するものでもある。

曇栄については、『続高僧伝』曇栄伝の末尾に、その撰者である道宣が曇栄の生前住していた潞城（ろじょう）（現在の山西省潞城市）の地を訪ね、事情を知ったことが述べられている。道宣は貞観四年（六三〇）から山西や河北南部、河南北部への遊歴を開始し、貞観九年（六三五）七月末には太行山脈を越え、相州（現在の河北省臨漳県―河南省安陽市）に行き、日光寺の法礪（ほうれい）に師事したが、わずか一ヶ月余り、同年十月に法礪は示寂した。その後まもなく、貞観九年のうちには沁州（しんしゅう）（現在の山西省沁源県）に到着しているので、山西側から河北へと抜ける入口に位置する潞城を通ったのは、太行山脈を横切った貞観九年である可能性が高い。道宣は関係者から直接この話を聞いたのだろう。

以上、僧伝に見える方等懺の実践について見てきた。方等懺を日常的に長期間実践していた慧思や法純のような者もいるが、菩薩戒や具足戒などの受戒前に、罪を洗除するために七日行法が行われた事例

図2–4　龍門石窟蓮花洞（本尊の肩の高さの向かって右側にある四角の線で囲った部分が賢劫千仏像）

が散見される。また、重罪を犯した者がいた時に方等懺を用いたとする伝もある。さらに、滅罪の証として、経の説く内容とは若干異なりながらも、神秘的な体験が必要とされていたこともうかがえる。こうした懺悔の実践法と滅罪の証明方法を具体的に経文として記述していることが、この経が重視され、経に基づく方等懺が広範に流通した理由であろう。

## 石刻と『大方等陀羅尼経』

文献資料だけでなく、石刻資料にも『大方等陀羅尼経』に関するものが見られる。仏教石刻は南朝に少なく北朝に偏っており、以下の三件すべてが北朝のものである。

**a　龍門石窟蓮花洞（北魏時代）**　北魏の龍門石窟蓮花洞（図2–4）の造像記（図2–5）には、中明寺の比丘尼たちがこの経典に基づき行道し、さらに千仏を造ったという事例が見える。銘文には以下のように書かれている。

中明寺比丘尼の道暢（どうちょう）・道積（どうしゃく）・道保が、方等（『大方等陀羅尼経』）に依拠して行道し、賢劫千仏（過

図2-5　賢劫千仏像記拓本

去・現在・未来の劫の三千仏のうち、現在の劫の千仏）を造ることを願った。檀越の司空公皇甫度・陳夫・□夫・貴華夫人・柳夫人・諸貴人たち・北海王妃の樊氏は仰いで皇帝陛下・皇太后・曠劫の諸師・七世の父（母）・所生の父母・現在の眷属・十方法界における六道の衆生が生まれ変わった先において賢劫の千仏に侍し、菩提心を発し、弥勒仏が〔未来に兜率天からこの世に下生して最初に行う〕三回の説法会のうち、第一回に参加し、みなが時を同じくして成仏できますように。大魏の孝昌元年（五二五）八月十三日に完成した。

この造像記は孝昌元年（五二五）の紀年を有し、銘文から中明寺の比丘尼が発願し、司空皇甫度や北海王妃の樊氏などの高貴な女性達が檀越（施主）となった造像であることがわかる。孝昌元年はちょうど一時期幽閉されていた霊太后が政権を再び奪回し実権を掌握した年で、霊太后の母の弟にあたる皇甫度もこの年に司空公昇進を果たした。皇甫度は同じく皇甫公窟の造営も行っている。また、この時期の北海王は龍門二十品の一つ

「北海王元詳造像記」でも有名な北海王元詳の子、元顥(げんこう)である。北海王元詳はその母高氏とともに造像記にしばしば見える名であり、龍門石窟の北魏窟を代表する古陽洞の開鑿にあたって資金的にかなり貢献したと思われる人物である。この造像記によって、子の世代も仏教を信仰していたことがうかがえる。

歴史的背景を簡単に紹介したところで、本題である銘文と方等懺との関わりについて検討したい。方等に依拠して行道（原文は「依方等行道」）というのは、前述した『大方等陀羅尼経』に説かれる四つの行法のうちの第一、すなわち、仏像のまわりを巡ること（行道）と、坐禅とを繰り返す懺悔行（方等懺）を修したことを指すだろう。

方等懺の実践と賢劫千仏の造像とはいかなる関係にあるのだろうか。既に述べたように、経では、賢劫千仏は過去世において宝栴檀王（のちの世に東方世界の宝王仏となる）の諸子であり、「治世暴悪で律行に順わざる」素行の悪い者達であった。諸子は宝栴檀王とその弟の林果の計らいにより、諸仏から妙戒を受けた。そして、妙戒を授かったことで後の世で成仏し、賢劫の千仏となったとしている。また、『続高僧伝』巻二八空蔵伝にも「夏分に常に方等懺法を行じ、賢劫千仏を毎日一遍礼拝した」（大正五〇・六八九下）とあり、この資料からも方等懺と賢劫千仏とが深い関係にあることをうかがうことができる。すなわちこの造像記は、北魏王侯貴族の女性と親交のあった比丘尼たちの間で方等懺法が実際に行われ、それが賢劫千仏信仰と結びついていたことを示している。多くの仏がいるということはそれだけ自分たちの成仏の可能性も考えられることになり、その中の一仏に自分を重ねあわせることもできたであろう。

**b　北斉時代の十法王子刻銘造像**　山東省の臨朐(りんく)山旺古生物化石博物館には、一九八四年に臨朐県大

図2-7　十法王子刻銘造像の左脇侍菩薩

図2-6　十法王子刻銘造像の右脇侍菩薩

関鎮上寺院村の明道寺舎利塔地下宮から出土した北魏から隋代までの造像合計三百尊余り、千件余りの残片が所蔵されている。このうちの一件に、『大方等陀羅尼経』授記分に十法王子の名が刻まれた背光式一仏二菩薩像がある。惜しくも破壊されて主尊部分はほぼ欠損し、両脇侍菩薩像のみが現存している（図2-6、2-7）。

十法王子の刻銘はこの造像の両側面に刻まれている。現在確認できるのは、八名である（うち、二名は「法王子」の部分のみ確認できる）。そのうち、背面と側面の一部には『妙法蓮華経』冒頭の耆闍崛山（霊鷲山）の釈迦の法会に参じていた「畢陵伽婆蹉」などの阿羅漢たちの名が刻まれる。おそらく主尊にあたる部分の背面には釈迦仏が線刻され、霊鷲山にお

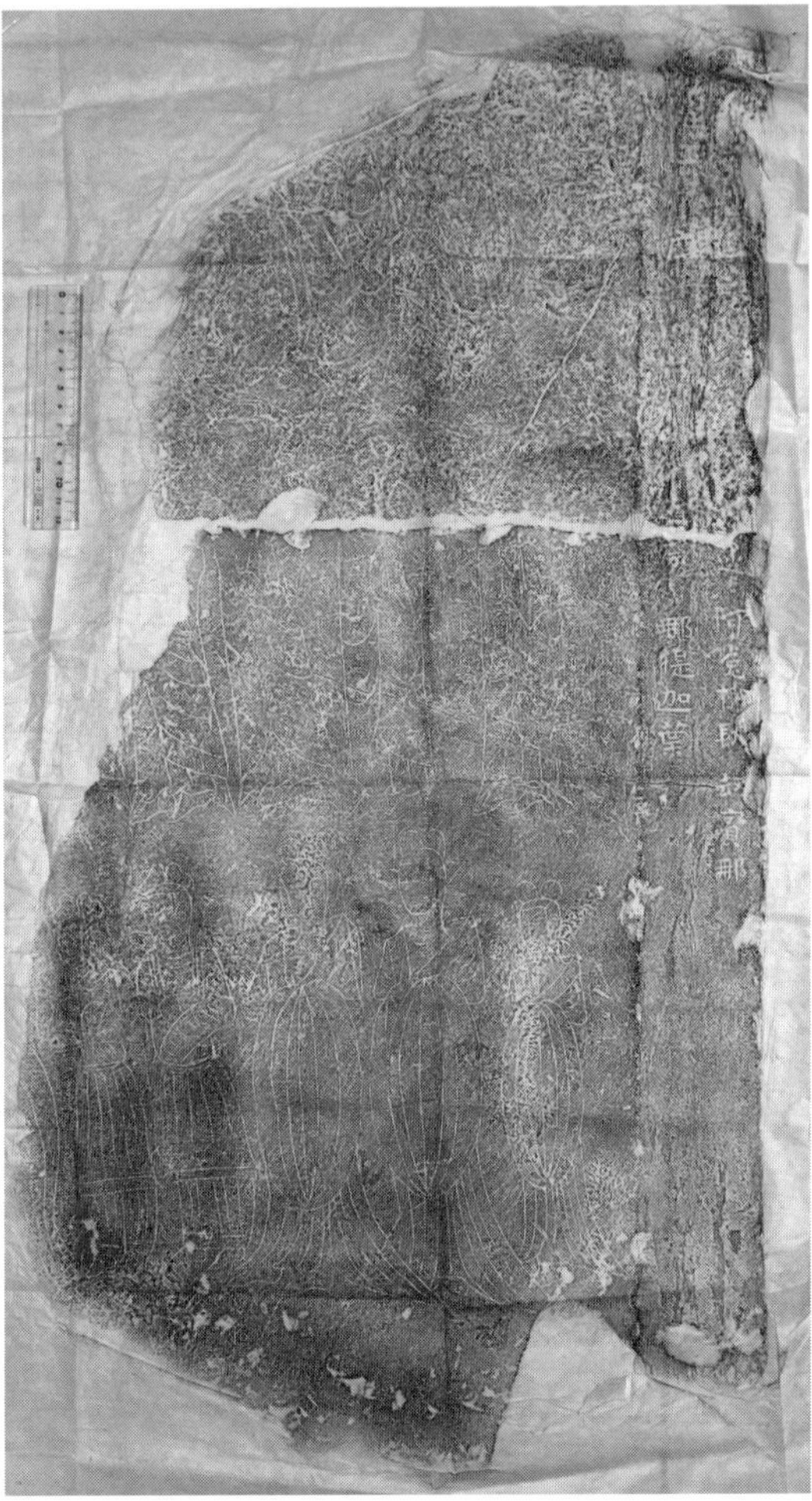

図 2–8　右脇侍菩薩像背面及び右側面拓本

ける釈迦説法の場面を表現していたことであろう。『大方等陀羅尼経』の授記分では「南無釈迦牟尼仏」につづいて「南無文殊師利法王子」以下、十法王子がつづき、釈迦と十法王子は深い繫がりを有するのである。また左脇侍菩薩背面の下部に俗人の供養者の線刻が見える点も注意が必要である。おそらくこの像を供養した者たちが釈迦の説法の場に参加し仏説を聴いている場面を表し、十法王子を説法の場の守護者として其の名を刻んだのであろう。

図2-9　左脇侍菩薩像背面及び左側面拓本

**c　北斉乾明元年（五六〇）の十二夢王刻石**　山西省の南東部に位置する青蓮寺は、他に類例を見ない線刻図像が描かれた石を所蔵しており、それが『大方等陀羅尼経』（以下『陀羅尼経』と略）の十二夢王に基づくものであることが明らかにされた。現在は晋城市博物館に所蔵される。十二夢王とは、華聚菩薩が陀羅尼によって十二人の魔王を降伏し、彼らを十二人の護法の神王としたもので、行者が夢の中でこの神王に関わる図像を見れば、この経に基づく七日の懺悔行法を授けられるというものである。この画像はこれまで類例が発見されておらず、非常に貴重な資料であると言えよう。

この石は幅四六～四六・五、奥行き四十～四三、高さ二九～三二センチメートルで方形の台座のような形状をしている（図2-10）。上部は完存しているが、下部の損傷が激しい。劉建軍氏は、もともと石

図2-10　曇始造像基座

塔の塔身一層の主体部分であっただろうと推測する。正面には亀趺を有する浮彫の碑形が浮彫されており、碑首の形状は龍が交差する形をとる螭首であるが、その中央には龕を刻み、禅定印の坐仏が配される。碑身には願文が刻まれる。この浮彫碑の両側には台座に立つ二比丘が浮彫される。このように、方形の台座の形状をした石に碑を浮彫するものは珍しい。両側面には後述する十二夢王の浅浮彫と供養者の線刻、背面には十二夢王の浅浮彫がある。（図2-11、図2-12、図2-13）正面（南面）の浮彫碑に刻まれた願文には、以下のようにある。

> 大斉の乾明元年（五六〇）、庚辰の歳、二月癸未朔、八日庚寅、蔵陰山寺の比丘曇始が道俗五十人とともに、つつしんで龍華像一躯を造り、いま完成することができた。仰ぎ願わくは皇帝陛〔下〕・師僧・父母・法界衆生がともに薩婆若海（海のように広大な一切智）に入らんことを。

この銘記にある龍華像とは一体何を指すであろうか。龍華といえば、遠い未来世に兜率天上の弥勒菩薩がこの娑婆世界に下生し、龍華樹の下で成仏し、三回の大説法会を行い、無数の人を救済するという話を想起する。ただし、北朝造像記には、「一千五百龍華像を造る」や「龍華四面龕像」を造るといった事例があり、四面に龕を開き、各面に弥勒像を含めた仏像を造った石塔のようなものであった可能性も考えておきたい。

図 2-11　十二夢王石刻右側面拓

この石刻で重要なのは、両側面と背面に『大方等陀羅尼経』十二夢王に基づく線刻画像と榜題が刻まれている点である。右側面の手前から順に時計回りに石の上層に刻まれている。この内容については、劉建軍氏による解説があるが（劉二〇一六）、筆者と見解の相違もあるので経典の内容（大正二一・六五二上中）を【経】、画像を【画】として解説していこう。

①【経】善男子・善女人が夢の中において、神通力を修し、繒幡（絹のはたぼこ）や天蓋を飛ばし、この者の後ろに随わせることができている（のを見たならば）、このような相を見れば、それは「袒茶羅」である。

【画】第一の夢王の画像は右側面上層に刻まれる。榜題には「袒茶」と刻まれ、飛天の下方に繒幡を持つ人物がおり、その人物の前方に幡が伸び、浮き上がり飛んでいる様子が表現される。劉氏はこの前方に伸びる幡を細い雲とみなしている。おそらく飛天のように見えるのが神通力によって飛翔している十二夢王（神王）の一人「祖荼〈羅〉」であり、下方後ろで幡を持っている人物はその神通力によって化現したのであろう。

②【経】善男子・善女人が夢の中において、〈仏の〉形像・舎利塔廟・僧衆たちの集まりを見たならば、このような相を見れば、それは「斤提羅（きんだいら）」である。

【画】榜題は「斤提」。屋殿内の蓮華座に結跏趺坐（けっかふざ）し、頭光と身光を有する仏坐像が画かれる。屋殿の前方にハの字型に僧が各三人ずつ坐す。舎利は見当たらない。

③【経】善男子・善女人が、夢の中において国王大臣が浄衣を着て白馬に一人乗っているのを見たならば、このような相を見れば、それは「茂持羅（もじら）」である。

【画】榜題は「茂持羅」。漢服を着た高貴な人物が、左前足と左後足をあげて動く様子を表現する馬に跨がる。馬の左後ろに幡蓋を持つ侍者がいる。

④【経】善男子・善女人が、夢の中において象に乗って大きな河を渡る姿を見たならば、このような相を見れば、それは「乾基羅（けんきら）」である。

【画】榜題は「乾基羅」。宝冠を戴き、天衣を身につける神王が六牙の象に跨がる。この神王が「乾基羅」である。河が表現されているのかは不明である。

⑤【経】善男子・善女人が夢の中において、駱駝（らくだ）に乗って高山を登っていく姿を見たならば、このような相を見れば、それは「多林羅（たりんら）」である。

【画】ここから台座の背面になる。榜題は「多林羅」。宝冠を戴き天衣を身につける神王がラクダに乗り進む様子を表す。その前には樹木、その後ろには高山が表現され、山中であることを表す。
⑥【経】比丘がこの行法を求め、夢の中において高座に上がり般若経を読誦する〈のを見たならば〉、このような相を見れば、それは「波林羅」である。

図 2-12　十二夢王石刻背面拓

【画】榜題は「波林羅」。僧が高座の上で経架を前に坐している様子が表現される。経を読誦している場面であろう。
⑦【経】比丘が夢の中において、一本の樹木の下にやって来て、戒壇にのぼり具足戒を受ける〈のを見たならば〉、このような相を見れば、それは「檀林羅」である。
【画】これに対応する榜題や画像はない。おそらく俗人である供養者たちにとって具足戒は関係ないので省略されたのであろう。
⑧【経】比丘が夢の中において、坐仏の形像が僧たちを召請し「供具」（供養の品物）を設けてもらう〈のを見たならば〉、このような相を見れば、それは「禅多林羅」である。
【画】榜題は「禅多林羅」。僧祇支の上に偏袒右肩の袈裟を着け、こちらに背を向けた僧と、双領下垂式の袈裟をつけた僧五人が向かい合って座る。背を向けた僧が「坐仏形像」である。五人の僧の方には大きな蓮華が伸びており、これが「供具」で

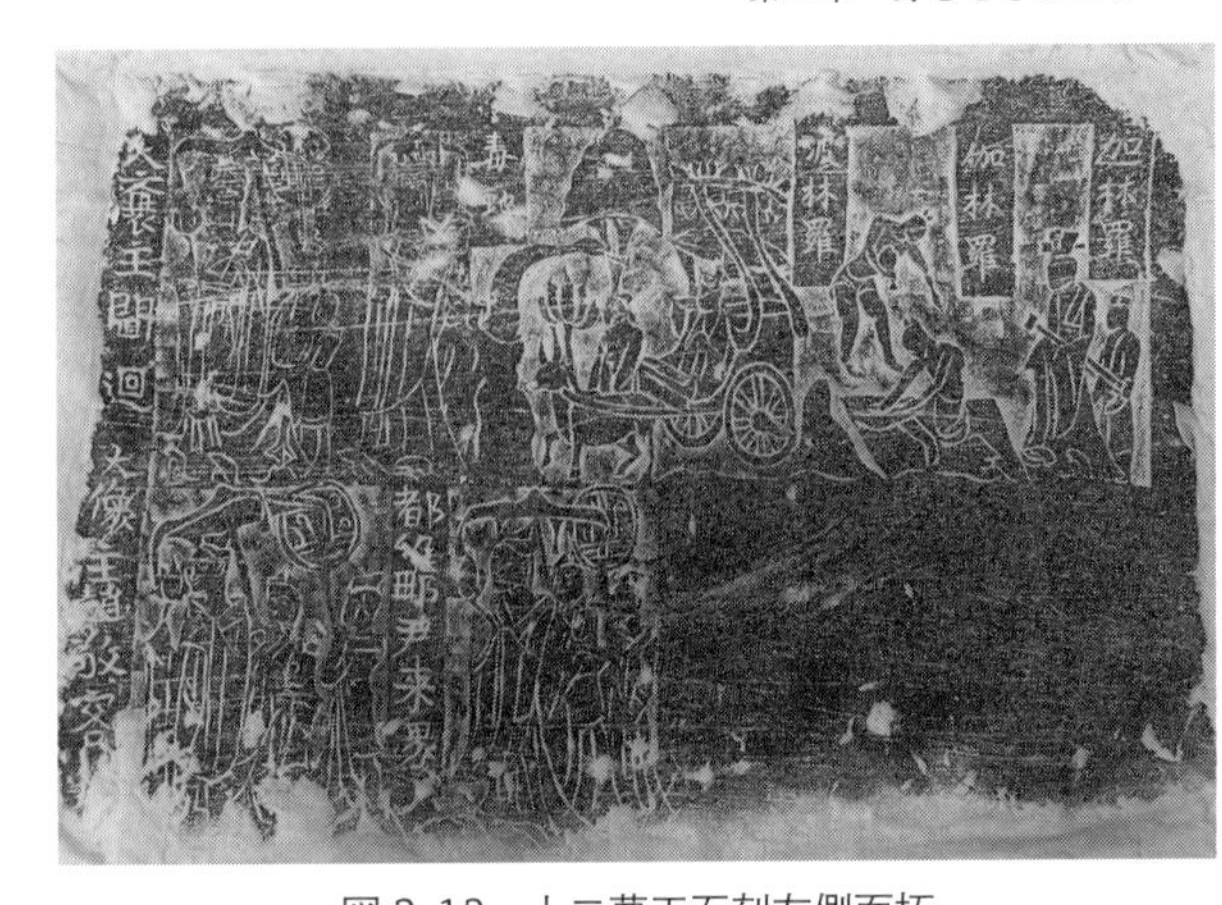

図 2-13　十二夢王石刻左側面拓

あろう。五人の僧は、釈迦が五人の出家修行者に説法した初転法輪を象徴したものかもしれない。

⑨【経】比丘が夢の中において、一本の樹木が華と果実を繁茂させており、その樹木の下にて禅定三昧に入っているのを見たならば、このような相を見れば、それは「窮伽林羅」である。

【画】榜題は「窮伽林羅」。樹林の龕窟のなかで禅定僧が覆頭衣を被り禅定している。

⑩【経】大王が夢の中において、刀剣を帯びる四方へ遊行する〔のを見たならば〕、このような相を見れば、それは「迦林羅」である。

【画】ここからは左側面である。榜題は「迦林羅」。高冠を戴き漢服をまとい剣を左腰に帯び笏頭履（先端が笏のように立ち上がった靴）をはいた高貴な人物が侍従の者を後ろに従える。

⑪【経】大臣が夢の中において、人々が水瓶を持って身体を洗浴し、種々の香をふりかけ浄衣を着るのを見たならば、このような相を見れば、それは「窮伽林羅」である。

【画】榜題は「伽林羅」。方形の浴池の中で人が腰までつかり沐浴し、両手を前に伸ばし足を洗っている。その池の奥側には、別の人が下着だけをつけて立っており、身体を少し池の方に傾けて細長い首の水瓶を右手で逆さに持ち水を沐浴している人に注いでいる。

⑫【経】夫人が夢の中において羊車に乗り、深い水中に入り、その水の中に毒蛇たちがいる〔のを見たならば〕、このような相を見れば、それが「波林羅（はりんら）」である。

【画】榜題は「波林羅」。御者がひく屋根つきの羊車に漢服の女性が乗る。下方には水波の線がある。羊の上方には蛇が首を伸ばして舌を出す。その上部に「毒蛇」という榜題がある。また、御者の上方に樹木、前方に蓮華が描かれる。

以上、十二夢王の画像について説明してきたが、全体的には大変簡素に描かれており、形式化されている。よく知られているように、東魏・北斉王朝においては、仏像の台座にいわゆる十神王（樹神王・風神王など）を浅浮彫で描くことが流行しており、十二夢王は神王であるので、これら図像の影響も強く受けたことと思われる。

次に供養者について見ると、供養者の画像は左右両側面の正面側に近い方に上・下層の二層に分かれて描かれており、傘蓋や羽扇（うせん）をさしかける侍者を従え、蓮華を捧げ持つ先頭の供養者の傍に題記がある。左側面上層に「大斎主閻廻」、下層に「大像主趙敬容」「都維那尹来男」、右側面上層に「大斎主薛定周」、下層に「罷像主王女貴」と合計五人である。「罷像主」はおそらく「碑像主」であろう。願文に五十人とあるが、それに対し刻まれた供養者の数は少なすぎる。前述したごとく、この石の下面は損傷が激しいので、現存する石の下にもさらに石があり、そこに「邑子」などの肩書を持つ供養者名が刻まれていたものと推測される。「大像主」「都維那」「大斎主」といった肩書からもこの集団は北朝時代において造像・斎会などを行った宗教結社と考えてよいだろう。

また、「大斎主」の二人が、「大像主」をさしおいて、上層に配置されていることについても注意しておきたい。というのは、造像銘では「像主」が「斎主」よりも顕要な位置に配置されるのが通例であり、「斎主」が「像主」よりも上の位置にくることは少ないからである。これは、この石刻造像における「斎」の重要性を示唆するものと言えよう。『大方等陀羅尼経』の経中にも七日間の懺悔行法について「七日長斎」という語を用いており、陳の文帝も「方等陀羅尼斎懺文」を撰している。「大斎主」という肩書の存在は、この宗教結社が方等懺を修していたことを示していると言えよう。

以上、『大方等陀羅尼経』と方等懺について経典の概要を行法を中心に解説し、方等懺の南北朝から唐初にかけて広範な地域において実践されていたことを述べてきた。この行を日常的に修していた僧もいるが、やはり、重罪を滅除するため、あるいは授戒の前に身心を清浄にするために、この経典に基づく懺悔行がよく用いられていたのである。

## 第七節　『涅槃経』――阿闍世王の懺悔

### 『阿闍世王経』の阿闍世王

『金光明経』の訳者である曇無讖が訳した経典のうち、最も有名であるのが四十巻本『大般涅槃経』である。そして、この経典で最も印象深いのが、父殺しの罪に苦しむ阿闍世王が釈迦の前で懺悔する場面である。次章で言及する『観無量寿経』にも父母を牢獄に幽閉する悪人として登場する阿闍世王であるが、阿闍世が救済される説話は、伝承では後漢の支婁迦讖訳とされる『阿闍世王経』にすでに見える。この経典では、大乗仏教の重要な教理である空の真理を文殊が様々に説き、阿闍世がそれを聞いて、罪性の空であることを悟り救済される。その象徴的なエピソードを要約してここに紹介しておこう。

　ある時、父を殺した罪に悩む阿闍世王が釈迦のもとを訪れ救いを求めると、仏は阿闍世を救えるのは自身と文殊菩薩だけであると知り、阿闍世王に文殊を食事に招待するようにしむける。食事が終わると文殊は阿闍世に仏教の真理を説いた。文殊の説法を聞き終えた王が文殊に高価な衣をかけようとしたとき、文殊の姿が消えてしまった。同様に菩薩や比丘、夫人に衣をかけようとしたが次々に消え、最後には誰も見えなくなった。そこで、王は三昧に入り、物質がすべて見えなくなったが、想念は少し残っていた。すると、「いま見えているのと同様に自分の不安を見よ。いま見えているのは、視る対象がないものを視ているとみなすべきで、視る対象がない存在を視ているとみなすべきである。見えているところに衣を与えよ」という声がした。そこで、自分に衣を着せようとすると、自分の体が見えなくなり、心・意識・想念もなくなった。ここで王が三昧から出ると、菩薩や比丘など群衆が元どおりに見えた。そこで文殊との問答で自身の不安もさきほどの群衆と同様であり、あらゆる存在が空であることを悟り、無我の真理を知ることにより、罪を犯す者も罪を受ける者もいないと確信するに至った。文殊が菩薩・比丘・阿闍世らとともに仏のもとに戻ってくると、舎利弗は仏に対し、阿闍世は地獄におちるかどうか尋ねた。仏はそれに対し、阿闍世は地獄におちるが、そこでは苦痛を感じず、その後に天に生まれると答えた。そして阿闍世は過去世において、最初に文殊に導かれて悟りへの心をおこし、七三億の仏を供養し、教えを聴いたのであり、未来に成仏すると予言した。

以上の『阿闍世王経』では、空の真理の悟りによる阿闍世王の罪の軽減が主題であった。この他にも、阿闍世王の懺悔を説くものが有る。例えば、竺曇無蘭訳『寂志果経』（『長阿含経』沙門果経の異訳、大正一・二七五下）では、阿闍世王が座より起ち仏の御足に礼拝して悔過し「願わくは世尊よ、私の罪を許したまえ」と嘆願している。また、部派の一つ大衆部の律である仏駄跋陀羅・法顕訳『摩訶僧祇律』巻一二にも「その時、韋提希の子である阿闍世王は王である父を殺したことを深く愁い、毎日三回世尊のもとへ行き懺悔した。」（大正二二・三二九中）とある。

## 『涅槃経』の阿闍世王

先述したように阿闍世の懺悔を最も人の心をとらえるストーリーとして説くのが『大般涅槃経』であろう。この『涅槃経』は中国仏教に仏性思想や肉食禁止などの大乗戒の面で極めて大きな影響を与え、日本にもその影響が及んだ。大乗の『涅槃経』が中国にもたらされたのは五世紀はじめであり、東晋の法顕によって六巻本の『大般泥洹経』が義熙十四年（四一八）に建康にて翻訳された。北涼の曇無讖はこれに欠けていた部分を補い、玄始十年（四二一）、姑臧にて四十巻本『大般涅槃経』として訳出した（北本）。この北本が元嘉七年（四三〇）か八年に江南にもたらされ、謝霊運が広州にて処刑される元嘉十年（四三三）までに、慧厳・慧観・謝霊運によって三六巻本（南本）に修治された（船山二〇一九b）。

この経は一切衆生がみな仏性を有しているという「一切衆生悉有仏性」説を主張しているとされたことで有名であるが、特に問題となったのが、仏法を誹謗するなどの重大な悪事を働いた一闡提という極悪人も成仏するのか否かという点である。そして、父殺しという五逆の重罪を犯した阿闍世王が釈迦に懺悔する説話とも関わる。梵行品に見えるこの説話の概要を説明してみよう。

王舎城の阿闍世王は好んで殺戮を行い、現世の欲望を貪り、専ら悪人を取り巻きとし、提婆達多のことばにそそのかされ、ついに父である無辜の王を殺すという五逆罪を犯してしまった。このため、身体じゅうに潰瘍ができ、悪臭を放った。かつて五逆罪を犯した者は必ず地獄に堕ちると智者から聞いていた王は、地獄の悪報を受ける日が近いと悟り、深い愁いを懐いた。

大臣たちは六師外道などを頼って病苦を治癒することをすすめたが、最後に耆婆という名医が王に安眠できているか尋ねた。すると王は、自分は今重い病いにかかり、父である王を害して死なせてしまい、かつて智者が「身・口・意の行いが不浄である者は必ず地獄に堕ちる」というのを聞いており、どうして安眠できようと答えた。それに対し耆婆は、王が心に深く悔いて慙愧の気持ちを懐いたとほめたたえ、諸仏世尊が常に述べる言葉として懺悔について以下のように説明する。

> 衆生を救う二つの善なる方法があります。一つは慚であり、第二は愧です。慚とは、自ら罪を犯さないこと、愧とは他人に罪を犯させないことです。慚とは内面に自ら羞恥することで、愧とは人に対し自分の罪をあらわにすることです。慚とは他人に羞じ、愧とは天に羞じることです。慚愧の気持ちが無い者は、人ではなく畜生です。慚愧があるので父母や師・年上を敬うことができるのです。慚愧があるので父母・兄弟・姉妹がいると言うのです。（大正一二・四七七中）

さらに耆婆は、自身が聞いた仏説として、懺悔と覆蔵（罪を隠すこと）について説明する。

「智者には二種類の人がいる。諸悪事をしない者と悪事をしてしまい懺悔する者である。愚者にも二種類いる。罪を犯す者と悪事を働き罪を隠す者である。悪事をしてしまっても、それをあらわにして、悔い改めて慚愧し、二度としなければ、あたかも濁った水に明珠を置けば珠の力で水がただちに清らかとなり、霞と雲が除かれれば月が明るく澄んだ状態になるように、懺悔すれば罪が清らかになる。」と聞いております。王がもし懺悔して慚愧を懐かれましたら、罪はただちに滅除し、もとどおり清浄になります。（中略）もし罪を覆い隠せば、罪は増長し、罪をあらわにして慚愧すれば罪は消滅します。このため諸仏は「智者は罪を覆い隠さない」とおっしゃるのです。（大正一二・四七七中下）

以上のように耆婆は、罪をあらわにして懺悔すれば罪が滅除されることを仏説と説き、釈迦に見えることができれば、あらゆる重罪は滅除されると述べた。しかし、王は自分が穢れているので自らを蔑み、釈迦のもとへ行く気持ちは全くなかった。

その時、虚空から声がして、「釈尊がまさに涅槃に入ろうとしている。もし釈尊が世を去ったなら王の重罪を治す者はいないだろう。お前はすでに阿鼻地獄に堕ちる極めて重い罪業を有している。阿鼻地獄の阿鼻は無間のことで、少しの楽もなくあらゆる苦を受け、鉄の垣根や網でおおわれ、上下から猛火で焼かれる。速やかに釈尊のもとに行け」という言葉が聞こえた。王はこの言葉を聞いて恐れおののき、声の主は誰かと尋ねると、お前の父のビンビサーラであると答えがあった。これを聞いて阿闍世王は悶絶し地に倒れ、潰瘍はますますひどくなった。

　その時、釈迦は阿闍世が地に倒れるのを見て、阿闍世王のために世にとどまり涅槃には入らないと述べ、その理由として、阿闍世が私のことを必ず涅槃に入ると思っているからだと述べる。そして阿闍世王のためというのは、一切の凡夫のためということであると述べる。釈迦は月愛三昧（がつあいざんまい）に入り大光明を放ち、阿闍世の身体を照らすと、身体の潰瘍はただちに治った。そこで耆婆（ぎば）は王に対し、この光は釈迦が王のために放ったもので、釈迦は極悪の一闡提に対しても説法するので、王も釈迦のもとに速やかに行くように促した。

　そこで王は娑羅双樹（さらそうじゅ）のところにいる釈迦のもとに赴いた。釈迦が「王よ」「阿闍世王よ」と呼びかけると、自分のような悪逆人に釈迦がお会いしてくれるはずはないと考えてしまう猜疑心がなくなった。その時に釈迦は王に対し、凡夫が常に心にかけて自身を観ずる二十事を教示し、これを観ずることがないのであらゆる罪悪を犯すのだと述べた。しかし、王は釈迦に対して、私の罪は重いので二十事を観じても観じなくても必ず阿鼻地獄に堕ちると述べた。

　すると釈迦は、一切法に「必ず」という定まった相はなく、阿闍世の犯した罪も様々な因縁によるもので、色（視覚によってとらえられたもの）から識（識別作用）にいたるまで無常・苦・空・無我であることを説き示した。王も説かれたとおりに観察し、あらゆる存在が無常・苦・空・無我であることを知った。もし仏に会えなければ阿鼻地獄に堕ちていただろうとして、仏に見え（まみえ）た功徳によって衆生の一切の煩悩や悪心を破壊しようと宣言し、釈迦に対し「もし私が衆生の悪心をしかと破壊できるならば、たとえ自分が常に阿鼻地獄にいて衆生の為に大いなる苦悩を受けても苦とは思いません」と誓った。すると、マガダ国の人民はみな菩提心をおこし、このために阿闍世王の重罪は軽微になった。

　以上が阿闍世王の懺悔の概要である。『涅槃経』は、釈迦による丁寧な導きを通じて、五逆罪という阿鼻地獄に堕ちる大罪であっても、懺悔して罪が無常・苦・空・無我であることを観察し、衆生に菩提心をおこさせる誓願を行うことによりその罪が軽減されることを、阿闍世王の心理の精巧な描写を通じて主張したのである。ここでも懺悔が誓願と一体となっていることがわかる。

　ところで、阿闍世王の懺悔が中国や日本の仏教で重視されたのは、彼が国王であることが大きく影響している。中国には、民衆の罪を皇帝が一手に引き受けるという思想が仏教伝来以前から存在していた。『論語』堯曰篇には、「万方罪あらば、罪は朕が躬に在らん。」とある。劉宋の孝武帝（在位四五三―四六四）が菩薩五法（「懺悔」「勧請」「随喜」「廻向」「発願」の五悔をさす）の儀礼によって懺悔を行ったとき、皇帝は「朕にいかなる罪があって懺悔するのか」と質問した。それに対し、この儀礼の唱導の役を担当していた曇宗は、「殷の湯王、周の武王も万民の罪はすべて私一人の責任であると申しました。聖王が罪咎を我が身に引きかぶるのは、思うに世の中の規範となろうとしてのことなのです。陛下は徳は過去の世の帝王を凌ぎ、虞舜や殷の湯王にも肩を並べるほどの聖王であらせられる。道を履み行い公正を思念することにおいて、どうして一人だけ異なってよいものでしょうか。」（吉川・船山二〇一〇b、三七一）と答え、帝はこれを聞き大喜びしたという。後述する『大通方広経』は、この阿闍世王の懺悔をモデルとして懺悔儀礼を作成しているところがある。

## 一闡提の懺悔

もう一つ『涅槃経』の大きなテーマは、一闡提（いっせんだい）とよばれる極悪人がいかに救済されるかという問題である。曇無讖訳『涅槃経』の前十巻に相当する、東晋の法顕が訳した六巻『泥洹経（ないおんきょう）』の段階では、一闡提は救済対象から外されているというのが一般的な理解であったが、竺道生が一闡提も成仏できることを主張し、激しい論争となった。のちに曇無讖訳の四十巻本『涅槃経』が江南にもたらされ、竺道生の説が正しかったことが証明されたというのは有名な逸話である。いかにして一闡提が救済されるかについては、梵行品に以下のように説かれる。

大王よ、一闡提の輩は二種に区別できる。一は現在善根を得られる者、二は後世に善根を得る者である。如来は一闡提のうち現在において善根を得ることができる者がわかるので、彼らに法を説く。後世に得る者にも法を説く。今は益がなくても後世の因となるのである。このため如来は一闡提のために法の要点を演説するのである。一闡提にはまた二種がある。一は利根、二は中根である。利根の人は現在世において善根を得ることができる。中根の人は後世に得る。諸仏世尊は空しく法を説くことはない。大王よ、たとえば浄人（寺院にて雑用に従事する非出家者）が厠（かわや）に落ち、善知識がいてこれを見て愍（あわ）れみ、髪をつかんで救出するようなものである。諸仏如来もまたこのようである。衆生たちが三悪道（地獄・餓鬼・畜生）に堕ちるのを見て、方便によって救済し、脱出させる。これゆえ如来は一闡提の為に法を演説するのである。（大正一二・四八二中）

ここでの厠は三悪道、とりわけ地獄の喩えである。すなわち、如来は地獄におちるような一闡提についても、救済するのである。いかに救済するかと言えば、以下のように説かれる。

　善男子よ、たとえば父母の愛する子が亡くなれば、父母は嘆き悲しみ自分もともに死のうと願うようなものである。（中略）この一闡提が苦を受ける時、わずかでも悔い改めの心を生ずれば、わたし（仏）は彼らに種種の法を説き、わずかな善根を生じさせることができるであろう。（大正一二・七〇一中）

つまり地獄に堕ちて苦しみを受け悔恨の念が生じた時をみはからい、仏が説法して救済するのである。それでは、仏滅後の衆生はいかにして救済されるか。この問題に回答を与えたのが次に紹介する『大通方広経』である。

## 第八節　『大通方広経』の懺悔儀礼——三宝名号の称名礼拝による一闡提の懺悔

### 経の概要

南朝梁の初期に荊州・襄陽地方で撰述された偽経『大通方広経』は、上記『涅槃経』の一闡提の成仏に関する問題において、より具体的に地獄に堕ちるべき一闡提が救済されるための方法を提示した。経の名は正式には『大通方広懺悔滅罪荘厳成仏経』、別名『方広滅罪成仏経』ともいう。この経典は、仏名（仏宝）・十二部経名（法宝）・菩薩名（僧宝）を列挙し、仏・法・僧三宝の名号の称名礼拝による懺悔を説く全三巻の経典である。梁の初期に世に現れると、すぐさま北朝にも伝わり流行した。しかし、隋の法経らが勅命を受け編纂した『衆経目録』では「衆経疑惑」部に編入され、唐の道宣も『大唐内典録』において偽経と判断した。武周時代の『大周刊定衆経目録』でも「偽経目録」に編入され、偽経とする評価が定着した。しかし、唐代までは民間でかなり流通していたようである。敦煌写経には残片をあわせると百件を超え（同一写経の断片も含まれる）、莫高窟においても、隋から初唐の初唐の四〇一窟の四壁下部、三三二窟の西壁（正壁）仏龕の下部には、『大通方広経』からとられた菩薩名が書写され、対応する菩薩像が描かれている（趙二〇一〇）。

日本においても、名古屋市にある七寺の一切経からはこの経の巻中が発見されている。淳和天皇（在位八二三～八三三）が勤操・空海らを請じてこの経に基づく懺悔法会を執り行ったという記録も『類聚国史』巻一七八に残され、『日本霊異記』にもしばしばこの経典名が登場し、この経に基づいて懺悔を行じたという記録もある。また漢語からチベット語にも訳され、チベットにおいて現在でも使用されている。

思想的には、『涅槃経』の一切衆生悉有仏性説（衆生がみな仏性を有するという説）や一体三宝説を思想的根拠としており、三宝名号の礼拝という点では南斉の蕭子良が撰した『浄住子』（現存するのは初唐の道宣が節略して『広弘明集』に収録したもの）に、先行する事例が見られる。この『浄住子』節略本の第二五門が「礼舎利宝塔門」、二六門が「敬重正法門」、二七門が「奉養僧田門」であり、それぞれ、様々な仏宝・法宝・僧宝の名号を列挙し礼拝を行っている（倉本二〇一六b、三〇七～三七七頁）。

この経は、二月十五日、釈迦が涅槃に入るため、娑羅双樹へ向かう道中に存在した平坦で清浄な福地において説かれた、という舞台設定がなされる。巻上では、諸仏の国土からこの説法会に馳せ参じた菩薩たちが、釈迦の教えを聞き、釈迦仏滅後もこの経を受持し流布して絶えることのないようにしたいと願い出る。この経があれば、地獄をはじめとする悪道から免れることができ、この経を聴き、受持・読誦・礼拝・称名する者は、菩薩が自らの属する仏国土に導いて、そこに共に生まれかわることができるとする。諸天鬼神たちも、この経を不浄からまもり、清浄に受持する者を守護したいと申し出る。

それに対し、釈迦は具体的な懺悔修法を提示する。すなわち、身体や坊舎を清浄にして室内を荘厳し、焼香・礼拝し、初日より七日まで日々の中間には経を読誦し、昼夜六時にこの経中の諸仏・菩薩・十二部経を礼拝すれば、重罪が滅除されること疑いなしと説く。

すると、『金光明経』に登場する信相菩薩が釈迦に対し、魚が宝勝仏の名を聞くことで、その死後忉利天に生まれたという説話（『金光明経』流水長者子品）をとりあげ、諸仏の名号を説いてほしいと仏に懇願する。仏はその懇願に応じて、先に須弥灯王仏から一子大慈父までの仏を敬礼するように言い、それから三宝（諸仏・十二部経・諸菩薩）の名号を説く。

巻中は『思益梵天所問経』や『大方等大集経』から法数（数によってまとめられる教理用語。三宝・四諦など）を多くとりこんでいる。その上で、三宝の名号を唱えれば、三塗に堕ちず、願った所に往生でき、諸仏菩薩に見えることができるとし、釈迦が定光仏より授記された理由について、『大乗方広経典』に基づいて修行し功徳を積んだためであると説くなど、この経の偉大さを強調する。

巻下では、この経の核心である懺悔を中心に説き、地獄についてもかなり詳細に言及している。すなわち、釈迦は、この経に説かれる三宝名号を礼拝することによって一切の悪業が消滅することを再び説いた。すると善見王子が三千人とともに忽然と仏のもとに参じ、この方法によって懺悔したいと願い出る。そこでまず十方仏・十方法・十方僧に稽首帰命し、『涅槃経』や『金光明経』懺悔品をもととした懺悔文を唱える。仏はそれに対し真の大士（菩薩）であると讃えると、善見と三千人は偈によって仏を讃える。十方諸仏が偈を説くと、善見王子と三千人は歓喜して頂受し、再び偈を唱える。すると仏は彼らに対し、懺悔し罪をあらわにして隠さない者は真の菩薩であると告げ、来世に必ず仏になると授記した。

次に文殊菩薩が仏に対し、一切衆生はどのようにすれば自ら悪事をしていることを知り、罪を滅することができるかと尋ねた。仏はそれに対し、方広経典や十方三世諸仏名・十二部経・諸大菩薩名を聞いて信じ敬い、書写・受持・読誦し、道場を清浄にして荘厳し、七日七夜横になって眠らず、一日に三回この経を読誦し、昼夜六時、至心に焼香・供養・礼拝・懺悔し、諸仏・菩薩・十二部経の名を称えれば、仏は無数の諸仏菩薩と共にその室に入り、滅罪を証明すると答えた。そして、夢の中で好相（例えば仏菩薩が現れるなどの瑞祥）を見ることが、五逆罪が滅した証明となると説いた。さらに釈迦は文殊菩薩に対して、もし四重や五逆などの罪を犯して懺悔しなければ、必ず阿鼻地獄に堕ちると説き、地獄の様相を詳述する。そして、速やかに罪を滅したい者は、懺悔し罪をあらわにして七日行道し、一日一食で思惟し正しく観ぜよと説く。

さらに釈迦は、善見王と三千人の問いに答えて経の功徳を説き、自身が過去無量劫において妙光仏のもと十方三世仏名を聞き、いたるところで衆生を教化したが、ただ三千人が法儀を共にし、無量の信心を生じ、諸仏名を礼拝したので成仏したという。最後に陀羅尼菩薩が経名を質問したのに対し、仏は『大通方広』『懺悔除罪得福』『三千人荘厳成仏経』などと名づけると答え、仏はこの経を説き終わって沙羅双樹へと向かったとして経をしめくくる。

以上が経の概要であるが、具体的な懺悔儀礼については、七日の行法を修して重罪の懺悔を行うこと、夢で好相を見て滅罪の証明とすることなど、『大方等陀羅尼経』を模倣していることは間違いない。『大通方広経』が『大方等陀羅尼経』と異なるのは、『涅槃経』の阿闍世王の懺悔をとりいれ、三宝の名号を唱え礼拝することを懺悔の行とし、地獄の恐怖を強調し、地獄へ堕ちる一闡提行の懺悔も可能であるとしたことである。次にその一闡提の懺悔について見てみよう。

## 一闡提の懺悔

巻下に見える善見王子と三千人が仏のもとに参じ懺悔する場面は、経全体で最も重要な箇所の一つである。善見王子というのは、『涅槃経』迦葉品に「羅閲耆（ラージャグリハ）王頻婆娑羅（ビンビサーラ）、その王の太子の名前を善見という。過去世の業の因縁のため悪逆心をおこし、その父を害そうとするも、都合よい機会が得られなかった」（大正一二・八一一下）という、父殺しの罪を犯して病に罹り、釈迦に懺悔し救済された阿闍世王の別名である「善見」を意識していると考えられる。三千人とは、『観薬王薬上二菩薩経』に「此の三千人異口同音に諸仏名を称し、一心に敬礼す。是の諸仏を敬礼せし因縁功徳力を以ての故に、即ち無数億劫生死の罪を超越するを得」とあり、最初の千人は過去千仏、次の千人は現在賢劫千仏、終わりの千人は未来千仏となるという箇所（大正一六・六六四上）に基づいている。

善見王と三千人は十方の三宝に礼拝し帰命することを仏に告げ、懺悔を願い出る。それに対して仏は、「よろしい、よろしい、畏怖の心がおきるのは滅多にないことであり、善根をおこすのは難しい。〈にもかかわらず〉十悪を懺悔しようとし、五逆、さらに一闡提を懺悔しようとしている。仏性を見ようとするなら、まさにこのように思ったとおりに述べなさい」（大正八五・一三五〇中）と一闡提の罪の懺悔までもを許可する。

そこで述べられる善見王たちによる懺悔文の内容は、明らかに『涅槃経』の本文を借用して作成されており、特に『涅槃経』で一闡提と定義されている部分を利用し、それを懺悔するという形をとっている。その一部分を対照表にして示してみよう（次頁の表の傍線部が対応する箇所）。

この表を一見すればわかるように、『大通方広経』は明らかに『涅槃経』の一闡提の悪行を意識し、それを懺悔によって滅罪することを意図している。

もう一箇所、一闡提が地獄に堕ちてそこから救済される方法を具体的に説明したのが、『涅槃経』に説かれる、釈迦の前世である大仙豫王の故事を改変した部分である。釈迦は過去世において大乗経典を愛敬する大仙豫（『方広経』では「大仙誉」）という名の国王であった。王は十二年間も婆羅門たちに仕えて供養していた。ところが婆羅門たちが大乗を誹謗したため、王は即刻彼らを殺した。王はこの因縁により、以後地獄に堕ちることがなかったという。殺された婆羅門たちはその後阿鼻地獄に堕ちた。そこで「三念」を生じ大乗経典を信じ敬う心を起こしたことで、甘露鼓如来世界に生まれかわることができ、十劫もの寿命を得たという。

この「三念」とは、一は自分が人道中よりここに来たことを自ら念ずる。二は今生まれ変わったのが

表　『大通方広経』の懺悔文と『涅槃経』の一闡提の定義との比較

| | |
| --- | --- |
| 『大通方広経』巻下<br>（大正八五・一三五〇下） | 　また次に世尊よ、われらは無量劫の過去より五逆を犯し、あるいは過去・未来・現在の諸仏の禁戒を犯し、一闡提の行いをしてきました。すなわち、暴言・悪言を発し、正しい仏の教えを誹謗し、この重い罪業をつくっていながら、いまだ悔い改めることなく、心に慚愧することもありません。<br>　あるいは、十悪・五逆などの罪を犯し、自らこのような重罪を犯したと明確に知りながら、本心に全く畏怖や慚愧の心がなく、黙って供養を受け、罪を発露していません。かの正しい仏の教えを守護し愛惜し打ち立てるという心がありません。その中間において、誹謗し軽んじ卑しみ、言葉は過ち悪言が多く、あるいはまた、仏法僧がないと説きました。このような十悪・五逆の無間地獄におちる重罪を犯してきました。<br>　このため、今日限りなく畏怖し（「無量怖畏」）、限りなく慚愧し（「無量慙愧」）、三宝に帰依します。諸仏の慈悲ある者、大乗の父母、菩薩善知識よ、われらの発露懺悔をお許し下さい。願わくは無量劫の過去より輪廻して犯してきた重罪を取り除き、また犯すことがありませんように。 |
| 『涅槃経』一切大衆所問品<br>（大正一二・六六六中下） | 　純陀は再び、「一闡提とは、どういう意味でしょうか。」と質問した。仏は純陀に語った。「比丘・比丘尼・優婆塞・優婆夷が暴言・悪言を発し、正しい仏の教えを誹謗し、この重い罪業をつくっていながら、永らく悔い改めることなく、心に慚愧することもない。このような人を一闡提の道に向かっていると名づける。<br>　もし四重禁を犯し、五逆罪を犯し、自らこのような重罪を犯したと明確に知りながら、心に全く畏怖や慚愧の心がなく、罪を発露しない。かの正しい仏の教えを守護し愛惜し打ち立てるという心がない。誹謗し軽んじ卑しみ、言葉は過ち悪言が多い、このような人を一闡提の道に向かっていると名づける。もしまた仏法僧がないと説けば、このような人を一闡提の道に向かっていると名づける。 |

阿鼻地獄であることを念ずる。三は大乗経典を謗り、因縁を信じないため国主に殺され地獄に生まれたことを念ずる、というものである。この説話における『涅槃経』の主張の重点は、大乗を誹謗し因縁を信じない一闡提を殺しても、それは殺しにはあたらず、むしろ善行であるとする護法の功徳の強調にある。事実、南岳の慧思も護法の論拠としてこの箇所を引用している。

それに対し『大通方広経』は、この説話を借用しながら、三念を「三世の仏を礼し、方等経・大士菩薩僧を敬信す」としている。すなわち、この経に説く三宝名号を信じ敬い、礼拝するという実践行により、たとえ阿鼻地獄に堕ちても救済されることを説いたのである。

## 『大通方広経』の流布状況とこの経に基づく懺悔儀礼

この経が南朝梁初の荊州・襄陽地方で作られたことは既に述べたが、南朝梁時代の仏典の字音・字義の解説書である『翻梵語』もこの経を引用する。また、既に述べたように陳の文帝も「大通方広懺文」を撰している。ただし、『大方等陀羅尼経』に基づく懺悔を多くの高僧が修していたのとは異なり、『続高僧伝』にはこれを修した高僧は見当たらない。これはこの経が多くの大乗経典を抄用しているので、一見して偽経であるとわかるものであり、隋の勅撰『衆経目録』に中国で作られた疑いのあるものとして「衆経疑惑」部に編入されたことが関係していよう。

しかしながら、民間では隋以後も流通していたようである。敦煌にはこの懺悔儀礼の作法を記した文献や隋の紀年を有する写経が存在し、また、石刻にもこの経の仏・菩薩名を刻んだものが存在する。一つは、山西省南西部、臨汾市丁村民俗博物館所蔵の北斉天保四年（五五三）の紀年銘を有する造像碑で

図 2-14　陳海龍造像碑

あり、銘文には、九六人が石像一躯と『方広』三巻を造ったことが述べられる。また同じく山西省南西部の運城市出土、山西博物院所蔵の北周保定二年（五六二）陳海龍造像碑（図2-14）にも、この経独自の仏・菩薩名が見える。

さらに重要な資料として、この経による懺悔の行法次第を記した西魏大統十一年（五四五）の紀年を有する貴重な敦煌出土文献（S四四九四）がある。断片であり、欠損もあるので全体をうかがえるわけではないが、この文献の懺悔儀礼の次第を和訳してみるとおおよそ以下のようになる。○数字は筆者が適宜付加した。

①（上部欠）
②……を行う
③次に仏に請う。（欠）「私たち弟子どもは菩提心を発し、また方〔広経を〕行じ、仏法の誹謗・五逆・十悪といった、死後ただちに地獄に堕ちるような仏道の妨げとなる根本の重罪を懺悔します。

この重罪の因縁によって、〔迷いの世界である〕輪廻の河に沈み、煩悩の海に没し、脱出するすべがなく、罪の汚濁に沈没し、自分では抜け出すことができません。このため今日限りなく畏怖し、限りなく慙愧します。この経典に依拠して懺悔し、仰いで須弥登王仏・宝王仏・宝勝仏・多宝仏・阿弥陀仏・〔毘〕婆戸仏・釈迦牟尼仏、及び十方三世常住の諸仏（約三字欠）経方等正典・陀羅尼・観〔音〕大菩薩・文殊師利（約三字欠）虚空蔵菩薩・薬王菩薩・薬（約九字欠）菩薩を請います。どうか私たちの正しさをお認め下さり、私たちの心を明確に知り、私たち弟子の請いを受け、私たちを勧め励まし菩提心を発させて下さい。」

④以上の言葉を述べ終わると、それぞれ重罪を憶念し、涙を流して泣き（「涕泣交流」）、五体投地し、至心に頂礼し、須弥灯王から一子大慈父に至るまでをみなそれぞれ供養し、敬礼する。

⑤一子大慈父を供養・敬礼し終われば、また称名し、胡跪（こき）して（約六字欠）。この諸大衆を供養し、それぞれ胡跪し、香〔で供養する？〕（約四字欠）

⑥再び仏に請う。「私たち弟子どもは、今、過去十方無量の諸仏に請い願います。私たち弟子どもはいま菩提心を発（おこ）し、また方広経典の懺悔を行じます。ある時は五逆・四重・正法の誹謗、邪見といった死後ただちに地獄に堕ちてしまう重罪を犯してきました。ただ願わくは過去無辺十方諸仏よ、私たちの正しさをお認め下さい。私たちにはいま救い守護してくれるものがございません。願わくは私たちを救い護る存在となり、私たちの心を明確に知り、弟子どもの請いをお受けになり、勧めて励まし菩提心を発させて下さい。」

⑦〔以上の言葉を述べ終わると、重罪を憶念し〕涙を流して泣き、五体投地し、至心に頂礼する

（以下欠）。

現存するのは懺悔儀礼の一部分に過ぎないが、この懺悔文は『大通方広経』に基づくところが多い。例えば、③の請願文は先に掲げた対照表に示した『大通方広経』の願文の下線部分を用いている。「須弥登王」から「一子大慈父」までの供養・敬礼というのも、三宝名号を唱える前に礼拝せよと述べた経の巻上の記述に一致する。

また「涕泣交流」「無量怖畏、無量慙愧」といった、感情に訴えかけるような懺悔の表現は興味深い。道宣も『続高僧伝』興福篇論の中で、この経の懺悔に注目しており、この経は梵本に基づくものでないのが惜しいとしながらも、「罪業を述べれば汗が垂れ涙が流れるほどであり、福徳をまとめて言えば倉庫の財物をみな出し尽くすほどである」と述べ、この経が当時に普及して世を救うのは、誠に喜ぶべきことだと称賛している。

なお、唐の浄土教の祖師善導は、その著『観無量寿仏経疏』の日想観において太陽を観想する時に、雲がさえぎり見えない様相を見た場合、以下のごとく懺悔するように述べる。

> 道場を荘厳し仏像を安置し、洗浴して身心を清浄にし、浄衣を着て、名香を焚き、仏像に向かって、現在のこの生において、始まりなき無限の過去世より、身・口・意の三業が造ってきた十悪・五逆・四重、正法に対する誹謗、そして一闡提の罪を懺悔し、涙を雨のように流して痛切に悲しみ嘆き、深く慚愧の心をおこし、心の奥深くに達し骨を切るほどに自ら責めるようにすべきであ

る。（大正三七・二六二上）

このように善導の懺悔が、『大通方広経』の表現に通ずるような、全身全霊をかけて一闡提の罪までも仏像に向かって懺悔するものであることは覚えておくべきであろう。痛切な自責の念を表すことが仏・菩薩を感動せしめ、霊験がおこり、それが滅罪のしるしとなるという構図である。このような痛切な自責は本章第二節で言及した道教の塗炭斎にも通じるところがある。

最後に特筆すべきは、この経がチベット語に訳され、「Phags pa thar pa chen po phyogs su rgyas pa（大聖解脱方広）」という経名でチベット大蔵経に収録され、モンゴルやチベットで現在においても重要な経典として用いられていることである。亡くなった家族のために四九日この経の念誦を続ける習俗があるという（台湾の喇嘛網「《聖大解脱経》的功徳」）。

以上のように、この経は中国では南北朝の後期から唐代まで、また、奈良時代から平安初期の日本において、三宝名号の称名礼拝という平易な実践で一闡提になるような重罪の懺悔滅罪が可能であると説き、民間に歓迎され一世を風靡した経典と言えるのである。

## 第九節　仏名と懺悔――七階仏名の成立過程

### 様々な仏名のグループ

大乗仏教では過去、現在、未来世にわたり、無数の仏が存在していると考えるが、あるまとまりの仏たちの名を唱えれば、病気平癒などの現世利益が得られ、来世においても浄土に生まれるなどの様々な功徳が得られると説かれる。このような仏名の称名・礼拝は懺悔と結びつき、滅罪の功徳が強調され、次第に懺悔儀礼の中に取り込まれていった。造像においても、既に見たように、龍門石窟蓮花洞には一定の区画を用いて賢劫千仏像を造ったり、陳海龍造像碑のように多数の仏菩薩の小龕を碑の四面に造ったりしていた。また、過去七仏像を一列の仏龕として造像碑に配したものや、多くの小仏像を碑に刻んだ千仏碑などもあり、北魏の敦煌石窟二五四窟でも壁一面に千仏を画き、仏名を記している。これら諸仏は大きく分けて二種の概念によって構成される。それは、過去・現在・未来の三世の時間的な広がりを表すものと、四方四維上下の十方の空間的な広がりを表すものとである。代表的なものを挙げて簡単に説明しよう。

**a　過去七仏**　過去七仏とは、釈迦以前に成道した六仏に釈迦を加えた七仏をいう。漢訳経典では、漢訳の際の訳語の違いにより、大きく分けて［A］『長阿含経』や『観仏三昧経』念七仏品などと、［B］『七仏八菩薩陀羅尼神呪経』などの二系統あることが知られている。［A］系統は、過去七仏を「毘婆尸仏」「尸棄仏」「毘舎婆仏」「拘楼孫仏」「拘那含仏」「迦葉仏」「釈迦牟尼仏」とする。一方、［B］系統は、過去七仏を「維衛仏」「式仏」「随葉仏」「拘留秦仏」「拘那含牟尼仏」「迦葉仏」「釈迦牟尼仏」とする。造像銘においてもこの七仏名を刻んでいるものは数多い。北涼石塔をはじめとして初期密教的色彩を有する経典に基づく［B］の系統が多く採用されている。これは、未来世の弥勒と組み合わされて、過去七仏が単に過去から現在、そして未来へという三世にわたる法灯の継承を表すというだけではなく、七仏の称名には、病気や災難の除去などの現世利益的功徳があるという信仰が流布していたことと関係があるだろう。この信仰は主に、六朝隋唐期成立の複数の偽経に見られる。例えば、『普賢菩薩説証明経』には、六方の九仏の名号を唱えることで、横死や八難を免れると述べるのに続き、七仏の名号を誦すことで病気や様々な困難が消滅すると述べている。また『護身命経』にも、苦難・災厄に遭ったり病気になったりした時、七仏の名号を唱えるようにと述べている。さらに『救疾経』では、百日の間、法師を請い招いて斎を行い、毎日、七仏の名号や金剛密迹・無量寿仏を礼拝し、行道懺悔し、毎日一巻ずつこの経を写し、百巻写し終わることで病気が治癒するとしている。沮渠京声訳『治禅病秘要法』においても、坐禅に際し、鬼神によって惑乱された時、七仏・弥勒菩薩の名を唱え、数息観を行じ波羅提木叉（戒の条目）を誦すことで、悪鬼を調伏できるとしている。

**b　三十五仏**　三十五仏の名は燉煌三蔵（竺法護）訳『決定毘尼経』に見え、五無間罪などの重罪を犯した時、三十五仏の前で至心に懺悔するようにと述べられている。『観虚空蔵菩薩経』には、滅罪するには十方仏を礼拝し、三十五仏・虚空蔵菩薩の名を唱えよとある。『治禅病秘要法』にも、犯戒による禅病の治癒に、釈迦仏→七仏→三十五仏と順に念ずべしとある。『決定毘尼経』の懺悔文は後述する霊泉寺大住聖窟の懺悔文にも依用されている。これらの資料から、三十五仏が懺悔と非常に関わりの深い仏であったことがわかる。

**c　五十三仏**　五十三仏は後述する『観薬王薬上二菩薩経』に見える過去仏であり、その名を聞けば万億阿僧祇劫も悪道に堕ちず、唱えれば生まれかわった先で常に十方諸仏に見えることができ、至心に敬礼すれば、四重・五逆・大乗を謗るなどの重罪を除滅できるという。釈迦も遠い過去世において、妙光仏のもとでこの仏名を聞き、人に教え、その人がまた他人に教え、最後には三千人になり、皆ともにこの仏名を誦し敬礼した。その功徳によって無数億劫輪廻して積み重ねてきた罪を超越し、最初の千人は過去千仏となり、次の千人は賢劫千仏となり、最後の千人は未来の千仏となるという。十方現在諸仏も過去世にこの仏名を聞いたために成仏したとされる。

僧伝には、五十三仏に関する話がいくつか述べられている。慧重は隋の仁寿（じんじゅ）年間（六〇一～六〇四）、舎利を隆州禅寂寺に送り、斎を設けたところ、様々な霊瑞が現れたが、再び都に帰って後、禅定と懺悔を専ら修すようになり、昼夜十二回にわたり五十三仏を礼し、それ以外の時は結跏趺坐して正念し、生涯を終えたという。隋の開皇（五八一～六〇〇）の初め、雲門寺にて具足戒を受けた僧倫（そうりん）は、武陽の理律師のもとで仏法を聴聞した。そして、初めて半夏（夏安居の中日）を迎えた際、僧倫は五色の光が車輪のような形になり自身の心を照らすのを僧衆とともに見た。僧倫はその光に包まれた中で五十三仏を礼拝したが、光は消えず、更に三十五仏を礼すると光は収まったという。三十五仏と五十三仏はしばしば組み合わせて造像される。雲岡石窟第十一窟には、太和七年（四八三）に邑義信士女五四人によって造られた八十八仏とみられる造像があり、東魏天平二年（五三五）の嵩陽寺（すうようじ）碑には、碑陽に［B］系統の過去七仏名と仏龕を配し、碑陰には、碑首の部分に弥勒仏、さらに碑身の上半部に五十三仏、下半部に三十五仏、最下段に六方六仏を配している。ちなみに筆者が五年間住んでいた台北では、三十五仏と五十三仏を組み合わせた八十八仏の名を記したポスターが寺院にて配布されており（図2-15）、現在でも信仰が生きている。

**d　十方（諸）仏**　十方仏とは四方四維上下の十方に存在する無量の諸仏を指す。菩薩戒もこの十方仏から授かるとされ、懺悔の対象も十方仏であるのが基本である。十方仏の他にも東西南北の四方仏、東西南北上下の六方仏、四方四維の八方仏として表される場合も多い。有名であるのは、『金光明経』の東方阿閦・南方宝相・西方無量寿・北方微妙声という四方四仏、また、『法華経』に見える八方の十六王子、そして『十住毘婆沙論』あるいは『観仏三昧経』に見える、東方善徳仏以下の十方十仏名などである。これら以外にも、『観薬王薬上二菩薩経』の東方須弥灯光明仏以下の十方仏名など、他の経にも多くの十方仏名が見える。後述する宝山霊泉寺の懺悔文では、二種類の十方仏がともに採用されている。

**e 千仏**　千仏といえば、現在賢劫（過去荘厳劫、未来星宿劫に対し、今の世の一大劫）に出現するとされる千仏を指す場合が多い。『維摩詰所説経』法供養品には、過去無量阿僧祇劫に薬王如来がおり、宝蓋という名の転輪聖王が月蓋をはじめとする王子千人とともに仏を供養したが、その時の月蓋が釈迦であり、王子千人は迦羅鳩孫駄仏（拘留孫仏の別の音写）から楼至仏までの現在賢劫の千仏であるという。千仏の因縁には異説が多く、経により異なるが、この例のように、ともに仏の説法を聴いた千人が後に千仏となるという構成をとるものが多い。先程五十三仏のと

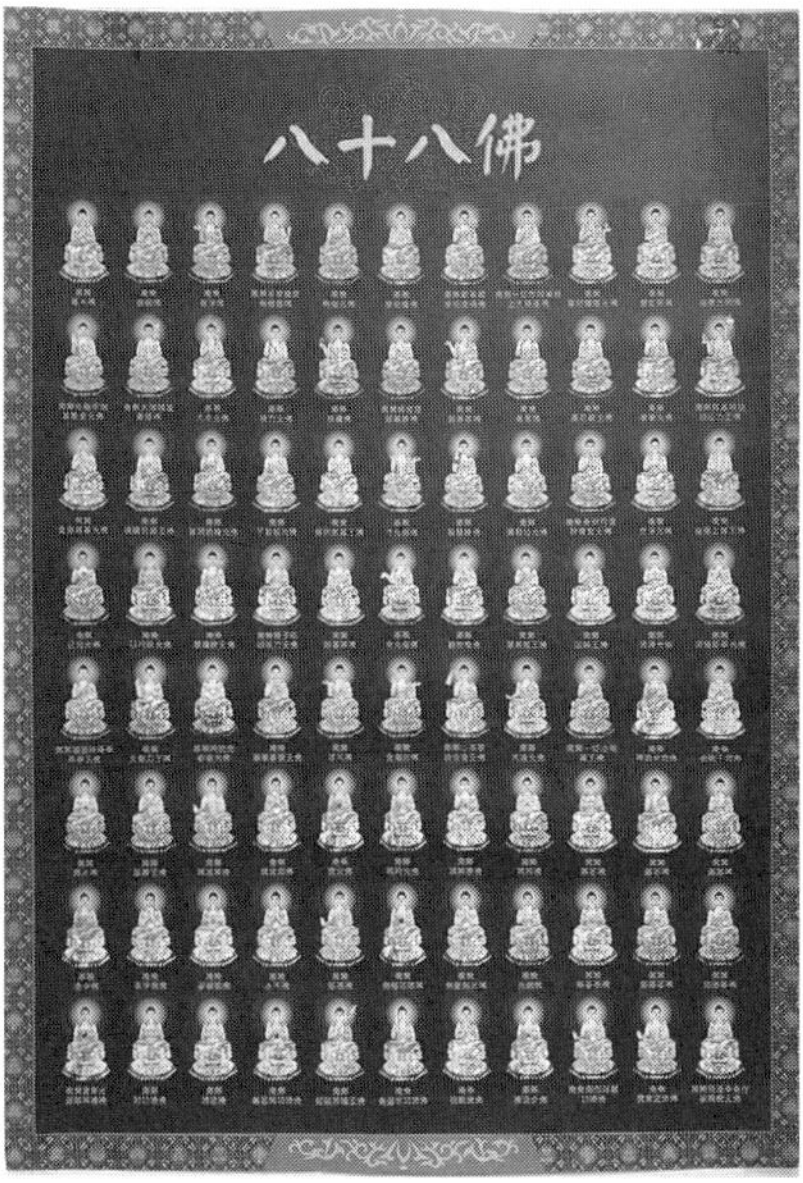

図 2–15　八十八仏名を記したポスター

ころで言及した『観薬王薬上二菩薩経』では、千人ではなく、三千人が過去・賢劫・未来の三千仏となるとしている。現存する経典のうち、個々の千仏の具体名が見えるのは、竺法護訳『賢劫経』、失訳の『過去荘厳劫千仏名経』『現在賢劫千仏名経』『未来星宿劫千仏名経』などである。千仏の礼拝は実践を重視する僧たちによって修されていた。例えば、南斉の永明十年（四九二）に七三歳で示寂した超辯は、定林上寺に止住すること三十余年、『法華経』を日ごとに一遍誦し、さらに千仏を礼拝すること百五十余万拝に達したという。また、北斉天保六年（五五五）、八十歳で示寂した僧範は、華厳に意を注ぐことを来世の功徳を積む修行とし、夜ごとに千仏を礼拝するのを一世の常資としたという。造像についても既に見たように龍門石窟蓮花洞には賢劫千仏の造像があり、また、石碑の四面を千仏龕で埋め尽くした千仏碑も存在する。例えば、北斉天保十年（五五九）の比丘法悦等邑子千人造千仏像碑には銘文に「願造千像成就」とある。

f　二十五仏　二十五仏は上記諸仏より遅れて六世紀に中国に紹介された仏名であり、北魏の菩提流支（ぼだいるし）によって翻訳された経と伝えられる十二巻『仏名経』に見える。この経では仏名を羅列する文が続く中で、二十五仏に関する記述のある巻八は独立の礼懺儀礼を一定の構成をもって述べた部分である。既に詳述した『大方等陀羅尼経』と同形の行儀形式をとる（塩入二〇〇七、二七八）。該当箇所の一部を紹介すると、以下のとおりである。

善男子・善女人よ、菩提を求める者は、まず一切の罪を懺悔すべきである。比丘が四重罪を犯し、比丘尼が八重罪を犯し、式叉摩那（具足戒を受ける前、十八〜二十歳の沙弥尼）・沙弥・沙弥尼が出家の根本罪を犯し、優婆塞が優婆塞重戒を犯し、優婆夷が優婆夷重戒を犯して、もし懺悔しようとする者は、身を浄めて洗浴し、新しい浄衣を着て、肉や五辛（にんにく・にら・ねぎ・あさつき・らっきょう）を食べない。静処にあって室内を修治し、様々な幡・華によって道場を荘厳し、香泥を使い塗り画き、四九枚の幡を懸け、仏座を荘厳し、仏像を安置する。種種の香をたき、栴檀（以下、香名省略）など種種の妙香を使い焼香し、種種の華を散ずる。大慈悲を興し衆生の苦を救おうと願い、未だ救われていない者を救い、理解していない者を理解させ、安らかでない者を安らかにし、涅槃していない者を涅槃させようと誓う。

昼も夜も如来の本行・苦行、すなわち、限りなく長い期間様々な苦悩を受け、疲れや飽きを生じず、無上菩提を求めるために、一切衆生に対し、自らへりくだる心をおこし、僮僕のような心を持たれたことをよく考える。

もし比丘が四重の罪を懺悔する場合、以上のように昼夜四九日間行を修す。八人の清浄比丘に対し犯した罪を七日に一度告白する。至心に懇ろに、昔犯した罪を悔い、一心に十方諸仏に帰命し、称名・礼拝し、自分の能力や程度にあわせて、このように至心に、四九日を終えれば、罪は必ず滅する。この人が清浄となることができた時、相（吉兆のしるし）が現れるであろう。目覚めているとき、あるいは夢の中で、十方諸仏が自分に授記するのを見る。あるいは菩薩が授記するのを見る。道場に参詣しともに伴侶となる。摩頂（仏が頭を撫でる）を受け、滅罪の相を示す。自らの身体が大会中に入るのを見る。僧衆たちの列にまざり、衆の中において説法するのを見る。諸師たち浄行の沙門が、道場に至りそれを諸仏に示そうとする。（大正一四・一五八下〜一五九上）

比丘尼が八重の罪を懺悔する場合も、比丘と同様に四九日行じれば、清浄を得られるとする。式叉摩那・沙弥・沙弥尼が根本重罪を懺悔する場合、四人の清浄比丘・比丘尼に対して罪を告白し、二一日たてば清浄となる。もし優婆塞・優婆夷が重戒の罪を犯した場合、至心に三宝を恭敬し、もし沙門を見かければ、恭敬礼拝し、遭うのが難しいとの想いをおこし、道場にお越し下さるように願い、種々の供養を設ける。心に敬い重んじる比丘一人を請い、比丘に対し犯した諸罪を告白し、至心に懺悔する。一心に十方諸仏に帰依し、称名礼拝する。このように行じて七日を満たせば、至心でない場合を除き、必ず清浄になる。

このように教団追放となる重罪を犯した場合について、比丘や比丘尼、沙弥・沙弥尼・式叉摩那などそれぞれに期間を設定して身心を清浄にして清浄比丘を請じてその前で懺悔し、瑞相を見れば滅罪の証明とするのは、『大方等陀羅尼経』と非常に類似する。仏像を安置し、誓願を立てているところも懺悔・誓願と仏像との密接な関係を示している。

以上のように懺悔儀礼について説明した後、遥か彼方東方の二十五世界の二十五仏が現在も説法しており、それぞれの仏名について受持・読誦・憶念・恭敬・礼拝すれば三悪道（地獄・餓鬼・畜生）を脱出できるとする。この二十五仏は以下にみる大住聖窟や北響堂山石窟石柱に見え、北朝において仏名懺悔儀礼に早い段階でとりこまれた。そして三階教の七階仏名儀礼にも組み込まれ、重要な役割を果たしていく。

## 宝山霊泉寺大住聖窟の七階仏名懺悔文

南北朝の後期には、様々な仏名と経典の偈頌を組み合わせた懺悔儀礼が発達したが、上述した諸仏を組み合わせて構成し、唐代に広く行われたのが七階仏名の懺悔儀礼である。七階仏名は、後述する『観薬王薬上二菩薩経』に基づくものとされる。この経で説かれる順は以下のとおりである。

第一、勤めて薬王薬上二菩薩呪を誦す。
第二、十方仏を敬礼。
第三、過去七仏を敬礼。
第四、五十三仏を敬礼
第五、賢劫千仏を敬礼。
第六、三十五仏を敬礼。
第七、十方無量一切諸仏を遍く礼拝する。

後代の七階仏名は第一の薬王薬上二菩薩呪を誦すことが省略され、他に阿閦仏や二十五仏など、別の諸仏が追加される。一般的に七階仏名儀礼を行じたとして知られているのは、三階教とよばれる、隋代に信行が創始し、普敬（自分以外のあらゆる者を将来の仏として敬う）・忍悪（自己の悪を徹底して認め懺悔する）といった独自の思想を持つ異端の宗派であるとされる。敦煌文献に多く七階仏名の儀式次第とされる文書が残っているが、それらも多くは三階教文献であるとみなされている。

ただし、七階仏名に非常に類似したもので最も早い事例として知られてきたものは、三階教徒ではなく、六世紀の北朝時代において主流な教学であった地論宗南道派を代表する高僧である霊裕が開いた大住聖窟（図2-16）である。この窟の外壁に七階仏名が見られる。開窟の題記として、窟外に以下のように刻まれている。

　大住聖窟。大隋開皇九年己酉の歳、つつしんで窟を造営し、千六百の功力を費やした。二十四〔人の伝法聖大法師〕像・世尊〔の像〕には九百の功力を費やした。〔それら造った像の内訳は〕盧舎那世尊一龕、阿弥陀世尊一龕、弥勒世尊一龕、三十五仏世尊三十五龕、七仏世尊七龕、伝法聖大法師二十四人である。

『続高僧伝』霊裕伝によれば、この窟が「金剛性力住持那羅延窟（こんごうしょうりきじゅうじならえんくつ）」と呼ばれ、各窟面に「法滅の相」が刻まれていた。毎年春に人がこの石窟を訪れ、刻まれた文を読んだ者はみな涙し、志節を固く守ったという。窟内（図2-17）には、各壁に盧舎那、阿弥陀、弥勒仏の大龕が造られ、前壁には伝法の二十四聖者像が線刻される。また、末法思想を説く『大方等大集経』月蔵分の一節やそれ以外に、三壁に過去七仏・三十五仏の小仏龕とそれに対応する仏名が刻まれる。この窟外には『観薬王薬上二菩薩経』に基づき、「略礼七□□□懺悔等文」と題して、諸仏名が刻まれる（図2-18）。具体的に釈文を示すと以下のようになる。（无は無と同字、□内は文意からの推測、番号は筆者が付加）

略礼七□□□懺悔等文

①南无東方[須弥登]／光明如来[十]方仏等[一]切諸仏

②南无毗[婆尸]／如来過去七仏等一切諸仏

③南无普光如来／五十三仏等一切諸仏

④南无東方善徳如来／十方仏等一切諸仏

⑤南无拘那提如来賢劫／千仏等一切諸仏

図 2-16　霊泉寺大住聖窟外観

図 2-17　大住聖窟正壁

図 2-18　略礼七□□□懺悔等文

⑥南无釈迦牟尼如来卅五／仏等一切諸仏

⑦南无十方無量仏等一切諸／仏

⑧南无過現未来十方三世一切諸仏。帰命懺悔。

これにつづいて「以上の一切世界の諸仏世尊、この世に常住したもう。願わくはこれら世尊たちよ、我を慈しみ念（おも）いたまえ。」～「あらゆる善根と無上智を菩提に廻向します」という、『決定毘尼経』とほぼ同文の懺悔文が刻まれる。

このように復元すると①～⑧の八階になるが、最後の⑧は総合した表現と考えられるから、①～⑦が七階にあたり、「略礼七□□□

懺悔等文」の三文字の欠損を補えば「略礼七階仏名懺悔等文」となる可能性が考えられる。十方仏は①と④に重複する。①は『観薬王薬上二菩薩経』の十方仏、④は『観仏三昧経』の十方仏である。この④と⑧が『観薬王薬上二菩薩経』になかったものである。

この懺悔文以外にも、大住聖窟の窟内には、七仏と三十五仏、窟外には十方仏（東方須弥登光明仏の系統）、二十五仏、五十三仏の名が刻まれる。

三階教の祖である信行（五四〇～五九四）は霊裕（五一七～六〇五）よりも一世代後の僧なので、霊裕が直接三階教に影響を与えたとする説がある。一方、霊裕と信行が北斉の鄴都において流行していた礼仏の儀式をそれぞれが採り入れた可能性も残ると指摘される（西本二〇一〇）。次に紹介するのは、まさにその鄴都近郊の北響堂山石窟に刻まれた七階仏名や経の偈頌を採り入れた懺悔儀礼を刻む北斉時代の石柱である。

## 北響堂山石窟の『涅槃経』石刻と石柱

北響堂山石窟は、北斉帝室の高氏が開いた窟であるとされる。北洞、中洞、南洞の三大窟があるが、その開鑿年代は、大方の研究者の見解によれば、北洞が東魏末あるいは北斉文宣帝時代（在位五〇五～五五九）、中洞は文宣帝時代、そして南洞が最も遅れ、河清年間から唐邕（とうよう）の刻経事業が始まる天統四年（五六八）までである。

北響堂山の刻経は南洞に集中するが、北響堂山で最も年代の早い紀年を有する刻経は、山の麓から三大洞へ登る道の途中に存在する岩に刻まれたものである。南洞の近くに位置し、内容的にも南洞刻経と

図2–19　北響堂山石窟天統二年『涅槃経』刻石

深い関係にある。まず、この刻経について検討してみよう。

**a　天統二年刻経**（図2–19）　この刻経は北斉の天統二年（五六六）の紀年を有し、『涅槃経』師子吼菩薩品の節文が大部分を占める。内容は、「衆生には仏性があるのになぜ菩提心を退失するか」という問いに対する回答と、「不退の心とは何か」という問いに対する回答である。さらに末尾の第三四行途中から第三五行にかけては、『勝鬘経』三願章に見える、勝鬘夫人が仏前で発した三大願のうち第一大願からとられている。

短文であるが、勝鬘夫人の誓願によって最後が締めくくられていることは非常に重要な意味を有する。以下詳しく説明しよう。

この刻経の内容は、「一切衆生はみな仏性を有する」という『涅槃経』の主題を前提とした上で、ではどうして退転・不退転という問題が生じるの

表5　天統2年（566）刻経対照表（対応する経文に下線を施す）

| 石刻（数字は行番号） | 典拠経典 |
|---|---|
| 1・・・・・・・・・・・・・・仏言、世尊若一切衆生□□□□／2・・・・・・・・・・・・・我当為汝分別解說。 | 『涅槃経』師子吼菩薩品<br>「善男子。汝言衆生若有仏性、云何有退、有不退者。諦聴、諦聴。我当為汝分別解說。善男子。菩薩摩訶薩有十三法、則便退転。何等十三。（中略） |
| 善男子□□□／3・・・・・・・・・・・・・為六。一者悋法、二者於諸衆生起□□／4・・・・・・・・・・・・・・・五者自大憍慢、六者営務世業。如是／ | 善男子。是名十三法、令諸菩薩退転菩提。復有六法壊菩提心。何等為六。一者悋法、二者於諸衆生起不善心、三者親近悪友、四者不勤精進、五者自大憍慢、六者営務世業。如是六法則能破壊菩提之心。（中略） |
| 5……有二法退菩提心。何等為二。一者貪楽五／6……□□重三宝。以□□等衆因縁故、退菩提心。 | 善男子。復有五法退菩提心。何等為五。（中略）。復有二法退菩提心。何等為二。一者貪楽五欲、二者不能恭敬尊重三宝。以如是等衆因縁故、退菩提心。 |
| 云何復名不退之心。／7……□□□□□□□生生老病死、不従師□、自然修集、得阿耨多羅三藐三菩提。若□／8……□、□□修集、必□□□。以是因縁発菩提心。所作功徳若多若少、／9……□□三藐三菩提、作是誓願、「願我常得親近諸仏及仏弟子常聞／10……□遇苦難不失是心。（中略）<br>31……固護持、終不生於毀犯之想。若聞菩□□□□／<br>32……自識往世宿命之事，終不造作貪瞋□□□□／33……楽不生貪著。善男子。若有能発如□□□□□／34……心。 | 云何復名不退之心。有人聞『仏能度衆生生老病死、不従師諮、自然修習、得阿耨多羅三藐三菩提』。若菩提道是可得者、我当修習、必令得之。以是因縁発菩提心、所作功徳若多若少、悉以廻向阿耨多羅三藐三菩提、作是誓願、『願我常得親近諸仏及仏弟子、常聞深法、五情完具。若遇苦難不失是心。（中略）若受仏戒、堅固護持、終不生於毀犯之想。若聞菩薩難行苦行、其心歓喜不生悔恨、自識往世宿命之事、終不造作貪瞋痴業。不為果報而集因縁、於現在楽不生貪著』。善男子。若有能発如是願者、是名菩薩終不退失菩提之心。亦名施主、能見如来、明了仏性、能調衆生度脱生死、善能護持無上正法、能得具足六波羅蜜。善男子。以是義故、不退之心不名仏性。」（大正12・533中～534中） |
| 以此実願、安慰无量无辺□□□□□□／35……生之得□□智。　大斉天統二…… | 『勝鬘経』三願章「爾時勝鬘復於仏前発三大願、而作是言、「以此実願、安隠（別本では「慰」）無量無辺衆生、以此善根於一切生得正法智。是名第一大願。」（大正12・218上） |

かという問いに対する答えである。退転とは、成仏への修行道の途上で後退することで、不退転とは、修行において後退せず将来の成仏が保証されることである。

その答えには、大乗戒と誓願が非常に重要な位置を占める。具体的に石刻に見える内容は、菩提心（悟りを求め、衆生を救おうとする心）を破壊してしまう六項目（①物惜しみする、②人々に対し不善の心を起こす、③悪友と親しくする、④精進しない、⑤おごり高ぶる、⑤世間の生業を営む）と、菩提心を退転する二つの行為（五つの感覚器官による欲を貪る、仏法僧の三宝を恭敬尊重できない）である。以上の内容は、これらの行為をすれば菩提心が破壊されるからしてはいけないというもので、悪しき行為を戒めるものとして大乗戒の性格を有すると言えよう。

石刻では、さらに「不退の心」とはいかなるものかを説明する。不退の心とは、あらゆる功徳を菩提に振り向けるという菩提心を発し、「願わくは常に諸仏及び仏弟子に親しみ近づくことができ、常に奥深い教えを聞き、五つの感覚器官が完全に具わり、もし苦難に遇ってもこの心を失いませんように」で始まり、「この上ない正法（正しい教え）を受持するのに、身・命・財に対し惜しむ気持ちを生じませんように」など様々な内容を有する誓願を立てるような人のことであると説明する。石刻では省略されているが、師子吼菩薩品ではこの誓願を立てる人を「菩薩は最後まで菩提の心を退失しない、と名づけ、亦た施主と名づけ、如来を見て仏性を明らかにすることができ、衆生を導いて輪廻の苦しみの世界から救い脱出させることができ、この上ない正法を護持し、六波羅蜜（大乗仏教における布施・持戒・忍辱・精進・禅定・智慧という六種の修行）を具足することができる」とする。これは以下に続く『勝鬘経』に見える勝鬘夫人の「正法を摂受（おさめとり受ける）する」という誓願内容と対応している。

すなわち、石刻の第三四、三五行目では、上記『涅槃経』師子吼菩薩品の誓願をうけて、『勝鬘経』に見える勝鬘夫人の三大誓願の第一、「この真実なる誓願をもって無量無辺の衆生を安んじ慰撫し、この善根によって一切の生において、正法智を得られますように」という誓願が刻まれていたと考えられる。

石刻には見られないが、三大誓願の第二大願は、「わたしは正しい法の智慧を獲得した後、飽くなき心をもって、衆生のために説法します」であり、第三大願は「私は正法を摂受することに身・命・財を〈惜しまず〉捨て、正しい教えを護持します」である。そして「菩薩のガンジス河の砂の数ほども多くの諸願はすべてことごとくこの三大願中に含まれる」とされる。

『勝鬘経』において、この三大願の前に述べられるのは、勝鬘夫人が将来成仏すると仏から授記された後に発した「十大受（じゅうだいじゅ）」、すなわち十の誓戒である。その第十には、「世尊よ、私は今日より以後、菩提に至るまで、正法を摂受して最後まで忘失しません。なぜでしょうか。正法を忘失するとは、大乗を忘れるということです。大乗を忘れるとは、波羅蜜（菩薩の大行）を忘れるということです。波羅蜜を忘れるということは、大乗を欲しないということです。もし菩薩でありながら大乗に心が定まらない者は、正法を摂受しようという意欲を持つことができず、思いのままに振る舞い、永久に凡夫の地を越える能力がないからです」（大正一二・二一七下）とある。波羅蜜と大乗の正法摂受との関係が言及されていることは、『涅槃経』師子吼菩薩品の「よくこの上ない正法を護持し、よく六波羅蜜を具足す」（表5参照）という表現に通じる。

さらに、『勝鬘経』三願章につづく摂受正法章において、「ガンジス河の砂ほど多くの菩薩のあらゆる諸願は、一切みな一大願中に含まれる。〔その一大願というのは〕いわゆる正法を摂受するということである。正法を摂受することを真に大願とする」（大正一二・二一八上）とあるように、菩薩のあらゆる誓願がすべて「正法を摂受する」という一願に集約されるものであるとしている。

上記内容をまとめると、この二つの経典を組み合わせた刻文の作成者は、衆生がみな仏性を有していることを前提とした上で、退転と不退転という相違がいかにして生じるかという問題を提示した。そして、菩提心を退失・破壊しないための大乗戒を数項目にわたって示し、不退の心とは、菩提心を発し、正法の受持などの内容を含む誓願を立てることであると説明した。さらに、この師子吼菩薩品の誓願と『勝鬘経』の誓願文に共通点を見出し、師子吼菩薩品に見える誓願によって限りなく多くの衆生を安んじ慰撫し、この善根による正法智の獲得を願うという形をとり、最後を締めくくった。『勝鬘経』では、この誓願を第一とする三大願は、あらゆる菩薩の誓願を集約するものであるとされていることも、『勝鬘経』の経文が末尾に用いられた理由であると考えられる。

**b　南洞（刻経洞）**（図2-20）　南洞は二階建ての構造を有し、一階窟前には前廊、二階部分には、釈迦多宝二仏並坐像を主尊とする小窟（双仏洞）があり、仏塔を模したものとなっている。また、南洞は窟内外に経典や仏名が刻まれ、唐邕の刻経記が残されている。この刻経記によれば、天統四年（五六八）から武平三年（五七二）にかけて、唐邕は『維摩経』『勝鬘経』『孛経』『弥勒成仏経』をすでに開鑿されていたこの窟に刻んだ。この四部の経典には、北斉時代、兵馬の輸送を一手に管掌し、軍事面で大きな功績を挙げた唐邕個人の境遇や信仰がかなり明確に表されていることが明らかとなっている。具体的には、『孛経』は宰相の孛を主人公とするものであり、その境遇が唐邕自身に重ねられていた（謝二〇〇六）。『弥勒成仏経』に関連して、唐邕は弥勒金像を造っており、弥勒信仰を有していた。『維摩経』『勝鬘経』はともに在俗者を主人公としており、在俗者の唐邕が選択する経典として相応しい。ここでは、唐邕刻経とは異なる懺悔儀礼に関係する仏名石刻について簡単に紹介する。

南洞には元来、前廊部に四本の八角石柱が存在した（図2-21）。このうち、前廊中門北側石柱は完全に消失したが、それ以外の三石柱については、部分的に刻字が残存しており、その多くが仏名である。

この石窟刻経洞の石柱に刻まれた仏名と経文の一節の典拠についいて、（李一九九七）（馬二〇〇三）が部分的に明らかにしていたが、近年（Rösch 2012）や（張二〇一三）によってほぼす

図 2-20　北響堂山石窟南洞外景

図 2-21　南洞外立面図

表６　石柱刻文と典拠経典対照表

| 石柱刻文 | 典拠 |
|---|---|
| ①前廊北端石柱<br>【西面】…光仏　无垢仏　薬王菩薩　薬上菩薩（以上大字） | 「无垢仏」は三十五仏の一。薬王菩薩・薬上菩薩は『法華経』『観薬王薬上二菩薩経』に見える。 |
| ②前廊中門南側石柱（図 2–22）<br>【西面】：<br>……善女人等一切衆生悉有仏性、非是作（以上大字）<br>【北西面】：<br>……毗舎・首陁、能断除者、則見仏性、成无上道。（以上大字）<br><br>【北面】：（上部欠。下部唐代後刻　略）。<br>【北東面】：<br>……□進軍仏　精進喜仏　宝火仏　宝月光仏　現无愚仏／……仏　……仏　堅徳仏　栴檀功徳仏　無量究光仏（以上小字）<br>【東面】：<br>……財功徳仏　徳念仏　善名称功徳仏　弘炎幢王仏／……歩仏　宝蓮華善住娑羅樹王仏　出決定毗尼経（以上小字） | 『涅槃経』如来性品<br>「善男子。衆生薄福、不見是草。仏性亦爾、煩悩覆故、衆生不見。……諸衆生身亦復如是、雖有四大毒蛇之種、其中亦有妙薬大王、所謂仏性、非是作法、但為煩悩客塵所覆、若刹利・婆羅門・毘舎・首陀、能断除者、即見仏性、成無上道。」（大正 12・411 中下）<br>『決定毘尼経』三十五仏「南無釈迦牟尼仏（以下「南無」省略）、金剛不壊仏、宝光仏、龍尊王仏、精進軍仏、精進喜仏、宝火仏、宝月光仏、現無愚仏、宝月仏、無垢仏、離垢仏、勇施仏、清浄仏、清浄施仏、婆留那仏、水天仏、堅徳仏、栴檀功徳仏、無量掬光仏、光徳仏、無憂徳仏、那羅延仏、功徳華仏、蓮華光遊戯神通仏、財功徳仏、徳念仏、善名称功徳仏、紅炎幢王仏、善遊歩功徳仏、闘戦勝仏、善遊歩仏、周匝荘厳功徳仏、宝華遊歩仏、宝蓮華善住娑羅樹王仏。」（大正 12・38 下～39 上） |
| ③前廊南端石柱（図 2–23） | 12 巻『仏名経』巻 8「舎利弗。従此世界東方、過百千億世界、有仏世界名然灯、彼国土有仏名宝集、阿羅呵、三藐三仏陀、現今説法。南無宝集仏。舎利弗。若有善男子・善女人、聞彼仏名、至心受持憶念、是善男子・善女人、畢竟得七覚分三昧、得不退転阿耨多羅三藐 |

| | |
|---|---|
| 【南西面】：<br>東方燃灯界、有仏名宝集。若人聞名者、超世六十劫。（以上小字） | 三菩提心、超越世間六十劫。」<br>爾時、世尊以偈頌曰、東方然灯界、有仏名宝集、若人聞名者、超世六十劫。」（大正 14・159 下） |
| 宝勝仏　成就盧舎那仏　盧□□□像仏　盧舎那光明仏　不動仏　大光明仏／阿弥陁仏　无量声仏　阿弥陁劬沙仏　大称仏　宝光明仏　得大無畏仏　然灯火仏　実声仏　无辺无垢仏　……（以上小字） | 12 巻『仏名経』巻8・二十五仏名（大正 14・159 下～160 下）ただし【南西面】の阿弥陀仏はこれに見えず） |
| 【西面】：<br>南□□□幢摩尼勝光如来（以上上層大字）　若有至心称名者、除七百／万億阿僧祇劫生死之罪。（以上中層小字）<br>日月光明仏　无垢光明仏　清……／日光明仏　无辺宝仏　華勝仏　……（以上下層小字） | 『千仏因縁経』「第二比丘久已成仏、号帝宝幢摩尼勝光如来、十号具足、若有四衆聞彼仏名、五体投地、帰依頂礼、即得超越七百万億阿僧祇劫生死之罪。」（大正 14・70 下）<br><br>12 巻『仏名経』巻 8<br>（大正 14・160 下～161 中）上記南西面仏名のつづき |
| 【北西面】：<br>如来妙色身　世間无与等　无比不思議　是故今敬礼（以上上層大字）南无仏……／……（以上下層小字） | 『勝鬘経』如来真実義功徳章「勝鬘及眷属、頭面接足礼、咸以清浄心、歎仏実功徳。如来妙色身、世間無与等、無比不思議、是故今敬礼。」（大正 12・217 上） |
| 【南面】：……楽（以上大字） | 『大般涅槃経』聖行品「諸行無常　是生滅法」（大正 12・450 上）「生滅滅已寂滅為楽」（大正 12・451 上）<br>『涅槃経』徳王菩薩品「如来証涅槃、永断於生死。若有至心聴、常得無量楽」（大正 12・497 中） |

図 2-23　前廊中門南側石柱　図 2-22　②前廊中門南側石柱（拓本）

べてが同定された。筆者は七階仏名の懺悔儀礼との関係をより明確に論じた（倉本二〇一六）。

まず、①に「薬王菩薩」「薬上菩薩」という刻字があり、第一に考えるべきは『観薬王薬上二菩薩経』との関係である。この経で説かれる七階仏名の第一に相当すると考えられる。

次に表の②の部分、上部が欠損した前廊中門南側残石柱（図2-22、2-23）の最も目立つ正面（西面）には、「（上欠）善女人等一切衆生悉有仏性、非是作」と刻まれ、その続きの面である北西面には、「毗舎・首陀、能断除者、則見仏性、成无上道」（以上大字）と刻まれる。これは、『涅槃経』如来性品の一節「善女人等、一切衆生はみな仏性を有し、これは作られたものではない」に「……善女人ら一切衆生がみな仏性を有する」という語句を前に付加した文である。その内容は、一切衆生はみな仏性を有しているが、仏性が見えないのは客塵煩悩（きゃくじんぼんのう）（一時的に付着した塵のようなものにすぎない煩悩）に覆われているからで、波羅門（バラモン）・刹利（クシャトリヤ）・毗舎（ヴァイシャ）・首陀（シュードラ）がこれを断除できれば、仏性を見て、無上菩提を完成できると説くものである。また、「一切衆生悉有仏性」という『涅槃経』の主題を議論の前提とすることは、天統二年刻経と共通する。

③の石柱には、十二巻『仏名経』二十五仏名と『千仏因縁経』の二仏名のうち帝宝幢摩尼勝光如来、そして『勝鬘経』偈が記される。「帝宝幢摩尼勝光如来」は渉県の中皇山媧皇宮所蔵武平二年（五七一）木井寺観音経碑にも見られる（馬・馬二〇〇六）。二十五仏の後の仏名が、敦煌文献七階仏名にみられる隋訳『十二仏名神呪校量功徳除障滅罪経』の仏名でないことは、石柱刻文が北斉時代のものであることの重要な根拠となるであろう。経典は「聞名」と「五体投地」の礼拝だが、石刻では「もし至心に称名すれば、七百万億阿僧祇劫の生死の罪を滅除できる」と言い、称名による滅罪に変えられている（張二〇一三）。

十二巻『仏名経』に見える東方燃灯界の宝集仏については、「若人聞名者、超世六十劫」とあるが、宝集仏の名を受持憶念することで「七覚分三昧」を得、さらに菩提心からの不退転を得て（表6二重線部）、六十劫を超越する。これは、成仏までの時間の短縮である。菩提心から退転しないというテーマは天統二年刻経と共通する。

諸仏名の列記が終わった後は、もし七階仏名の順序に従えば、懺悔文・廻向文が来るはずであるが、石柱にはこれらが見られず、一切誦（普誦）（『勝鬘経』の偈）が記される。勝鬘夫人は、この偈を唱え仏を讃えたことで仏より授記され、普光如来となることを保証されたという極めて重要な偈である。ちなみに、唐邕刻経にも『勝鬘経』の全文が刻まれており、『勝鬘経』の重視が見られるのである。

さらに③の南面には、先述したように「楽」の字があるとされ、七階仏名の末尾の偈に相当する可能性がある。

ここまでの考察をまとめると、天統二年刻経と南洞石柱刻文は『涅槃経』の一切衆生悉有仏性説を前提として提示し、『勝鬘経』を末尾近くに配置し重視するという非常に重要な点で共通しており、おそらく同一の僧の指導による同時期の作成と思われる。北響堂山石窟の刻経の主題は、『涅槃経』の「三宝常住」（ただし北響堂山石窟には僧宝が確認できない）と、「一切衆生悉有仏性」を議論の前提にした上での「見仏性」を妨げている煩悩の除去や、菩提心から退転しないための大乗戒や誓願など具体的実践を提示していることである。

特に石柱の仏名部分や経文は、敦煌文献に見られる七階仏名儀礼と共通する要素を多く持っており、しかもそれらよりも古い北朝期の形を留めている。すでに北斉時代の地論師たちが、菩提流支訳『仏名経』に基づく二十五仏を組み入れた点は、北朝において七階仏名の懺悔儀礼が行じられていたことを示すと言えるであろう。

## まとめ

本章では最初に、布薩説戒における懺悔と異なる大乗の懺悔の特徴を説明し、次に中国の南北朝時代の懺悔に関わる経典の受容を論じ、さらに仏名の組み合わされた懺悔儀礼を中心にその発展過程について述べてきた。以下では本章の内容を簡単にまとめておこう。

中国土着の宗教である、五斗米道における滅罪の儀礼や、『無上秘要』に記載された塗炭斎では、「罪過の告白」→「自己懲罰・自責により誠意を示す」→「神々に許しを乞う」という構図が見られた。五斗米道の場合は病気の治癒が滅罪の証となる。塗炭斎の場合も自身に加えて祖先の罪の滅除と将来における無病息災が祭祀の目的とされている。これらは懺悔する者を罪人に見立て、罪人が罪を白状し、自己懲罰により誠意を示すことで裁判官がその誠意を認め寛大な処分を下すというモデルを背景としているとされる。

中国に仏教が伝来し、経典の翻訳や外来僧の口伝により大乗仏教の懺悔が紹介された。大乗仏教の懺悔は、罪状の告白や仏に哀れみを乞うという点で、上で示した構図と共通するところがあるが、相違点も存在する。大乗の懺悔は、輪廻転生を前提にしているので、懺悔する罪の対象がはるか遠くの過去世に遡る。そして、空観による滅罪を説くこと、衆生救済の誓願と懺悔が密接に関連していることも仏教伝来以前の宗教にはなかった特徴である。懺悔→勧請→随喜→廻向→誓願という五悔と呼ばれる懺悔儀礼の次第は遅くとも西晋時代には紹介されていた。

五世紀になると、律文献や菩薩戒に関わる経典が大量に漢訳され中国にもたらされた。このことで戒律違反の問題が強く意識されるようになった。とりわけ、律に規定された布薩説戒の懺悔では漏れてしまう、教団追放となる四重禁や無間地獄に堕ちる五逆罪といった重罪を犯した場合が問題となった。また、出家者以外に、在家者が菩薩戒を受持するにあたっても身心を清浄にするため懺悔が必要とされた。こうした需要に正面からこたえたのが、本章で詳しく紹介した『大方等陀羅尼経』である。この経では在家の菩薩戒の懺悔や四重禁・五逆罪の懺悔の儀礼次第が具体的に説明され、さらに滅罪が成就したことの証明として、夢に現われる様々な瑞相を具体的に規定し、南北朝から唐にかけて広く用いられ実践された。

また、『金光明経』も大乗仏教の懺悔を夢と関連付けて説いている。この経典は大乗仏教の懺悔が衆生救済の誓願と一体となっていることを如実に示す経典であり、仏法を護持する行者や国家を守護する護法神も説かれた。

曇無讖訳『涅槃経』は、一切衆生に仏性があり、その仏性を見ることで誰でも悟れるはずであるが、客塵煩悩により覆われているためそれが妨げられているというモデルを提示し、中国仏教に極めて大きな影響を与えた経典である。この経では、父殺しという五逆罪にあたる重罪を犯し、病にかかり地獄に堕ちる恐怖を懐く阿闍世王が仏の慈悲により救済される場面を詳細に描いている。阿闍世王は衆生救済の誓願と空観により罪が軽減されたとされ、まさしく大乗仏教の懺悔である。この経をうけて梁代に撰述されたのが『大通方広経』である。この経も一切衆生に仏性があることが繰り返し述べられ、一闡提という重罪人でも救済が可能である事を三宝の称名礼拝懺悔儀礼という具体的実践法として提示し、広く普及した。

ここで、再度強調しておきたいことは、大乗の懺悔が見えない仏に対してなされるものであるために、行者にとっては仏像が仏に働きかける媒介となるものとして非常に重視されたことである。懺悔による滅罪の証明としては、夢や禅定中に現れる瑞相が経に規定されているが、それと同時に、仏像や仏画が光を放つなどの霊験を示したと記録されることも多かった。

また、仏像と同様に重視されたのが仏菩薩の名を唱え、礼拝することである。これは、仏に働きかける手段としては最も直接的で効果があると考えられたであろう。利益があるとされる仏のグループを組み合わせることによる強力な功徳が期待されて、七階仏名儀礼や『大通方広経』に基づく懺悔儀礼が発展した。

次章では、特定の仏菩薩を対象とした具体的な観想法を説く観仏経典を中心に紹介する。これらの経典は、特定の尊格が対象とされ、その観想を説くものが多いので、仏像が観想の対象ともなり、仏像との関係がより密接である。しかもこれらの経典は懺悔と密接に関連し、むしろ観想よりも懺悔を中心に説くものが多いことが注目される。

# 第三章　仏・菩薩を憶念・観想する——念仏・観仏と仏像との関わり

## 第一節　『般舟三昧経』——阿弥陀仏の憶念と不臥不休の行道

### 『般舟三昧経』の実践に関する教説

念仏と観仏は類似した概念であるが、本書では、念仏は仏の姿、あるいは体現された真理そのものとしての法身を記憶にしっかりとどめ憶念する意味、観仏は仏像を用いるなどして実際に仏の身体の各部位を仔細に観想するという意味で区別して用いる。言うまでもなく、観想と仏像には、密接な関係がある。仏像は実際に仏の姿を観想する行を修する場において、その手助けになるものとして用いられた。五世紀前半において漢訳経典と称して相い継いで世に現れた『観仏三昧経』を始めとする観仏経典には、仏像を目の前にして具体的に仏の身体の各部位を順番に観想していくことが説かれる。

ただし、それらの観仏経典よりかなり早くに成立した仏の姿の憶念、いわゆる念仏三昧を説く大乗経典として『般舟三昧経』が知られている。般舟三昧とは、Skt. pratyutpanna (buddha-saṃmukhāvasthita-) samādhi に対応する音訳で、「現在仏悉在前立三昧」（現在仏がみな現前に立つという三昧）などと意訳される。よって般舟三昧も念仏三昧の一種である。梵本の完本は現存しないが、断簡は現存し、またチベット訳は完本が現存する。漢訳としては、三巻本と一巻本、異訳として、三世紀頃成立の『抜陂菩薩経』と隋の闍那崛多らが訳した『大方等大集経賢護分（賢護経）』が現存する。成立に関する問題を説明すると複雑になるのでここでは詳説しないが、一巻本は三巻本に基づき中国で編纂されたものである。また、三巻本には、支婁迦讖によって後漢末の光和二年（一七九）に訳された部分以外に、建安十三年（二〇八）に支婁迦讖の弟子の支亮たちによって改訂された部分が含まれる。経の中では、行の内容を具体的に説いた行品に相当する部分が最も早く成立したとされる。そして他の部分が十方諸仏を中心に空の思想を説くのと異なり、この部分は主に阿弥陀仏を憶念することが説かれる（梶山・末木一九九二、二三九～二五七）。この行品において、般舟三昧の行がいかに説明されるかを見てみよう。

> いかにすれば「現在諸仏悉在前立三昧」に入れるのか。以下のとおりである。颰陀和よ。比丘・比丘尼・優婆塞・優婆夷が戒を完全にたもち、一人になれる場所にとどまり、西方に阿弥陀仏が今現におられることを心に憶念する。聞いたとおりに、ここから千億万の仏国土を過ぎた〔仏国土〕、その国名を須摩提と言い、〔その国土において〕多くの菩薩たちの中心で教えをお説きになると憶念すべきである。いかなる時でも常に阿弥陀仏を憶念しなさい。（中略）出家者や在家者が耳にした西方阿弥陀仏国土について、彼の方の仏（阿弥陀仏）を憶念すべきで、戒を欠いてはいけない。一心に憶念すること一昼夜、あるいは七日七夜つづけると、七日を過ぎて以後に阿弥陀仏を見るだろう。目覚めているときに見えなければ、夢の中において見る。（中略）天眼通（あらゆるものを見通す神通力）によってはっきりと見るのではなく、天耳通（あらゆる音を聴く神通力）によってはっきりと聴くのではなく、神足通（自在に飛行往来できる神通力）によって仏国土に至るのでもない。この世界における生を終えて、かの仏国土に生まれてようやく見るのでもない。この世界において坐

ながらにして阿弥陀仏を見、説かれた教えを聞いてみな受けとるのである。三昧の中からすべてを具足して、人にこれを説く。（大正一三・九〇五上）

ここで一日から七日間の憶念の行が説かれるのであるが、死後でもなく、この現在の世界において三昧に入り、そこからすべてを得ることが強調される。興味深いのは、この経文のつづきで、阿弥陀仏の憶念を、男が淫女を思うことに喩えていることである。すなわち、ある男たち三人が、目で見たわけでもないのにそれぞれ淫女たちのことを聞いただけで婬欲の心をおこし、何度も淫女のことを想いながら寝た。夢の中でも自分たちが淫女たちのもとを訪れ一夜をともにし、目覚めた後も彼女達のことを憶念したという。経ではこの比喩を人々に説いて同じように阿弥陀仏のことを憶念することを人々に勧めるように説く。姿を見たこともない淫女を憶念するという喩えのように、経の中で最も古い部分であるとされる行品（ぎょうぼん）では、阿弥陀仏の憶念には仏像が特に必要とされてはいない。ただし、行品以外では仏像への言及があり、支婁迦讖が仏像に関する記述を付加したと考えられている（梶山・末木一九九二、二五六〜二五八）。また、阿弥陀浄土への往生を願うなら、いかなる方法で往生できるかという颰陀和菩薩の問いに対して、阿弥陀仏は、

もし我が国に生まれたいと願うなら、常に私を憶念し、どんなときも常に憶念を修して、休んではならない、このようにすれば我が国に生まれることができよう。（大正一三・九〇五中）

とやはり同じく憶念の行を説く。以上が行品に説かれる行であるが、これ以外でも行に関する重要な文章がある。すなわち、四事品（しじぼん）の以下の記述である。

菩薩よ。また次に、速やかにこの三昧を獲得できる四つの事がある。四つとは何か。一つ目は、三ヶ月の間指を弾くほどの間でさえ世間のことを想ってはいけない。二つ目は、三ヶ月の間、指を弾くほどの間でさえ横になってはいけない。三つ目は、三ヶ月の間、行道して休息してはいけない、坐ってはいけない。ただし食事やトイレの時を除く。四つ目は、人のために経を説く場合、衣服・飲食を望んではいけない。以上の四つである。

菩薩よ。また、速やかにこの三昧を獲得できる四つの事がある。四つとは何か。一つ目は、集った人々（「合会人」）を仏のもとに至らせること、二つ目は、集った人々に経を聴かせること、三つ目は嫉妬しないこと、四つ目は人に仏道を学ぶように教導すること。以上の四つである。

菩薩よ。また、速やかにこの三昧〔経〕を獲得できる四事がある。四つとは何か。一つ目は、この三昧のために、仏像を造らせ、もしくは〔仏の〕絵画を作らせる。二つ目は、この三昧のために、上質の白絹を用意し、人にこの三昧〔経〕を書写させること。三つ目は驕り高ぶる人を教導し、仏道に入らせること。四つ目は、常に仏法を護持すること。以上の四つである。

時に仏は偈を述べて以下のように讃歎した。「常に仏法を楽（ねが）い信じ、経を誦し空を念じ、中断することなく、精進して睡臥せず、三ヶ月間怠ってはいけない。」（大正一三・九〇六上中）

このように『般舟三昧経』は、七日間の阿弥陀仏の憶念の行に加えて、三ヶ月横になって寝ずにひたすら行道（堂内、あるいは仏像や塔のまわりをぐるぐると繞り歩く）をするというたいへんな苦行を説く。また、この三昧のために仏像制作についても奨励し、集った人々を仏のもとに至らせ、経を聴かせることを勧めている。これは、廬山慧遠が同志を集め、阿弥陀仏像の前で誓願を行ったことを想起させる。次にその廬山慧遠と念仏三昧について述べよう。

## 廬山慧遠の念仏三昧

道安に長年師事し、師と別れた後に廬山（現在の江西省九江市南部にある名山）の東林寺に住した慧遠は、当時権力者であった桓玄が「僧は王者を礼拝すべし」と主張したのに対し、出家者は王者を礼拝すべきではないという「沙門不敬王者論」を主張したことで知られている。また、北インドのナガラハーラにあった仏影窟を摸倣した石窟を造営したことも知られている。だが中国においては、慧遠はそれらのことよりも、念仏の結社「白蓮社」を作ったことで浄土教の祖として最も有名なのである。もっとも「白蓮社」という名は後代に作られたものであるが、慧遠が念仏（ここでは仏を憶念するという意味）の結社を組織したことは南朝梁の『高僧伝』に記録されれっきとした史実である。東晋末の元興元年（四〇二）、慧遠は道俗あわせて一二三人の同志とともに東林寺の般若台精舎の阿弥陀像の前に集い、斎会を設けてみなともに西方浄土を目指そうと誓いを立てた。この時の誓願文は、在家の篤信仏教徒である劉遺民が作成し、『出三蔵記集』巻一五・慧遠法師伝や『高僧伝』巻六・慧遠伝に収録されている。ここでは、念仏三昧に関する一節を引用しておこう。

> 今や幸いにも謀らずしてみなともに西方浄土に心を注ぎ、経典をたずねて信仰心を起こし、まぎれもなき心情は自然に発し、かくて機縁となる表徴は夢路にも通い、歓喜の情は君主を慕う民の気持ちにも百倍するほどである。かくして霊妙な図像は輝きを発し、お姿は神が造り出したものにも等しく、その手業のみごとなことは理法そのもの、とても人間業とは思われず、ここにまぎれもなくひたむきな気持ちが自然に開かれ、冥々の運数が集まって来るのである。心を引き締め精思を積み重ねて念慮を集中しなくてよかろうか。（吉川・船山二〇〇九b、二一一）

ここで強調されているのが、阿弥陀仏像の姿の素晴らしさとその住する西方浄土へ心を集中するという念仏三昧であることは疑いがない。慧遠は因果応報の世界から抜け出すには、念仏三昧が第一であると考えた。この阿弥陀像前での誓いの場で作られたとされる慧遠作の「念仏三昧詩集序」（大正五二・三五一中）には、以下のようにある。

> 一体、三昧というのは何かというと、〔それは〕、思いを専一にし、想を寂めることをいうのである。思いが専一であると、志は一つに集中して分散せず、想が寂かであると、気は虚となり、精神は澄みわたってくる。気が虚となれば、智はその照を安静にし、精神が澄みわたれば、如何なる幽微な道理にも透徹する。（中略）又いろいろな三昧があって、その名称も極めて多いが、〔その中で〕すぐれた功徳をもち、実行し易いのは、念仏〔三昧〕が第一である。（木村一九六〇、三四七。本書の凡例に従い原書の（　）と〔　〕の記号を逆に改め、字体を新字に改めた。（中略）も引用者による。）

以下同じ）

ここでは、三昧とは思いを専一にし、想念を寂静にすることとするが、様々な三昧のうち、念仏三昧が最も実践しやすく、功徳も多いことが説かれる。その理由は以下のように説明される。

玄妙にして空寂な道の根源を窮極めた人を尊んで如来と名づけるが、〔この如来は、天地宇宙の〕神妙な理法を体得して変化の道と一つになり、〔衆生に〕応じ現れるのに、一定の仕方によらない。だから、この定（念仏三昧）に入る者に、昧然として分別知を忘れさせ、対象に即して〔精神の霊妙な〕照らしうつすはたらきを現じさせるのである。〔照らしうつすはたらきが〕明らかであると、内の照が映きあって万物の像がそこに〔はっきりと現れ〕生じ、耳目の感覚ではとらえることの出来ないものまで聞いたり見たりすることが出来るようになる。（木村一九六〇、三四七～三四八）

すなわち、様々に応現するという、仏の不可思議な力に頼ることで、通常の感覚器官では認識できないものが認識できるとする。これがひいては、真理の体得や煩悩の除去につながるとされるのである。この「念仏三昧詩集序」には、つづいて、仏法を信奉する諸賢が、みな仏と契りを結ぼうと思い、時の経つのは早いのに、来世のための功徳を十分に積んでいないことを恐れ、法堂にて心を洗い清め、夜分に寝ることも忘れ、朝から夜まで勉め励み、仏縁につながる人々とともに精進することを願っている。

また慧遠は、劉遺民たちに督励の手紙を送り、いたずらに深遠な哲理を思うことばかり追い求め、悟りを得るための実践的修行の努力に乏しいとして叱咤激励し、六斎日には仏道修行に専心することを勧めている（「与隠士劉遺民等書」（木村一九六〇、九八および四二七～四二八）。

この手紙に感化され、劉遺民は、日増しに仏道修行に勉め励んだ。坐禅に専念し、始めて半年ばかりで禅定中に仏を見ることができた。すなわち、路上で仏像に遇い、仏が空中に現れ、その光明が天地を照らしみな金色となり、さらに仏が袈裟をつけ宝池にて沐浴したのを見たという。劉遺民は禅定から出ると僧に読経を依頼し速やかに入滅することを祈願した。いよいよ入滅のときが迫ると、西方に向かって正坐し、合掌したまま息絶えたという。

ちなみに、慧遠はこの念仏三昧の見仏に関して疑問を持ち、当時長安に迎えられた鳩摩羅什に質問した記録が残されている。それを要約すると、禅定中に仏を見るというのは、夢の中で見られる仏とどこが異なるか、禅定の見仏が夢中見仏と同じだとすると、凡夫である自分の心の中で見たことになり、それでどうして解脱ができるか。『般舟三昧経』に説かれる、三昧が得られるとする三つのこと（持戒、大功徳、仏威神力）のうち仏の威神力は外から来た仏か、あるいは心の中の仏か、という問いである。

問いに対し鳩摩羅什は、見仏三昧に三種あると答えた。第一は菩薩が神通力によって十方仏のもとへ飛んでいき、仏に会い質問して疑問を解決するというもの。第二は神通力はないが、常に修行し阿弥陀仏などの現在諸仏を憶念し、心を一所にとどめ、般舟三昧の力によって仏に会い疑問を尋ねるというもの。第三は、仏を憶念することを学び、欲を離れていても、あるいは離れていなくても仏像を見たり、生身の仏を見たり、過去・未来・現在諸仏を見るというものである。

そして、仏が般舟三昧を称賛するのは、第三の、欲を離れていない者のためであり、欲を離れていなくても、心を一点におさめ、諸仏を見ることができるのは、仏道の根本であるとする。第三の者でも戒をたもち深く信じ敬い、仏の威神力と三昧力と多くの縁が和合するなら仏を見ることができること、あたかも人が鏡に向かい自分の姿を見るようなものとする。

阿弥陀仏については、その姿は完全にそなわっていると経に説かれており、修行者が経の所説のとおりに修行して仏を見ることができれば、それは筋が通っており、単なる思いはかりではないとする。

鳩摩羅什はまた、空思想の観点からも説明する。経には諸仏の身はそれ自体に固定した自性はなく、究極は空寂で、夢や幻のようなものだと説かれるが、そうだとすると、『般舟三昧経』に依拠して修行し諸仏を見ることも虚妄とは言えない。仏説は衆生に善根を植えさせるのであるから、見仏する者は、よく善根を生じて阿羅漢や不退転を得られるとする。夢に関しては、人は夢と言えば信じるので、仏が夢を喩えに使ったにすぎないとする。

以上が鳩摩羅什の答えをまとめたものであるが、誤解を恐れずひと言で言ってしまえば、経に説かれていることは仏が衆生を悟りへと導くためのはからいであるから、慧遠のように疑う必要はなく、経を信じてそのとおり修行しなさいということであろう。

慧遠が同志を集めて阿弥陀像の前での西方往生の誓いを行ったことは『般舟三昧経』に基づくものであったが、この般舟三昧は上記諸資料から見る限りはおそらく静かに坐して精神を仏に集中するものであり、後述する天台宗比叡山の常行三昧のように念仏を唱えひたすら行道するものではなかったようである。

## 僧伝に見る般舟三昧

この経典に基づく般舟三昧は、慧遠以外にもかなりの広がりを見せていたようである。梁の『高僧伝』や『続高僧伝』にはいくつかこの行を修した事例が見られる。

第一章第六節でも言及した南朝の宋の時代の道冏(どうきょう)は、『法華経』を誦し、普賢斎を設けたり、観音を信仰して元嘉十九年（四四二）に十日観世音斎を設けるなどして様々な奇瑞をおこしていた僧である。都の建康に到着すると、南澗寺(なんかんじ)に住し常に般舟三昧を行じていた。あるとき、夜中に禅定に入ると、突然四人が馬車を御して僧房を訪れ、乗るように呼びかけた。道冏がぼんやりしていると、いつの間にか郡の後背の沈橋まで来ていた。道には一人の胡床に坐った者と侍者数百人がいて道冏を見ると驚いて起ち上がり「坐禅の人だ」と言ったという（『高僧伝』巻一二・道冏伝、また『法苑珠林』巻一七、巻六五に引く『冥祥記』も参照）。ここでは、道冏が修した般舟三昧が坐禅の行であることが明確に述べられている。

南斉時代、江陵(こうりょう)の長沙寺(ちょうさじ)にいた慧遠（廬山慧遠とは別人）は、もともと慧印の下僕であったが、信心深かったので出家させてもらうことができ、般舟三昧の修行を数年かけて励むと、不思議なことがおこるようになり、分身して招きに赴いたり、国の興亡を予言することができた。臨終の際には二月二三日に天人たちが迎えにきたという（『高僧伝』巻一〇・僧慧伝附、『名僧伝抄』名僧伝説処第二一）。

比丘尼慧緒(えしょ)（四三一～五〇〇）は、十八歳で荊州の三層寺で出家した。江陵の隠尼とともに、夏安居(げあんご)を過ごし、ともに般舟三昧を修した。二人は心身ともに苦行に励み、昼も夜も休むことはなかったという（『比丘尼伝』巻三・慧緒伝）。

江都安楽寺の慧海(えかい)（五四一～六〇九）は、斉州の僧道詮(どうせん)がもたらした阿弥陀像の画像を模写し広めるなど、西方浄土を信仰していた。若いときから勉め励み、老いてますます篤信になり、般舟三昧の密行や阿蘭若（森林・原野など閑静な場所）における思惟の行をしばしば修し、瑞相がいつも現れたという。（『続高僧伝』巻一二・慧海伝）

弘福寺の霊潤（五八〇～?）は、河東虞郷（山西省永済市東北）の梁氏という地方の名望家に生まれた高僧である。仏性を持たない衆生もいるという新訳経論に基づく玄奘一門の主張を厳しく批判し、一切衆生に仏性があるという旧来一般的であった説を擁護したことで知られる。仁寿二年（六〇二）師僧である霊璨に随従して懐州（河南省沁陽市）に舎利を送り届けた後、泰山のふもとにある霊岩寺（現在の山東省済南市長清区）の評判を耳にし、寺に赴き「般舟行定」を修した。行定とは行道による念仏三昧の意味であろう。この行を修して朝夜怠ることなく、開始から二一日を経て世間のことを思うことがほぼなくなった。世間のことを思うなどというのは、経の四事品に規定されていたことである。これ以後、突然睡眠・懈怠を忘れて身心ともに勉め励み、夏安居の終わりに至った。同伴の僧たち五百人余りが各自この行を修し、たがいに励ましあっていたが、行の期日が終わる時には同行者は何人も残っていなかったという。霊潤が修したのは、経の四事品に説かれる第二の修行法である三ヶ月の行道であったことはほぼ間違いない。

霊潤とほぼ同時期に同じく霊岩寺で般舟三昧を修した僧に法韻（五七〇～六〇四）がいる。法韻は蘇州の陳氏出身である。三十歳を過ぎて栖霞寺（現在の南京市栖霞区）で禅定を学び、その後泰山の霊岩寺の噂を聞き、寺に赴いて般舟三昧の苦行（「般舟苦行」）を修した。志は剛直で清らかであり、名声を願わず、石を運び薪を割り、物資を供給することを自らの任務としたという（『続高僧伝』巻三〇・法韻伝）。

この出身地の全く異なる二僧の事例からは、隋代に般舟三昧の修行道場としての霊岩寺の名声が全国に轟いていたことをうかがわせる。

般舟三昧は方等懺とともに行じられることが多かったようである。方等懺のところで言及した曇栄も春夏に方等懺と般舟三昧の行を立てたとあり、道綽も方等懺・般舟三昧を毎年行じたことは既に述べた。方等懺のところで同じく言及した徳美も般舟三昧を行じ、夏安居の間中、坐すことはなかったという記述が見られる。

方等懺とともに般舟三昧も重視したことは南岳慧思も同じである。既に述べたように、臨終の際に弟子たちに対し、身命を惜しむことなく常に法華・般舟の念仏三昧、方等懺、常坐の苦行を修す者が十人いれば必要なものを供給し、いなければこの世から遠くに去ると遺言している。慧思は弟子にもこの行を修することを命じた。

恵成（慧成）は南岳慧思の弟子となった僧である。澧陽（湖南省澧県）の人で六世紀に活躍した。建康に出て『成実論』を十年間学び、郷里に帰り、南岳慧思の噂を聞き帰依して、注釈文献を焼き捨て、坐禅を十五年修した。慧思は恵成に方等（懺）・観音・法華・般舟の道場に入るように命じ、罪障を消除するため、三年間それらの行を修すると、魔業（善行を妨害する業障）・禅鬼（禅定中に生ずる妄想・悪鬼）がみな消え去ったという。ここで般舟以外に列挙される方等・観音・法華とは、それぞれ方等懺・観音懺・法華三昧（懺悔行）であり、般舟三昧も滅罪を目的として修されたと考えられる。恵成が行じた般舟三昧はおそらく横にならずに行道を三ヶ月間続けるものであろう。こちらの行の方は、天台智顗によって常行三昧として四種三昧に組み入れられ、長らく修されていくのである。

## 善導の規定する般舟三昧

道綽が方等懺と般舟三昧を修したことは述べたが、その弟子で初唐に長安で活躍した善導は、初期の著作である『観念阿弥陀仏相海三昧功徳法門』（通称『観念法門』）にてこの般舟三昧について解説し、七日間の集中的な念仏三昧の修行を以下のように規定している。

①道場の整備・・・道場（仏堂あるいは浄房）を整え仏像を安置し、香湯にて像を清め、仏像を西壁に安置する。

②時期の選定・・・三昧道場に入り一日から八日、八日から十五日というように、月を四つの時期に分け「家業の軽重」、すなわち家の仕事の忙しさを考慮して、適当な時を選び浄行堂に入る。

③七日七夜の行・・・浄衣を用い、靴や靴下も新しくきれいなものを用い、七日間、一日一食の「長斎」を行う。昼夜心を集中して阿弥陀仏を念じ、心と声を相続させ、睡眠を取らずにひたすら合掌念仏し、一念一念に見仏の想念（阿弥陀仏の真金色の御身は、光明が輝きわたり、この上なく端正で、行者の前にいらっしゃるという想念）をなす。立つなら立つ、坐すなら坐し、一万あるいは二万遍念ずる。

④懺悔・・・七日七夜の行の間、毎日昼夜あるいは三時（朝昼夜）、六時（晨朝・日中・日没・初夜・中夜・後夜）に諸仏・一切の賢聖・天曹・地府・一切の業道（冥界の官吏）に対し、生まれてこのかた犯してきた一切の罪業を告白し懺悔を行う。終わればもとの念仏行に戻る。

⑤発願・・・酒・肉・五辛を手に執らない、口に入れないことを誓う。もしこの語に違えば、身体や口に悪瘡ができるように願う。あるいは『阿弥陀経』を読誦すること十万遍を満たそうと願う。毎

日一万遍念仏し、経を読むこと能力に応じて毎日十五遍、あるいは二十遍・三十遍し、浄土往生を誓い、仏が救いとってくださることを願う。

以上の善導による規定では、横になって睡眠しないことは同じでも、行道してもよく、坐して行じてもよいことにしている。また、行中に明確に懺悔・浄土往生の誓願を組み入れていることは無視できない。後に善導は、これを西方浄土往生のための大衆向けの儀礼として再構成し、『依観経等明般舟三昧行道往生讃』（通称『般舟讃』）を撰している。

### 現代の日本においても修される般舟三昧

天台智顗は般舟三昧の行を常行三昧として四種三昧に組み入れたことは既に論じたが、日本の天台宗において、こうした常行三昧が現代でも行じられていることは特筆すべきである。天台宗では、比叡山の最も奥にある浄土院に籠り最澄の御廟に十二年を一期として仕える十二年籠山の行が現在も修されている。延暦寺最乗院住職の高川慈照師はこの十二年籠山の行中に『般舟三昧経』に基づく常行三昧を数度修されたそうである。この行の記録（高川二〇一二）がたいへん興味深いので、以下に簡単にまとめて紹介したい。

十二年籠山行に入るためには、毎日過去・現在・未来の三千仏を五体投地により礼拝するという懺悔行を修し、仏を見るという体験をしなければならない。この礼拝行中は横になって寝ることが許されず、縄床という倚子に座って仮眠をとり、仏を見るまで行をやめることができない。仏を見たかは自己申

図 3-2　堂行堂

告だが、実際にこの行を終えた指導者の僧がその成否を判断するので、嘘をついてもすぐばれるとのことである。

　比叡山で行われる常行三昧は、九十日を行の期間として、常行堂（にない堂、図3-2）にて、本尊阿弥陀仏のまわり、柱の外側の外陣（げじん）を、「南無阿弥陀仏」と念仏を唱え続け、心に阿弥陀仏を念じつづけながら歩き続けるという行である。御堂をきれいにしてお供え物をして、身体は沐浴して常に清め、便所に入ったままの着物で御堂に入ってはいけないなどの決まりがある。身体の血が下がらないように足にゲートルを巻き、内臓が下がらないように腹にさらしを巻くなどの準備をする。

　高川師は歩くことが得意だったので、最初はこの行を簡単だと甘く見ていたそうだが、同じ場所をひたすら合掌し念仏を唱えながら回るのは、景色の変わる山を歩くのとはわけが違い、四、五時間も歩くと、肉体的にも精神的にも疲労困憊になった。日々行を続けていると、徐々に身体がヘトヘトになり、睡眠不足でフラフラになり、あちこち壁や柱に身体をぶつけるようになった。そのうち、声も出なくなってくると、妄想がますます膨らんだ。心の隙間ができると、現実にも薄気味悪い無表情な青白い顔をした人間がずらっと並んでいたり、動物が邪魔をしたり、柱の影からじろっとみている人がいるように見えたり、魔が色々と出現してきたそうである。

そして魔に悪戦苦闘して一ヶ月を過ぎた頃には、行をやめようかという思いが頂点に達した。そうして嫌々行を続けていたある夜中に、さらに衝撃的な出来事が起こる。堂内の東北の隅に「南無阿弥陀仏」という名号の軸がかかり、そこで「南無阿弥陀仏」と唱えた瞬間、ピカーッと胸の前に閃光が走り、その明かりの中に腐敗した人の生首が浮かんだ。その瞬間、名号の軸の後ろからビューッと半円を描いて生首が自分の顔の目の前に出てきて、堂内が真っ暗になった。そして自分が大地の奥にすごい力で引きずりこまれるという死の恐怖を懐いた。このままではいけないと思い、全力でそこから飛び出し、走って次の角、さらに次の角で「南無阿弥陀仏」と唱えたが、次第に暗闇になり、大地に引きずり込まれる。

それまではいくら行を重ねても仏さまも出てこず、出てくるのは自分の雑念妄想ばかりで、阿弥陀仏の木像がそこに坐っていることが腹立たしく感じられるほどだったが、この時に、初めて阿弥陀さまにすがるという気持ちが出てきた。そこで、全力でそこから抜けだし、阿弥陀さまの前へ行って「南無阿弥陀仏、南無阿弥陀仏」と一心に唱えると、パッともとの明るさに戻り、これで救われたと感じた。それからは「誠に申し訳ないことをいたしました。これからは改めて、感謝して念仏を唱えさせていただきます」という思いが起こり、念仏が感謝の行に変わった。二ヶ月目からは素直に仏さまと相対して念仏を唱えることができるようになったという。

この話は、常行三昧において中心に阿弥陀仏の像が安置されていることの意味を色々と考えさせてくれる貴重な体験談と言えるだろう。

以上、般舟三昧を実際に修した、南北朝から初唐、さらに現代日本の事例も紹介してきた。廬山慧遠の事例では般舟三昧には坐して行ずるものだったと思われ、道冏の事例も坐して念仏三昧を行ずるものであり、懺悔の要素は希薄である。しかし、時代が下ると、四事品で説かれる三ヶ月の行道の方が史料に目立つようになる。夏安居の三ヶ月の期間を使ってこの般舟三昧を修す事例も現れる。また、方等懺とセットで史料に見え、懺悔滅罪の行としての性格を強めていくようになる。ただ、廬山慧遠の時代から現代の比叡山の事例まで、この行に仏像、特に阿弥陀像が非常に重要な役割を果したことは疑いがないであろう。

## 第二節　観仏経典の出現――懺悔と仏像・禅観・称名・菩薩戒・浄土往生との結合

『般舟三昧経』は仏の姿、仏の三十二相を憶念するものではあっても、仏像の具体的な形を細部まで詳細に観察することを指示するような経ではない。これが本格的に中国において行われるようになるのは五世紀頃からである。この頃から、仏菩薩の形を細部まで観想する禅観を説く経典が次々と翻訳または撰述され、具体的な禅観の実践方法が中国に紹介された。『観普賢菩薩行法経』に代表されるように、これらは懺悔と密接な関係を有する。懺悔は仏像を用い仏菩薩を観想する禅観や、仏菩薩の名を唱える称名との結びつきを強め、懺悔儀礼として多様化し、ますます盛行することになった。これら禅観経典を代表するのが、経名に「観」のつく以下の六つの経典である。

①東晋（伝）仏駄跋陀羅（Buddhabhadra）訳『観仏三昧経』（大正一五、六四三番）
②劉宋（伝）曇摩蜜多（Dharmamitra）訳『観普賢菩薩行法経』（大正九、二七七番）
③劉宋（伝）曇摩蜜多（Dharmamitra）訳『観虚空蔵菩薩経』（大正一三、四〇九番）
④劉宋（伝）畺良耶舎（Kālayaśas）訳『観薬王薬上二菩薩経』（大正二〇、一一六一番）
⑤劉宋（伝）畺良耶舎（Kālayaśas）訳『観無量寿経』（大正一二、三六五番）
⑥劉宋（伝）沮渠京声訳『観弥勒菩薩上生兜率天経』（大正一四、四五二番）

①が釈迦仏の観想を中心とするのを始めとし、②から⑥まですべて特定の仏菩薩を対象として行う修行法を述べている。このうち、①だけが十巻であり、他はみな一巻本である。みな梵本やチベット訳が現存していない。他にも編輯の杜撰さや原語の想定が困難な漢語表現が用いられていることから、インドの原典はもとより存在せず、すべて中国人が漢語で創作したものと主張する見解も有力である（月輪一九七二）。

ちなみに⑥については、劉宋の孝武帝時代（四五三～四六四）の訳出とされるが、「高昌郡において既に早くに存在し、それが後に都の建康にもたらされた。」と『出三蔵記集』巻二で述べられている。高昌郡は現在のトルファンである。沮渠京声は、逸失経典『観世音観経』も⑥とともに建康にもたらしている。他にも現存する『文殊師利般涅槃経』はこれらの経典と共通点が多く、逸失したとされる『文殊観経』に相当するという説がある（服部一九九〇）。

これらの経典には、思想・用語・訳風の点で顕著な類似点があることが指摘され、表にまとめられている（藤田一九七〇、一二七～一二九）。以下この表を参照して重要な部分をまとめよう。まず、五つの経典に共通するものとして、a～eまでが挙げられる。

a、行として称名をとりいれる。　例：『観無量寿経』「南無阿弥陀仏と称う」（大正一二・三四五下）

b、行の功徳として遥か遠くの過去世からの罪業の滅除を説く。　例：『観仏三昧経』「八十億劫生死の罪を除却す」（大正一五・六五五中）

c、観想の対象として多数の化仏・化菩薩を説く。　例：『観無量寿経』「円光中に於て、百万億那由他恒河沙化仏有り。一一の化仏に亦た衆多無数の化菩薩有りて、以て侍者と為す。」（大正一二・三四三中）

d、経に説く観想を「正観」とし、それ以外を「邪観」と名づける。　例：『観普賢菩薩行法経』：「是の観を作す者を是れ正観と名づく。若し他の観なれば是れ邪観と名づく。」（大正九・三九三下）。これは古くは三国呉の支謙訳『維摩詰経』に見られる表現である。

e、観想の対象としての仏菩薩の装身具に使われる素材として、「釈迦毘楞伽摩尼宝珠」「梵摩尼宝」など特殊な名の宝珠が見える。　例：『観無量寿経』「釈迦毘楞伽摩尼宝以て其の台と為す。此の蓮華台、八万金剛・甄叔迦宝・梵摩尼宝・妙真珠網、以て交飾と為す。」（大正一二・三四三上）

他に三あるいは四経典に共通するもので重要なものを列挙すると、

f、臨終の際の諸仏菩薩の来迎と行者の往生が説かれる。　例：『観薬王薬上二菩薩経』「十方諸仏皆

な悉く来迎し、意に随いて他方浄国に往生す」（大正二〇・六六一中）

g、諸仏現前三昧（いつでも一切諸仏が目の前にいるのを見ることができる三昧）の獲得が説かれる。

例：『観普賢菩薩行法経』：「諸の世尊に向いて、口自ら発露す。既に発露し已りて、尋時（ただち）に即ち諸仏現前三昧を得。」（大正九・三九〇下）

以上のように、仏菩薩の観想を説くのが主であるが、称名や滅罪、来迎・往生とも密接に関わる点が重要である。これ以外にも、⑥は懺悔との関わりがそれほど強調されないが、他はすべてが懺悔と強い関わりを有することも見逃すことができない。すなわち、仏・菩薩を観想するにあたり、対象をはっきりと観ずることができないのは、過去世より積み重ねられてきた罪業のためであるとして、懺悔により罪業を滅除して身心を清浄にすることが要求されるのである。特に③は禅観経典というよりもむしろ懺悔経典といってよいほど懺悔を強調する。以下、順に経文を紹介・説明していこう。

## A、『観仏三昧経』——仏像を用いた観想と懺悔

この経は、『出三蔵記集』では、『観仏三昧経』八巻、仏駄跋陀（仏陀跋陀羅）訳として記載される。『高僧伝』巻二・仏駄跋陀羅伝では『観仏三昧海』六巻と記す。現在の十巻本として記すのは、静泰『衆経目録』以降である。例えば『観薬王薬上二菩薩経』が「広く説けば『観仏三昧海』の如し」とこの経を引用するように、他経よりも成立が早く、観仏経典のうちでは最も早く成立したと考えられている。釈迦仏の観想をメインとするが、地獄、四無量心（慈・悲・喜・捨）、陰馬蔵（おんめぞう）（男根）、過去七仏、十

方仏など様々な観想の内容を有する。

この経の訳者は、歴代の経典目録では仏駄跋陀羅とされる。しかし、前述した山部能宜氏の研究によれば、インド原典からの漢訳ではなく、中央アジアのトルファンあたりで中国系の仏教者が西域の観法を口頭伝承を通じて学び、また、漢訳仏典からも語句を流用しつつ、漢語で作成したものである(Yamabe 1999)。

この経では仏像を用いた観想が詳細に説明される。それが観像品という章で、仏像を観想することと懺悔との関係が説明される。以下解説を加えながら引用してみよう。

仏は阿難におっしゃった。「仏の滅度の後、眼の前に仏がいないときは、仏像を観想すべきである。仏像の観想は以下のように行う。比丘・比丘尼・在家信者の男女・天龍八部・一切衆生が仏像を観想しようとするには、まず仏塔に入り、よい香りのする泥土や瓦土で地面を塗り浄める。自分のできる範囲で焼香・散華して仏像を供養し、自らの過失を告白し仏を礼拝し懺悔する。このように七日間心を調え静め、再び僧衆のところに行き、僧地を塗り掃き浄めて糞や穢れなどを除去し、僧に向かって懺悔して衆僧の足下に礼拝することをまた七日間継続する。このように供養して心に疲れ厭う気持ちがおこらないなら、出家者の場合は律をよくすらすらと誦えられるようにし、在家者の場合は、父母に孝行して養い、師長(師や目上の人)を敬い、心を柔和に調える。もし心が柔和でなければ、あたかも象や馬を制御不能にさせないため調教するように、強制的に心を調える。心が柔順になれば、静かな場所にとどまり様々な名香を薫じ、釈迦仏を礼拝し、「大徳、わが大和上、供養を受けるべき者よ、正しい理を窮め尽くした者よ、大悲なる世尊に帰命したてまつる。願わくは慈悲の雲で弟子を覆い護りたまえ」と誓願を述べる。言い終わって五体投地し、仏像の前で涙し、たち上がって衣服を整える。結跏趺坐し、一処に意識をつなぎとめ、各自の好きなように、心を自身の鼻の先端につなぎとめ、あるいは顔の額につなぎとめ、あるいは足の指につなぎとめる。このようにして様々に意の趣くままに意識をつなぎとめて一箇所に集中し、心が散漫になって揺れ動くことのないようにする。もし心が揺れ動くならば、舌で上顎（うわあご）を支え、口と眼を閉じて合掌端坐（姿勢を正しすわる）する。一日から七日までかけて身体を安穏にし、身体を安穏にしおわってから仏像を観想する。」（大正一五・六九〇下）

以上のように仏像の観想の場合も、まず七日間仏像を供養して懺悔礼拝し、さらに七日間僧衆に対しても懺悔礼拝するように述べられている。そうして心が柔和になった後に、釈迦仏（仏像）に対して礼拝し自身を護るように誓願するのである。さらに、坐禅して心を一箇所に集中し身体を安穏にした後、ようやく仏像の細部を下から上、上から下に順番に観想していく逆観・順観に入っていくのである。まず逆観から見てみよう。

逆観をしたい場合は、像の足の指から順に上へと観想する。最初は足の指を観想し心を集中して足の指につなぎとめ、眼を閉じても開けてもはっきりと黄金の像の足の指が見えるようにする。次第にまた両足の甲を観想してはっきりと見えるようにする。次に仏のふくらはぎを観想する。心の集中ができると、順に観想して肉髻（にくけい）（頭頂部の隆起した部分）に至り、肉髻から尊顔を観想して、もしはっきりと見えないならば、またさらに懺悔してますます刻苦し励む。戒が清浄になることで仏像の尊顔がまるで真金の鏡のようにはっきりと鮮明に見えるようになる。この観想が終われば像の眉間の白毫（びゃくごう）を観じ、まるで頗梨珠が右に旋転するように観想する。この相が現れたら、仏の眉と眼を観じ、あたかも天の画師が画いたように観想する。次に像の頂光を観想してはっきりと見えるようにする。このようにして様々な相を観ずることを逆観と名づける。（大正一五・六九〇下）

これによれば、逆観とは像を下から順に上へと観ずることである。仏像の具体的な形相に意識を集中し、眼を閉じても開けてもはっきりと仏の形相が見えるようにする。仏像の尊顔が見えない場合、さらにきびしく懺悔に励むことで持戒清浄となり、像がはっきりと見えるようになると説明される。像が見えないのは、罪業のためであるとして懺悔が奨励されているのである。次は順観である。

像を順観するとは、次のようにすることである。像の頭頂の多くの螺髪（らほつ）から、一つ一つの螺髪に心をつなげて諦（あき）らかに観想し、心ではっきりと見えるようにし、仏の螺髪を見ること、あたかも黒の糸が右に旋転するように観想する。次に仏の尊顔を観想し、それが終わると身体のすべての部分を観想し次第に下方に向かい足にまで至る。（大正二五・六九〇下～六九一上）

以上のように、順観とは一番上の頭頂の螺髪から下の足まで観想することである。つづいて以下のように説明される。

このように往復すること七日間で合計十四遍し、一体の仏像を諦らかに観じ極めて明瞭に見えるようにする。一体の仏像の観想が成就すれば、出定しても入定しても常に仏像が行者の前に立っているのが見える。一体の仏像をはっきりと見えるようになれば、また二体の像を観想し、二体の像が見えるようになれば三体の像を観想し、このようにして十体の像を観想してはっきりと見えるようにする。十体の像が見えるようになれば、一室内に仏像が充満して隙間がないようにする。

（大正一五・六九一上）

ここでは逆観・順観を合計十四回も繰り返し、一体の像の観想が成就すれば　禅定に入った時はもちろん、禅定に入っていない時でもいつも仏像が行者の前に立っているのが見えるようになる。順観も逆観も身体の最高位から最下位までを瞑想するのだから、この場合、瞑想の対象である仏像は立像であり、坐像ではない。そしてその仏像の数を順に増やしていき、仏像が室内に遍満するまで観想を拡大していくのである。次にいったん観想を終わり、父母師僧に奉仕した後に誓願を発すことが求められる。

観想によって一室内に仏像を充満させ終われば、さらに精進して焼香・散華し、塔を掃き浄め地を塗り浄め、衆僧に澡浴を提供し、父母や師僧のために按摩して身体をととのえてあげ、身体を洗浴して足に油を塗り、四方に乞食して美食を得れば、先に師僧に献上し、一部分を父母に献上する。

この行が終われば、以下のように大誓願を発す。『わたしはいま仏を観想しています。この功徳をもって人・天の神々・声聞・縁覚になることを願わず、まさにただひたすら仏の菩提の道を求めようと願います。』このように誓願しおわり、もし本当に誠実に大乗を求めるならば、懺悔すべきである。懺悔が終われば次に諸仏を勧請する。諸仏を勧請し終われば次に随喜する。随喜が終われば次に廻向する。廻向が終われば次に発願する。

発願が終われば、身を正して端坐し、仏前に意識をつなげ、仏のおられる場を観想し、それを次第に広大にする。僧房中を仏像で満たし、その身長は一丈六尺で、足下に長さ八尺の蓮華の円光、及び身体全体に光が摩尼宝珠の炎のように輝く様相、さらに多くの化仏や化仏の侍者、色とりどりの光明をみなはっきりと見えるようにする。一僧房の観想が終われば、また広げて一頃の土地を仏像で満たす。（大正一五・六九一上）

ここの記述で注目すべきは、一室内を仏像で満たす観想を終えると、一旦観想を終え、焼香・散華し、さらに環境を清浄にし、師僧や父母にも給仕した後、懺悔→勧請→随喜→廻向→発願という、五悔とよばれる懺悔儀礼を行うように述べられていることである。発願の後には、再び観想を続きから修すので、観想の修行に懺悔儀礼を組み込んだ形になっている。以下では、さらに観想をすすめていく。

この観想が成就すれば百億四天下（三千大千世界、一仏の教化する範囲）を仏像で満たす（観想を行う）。この観想が成就すれば、食事や排泄の時を除いて、いかなる時も常に仏像を見て、仏像が虚空や大地に隙間なく遍満しているのが見えるようになる。この観想が成就すれば、身心に喜びを得て、ますます精進し、十二部経（仏のあらゆる教え）を頂戴して恭敬し、説法者に対して偉大な師であるという想いを起こし、仏法僧の三宝に父母の想いを起こし、心が調い柔和になり怒りが起きない。もし怒りが起きた時は、般若波羅蜜の前で五体投地して誠心誠意に懺悔し、上に述べた五法（懺悔・勧請・随喜・廻向・発願）を順に行ずるべきである。観想が成就すれば眼を閉じ合掌して端坐し三昧に入り、さらに遠くまでを観想し、十方世界において一切の仏像が純金色に輝き大光明を放つのを観想する。もし戒を犯し不善を行った者は、前世に戒を犯してから現世の身に及ぶまで、諸仏像が黒あるいは白色であるのを見るが、懺悔をしたために次第に紅色に見えるようになり、紅色を見終わると次第に金色に見えるようになる。金色の像を見終わると身心が歓喜し、諸像を勧請して光明を放たせる。この観想を起こす時、想念にさまたげがなく、一切の像が見える。仏像が身体全体の毛穴から光明を放ち、それぞれの光明は百億の宝の色をし、各色の中には無量の色が混ざり、妙なる境界がみな自然と涌き出してくる。この観想が成就すれば、これを「立像を観ずる」と名づける。（大正一五・六九一中）

ここでは、仏像をあらゆる世界に満たすまで観想をつづけ、これが成就すれば、いかなる時も仏像があまねく満ちて見えるようになり、喜びの感情が湧き上がり、ますます精進するようになるのである。ここでも懺悔は、怒りという観想のさまたげとなる感情が生じた場合に行うものとして、観想を行ずるための重要な役割を与えられている。

## B、『観普賢菩薩行法経』――六根懺悔と空観・菩薩戒

先行して成立した『観仏三昧経』が他の観経の成立に大きな影響を与えたことは確かであるが、実際にこの経をもちいた懺悔が行われたという記録は多くはない。それに対し、南朝の宋の時代に翻訳あるいは撰述された『観普賢菩薩行法経』（以下『普賢観経』と略）は実際に南北朝以降においてこの経を用いて懺悔が行われた史料が多く残る経典である。

この経は『法華経』の末尾にあたる普賢菩薩勧発品をうけて作られたものであり、天台智顗によって『法華経』の帰結としての実践を示す「結経」と位置づけられ、天台の法華三昧の根幹となる経典として重視されている。しかし天台以前に、すでに南朝において非常に重視されており、諸仏菩薩の礼拝と懺悔を組み合わせた礼懺儀礼が盛行する起点となった経と言ってよい。

訳者とされる曇摩蜜多（三五六～四四二）は、罽賓（ガンダーラ地方）出身の僧であり、特に禅法に造詣が深く、眉がつながっていたため「連眉禅師」と呼ばれた。早くも七歳で出家し、罽賓で諸師から経論や禅法を学んだ後、諸国を歴遊して亀茲（クチャ）に達し、王宮に招かれ、王に授戒した。その後、敦煌・涼州を経て、元嘉元年（四二四）蜀に入った。その後まもなく荊州の長沙寺に入り禅館を建て、さらに長江を下って建康の新亭寺（中興寺）、ついで祇洹寺に入住した。人々に禅定を教授し、「大禅師」と呼ばれて尊敬を集めた。『普賢観経』は、祇洹寺にて元嘉十年（四三三）以前に翻訳されたと称される（船山一九九五、六八）。

前述したように、『普賢観経』は『法華経』普賢菩薩勧発品の内容をうけている。『法華経』では、如来滅後にこの経を受持・読誦・書写する者が二一日間一心に精進すれば、普賢菩薩が六牙の白象に乗り、

無量の菩薩たちとともに、その人の前に現前し説法するという。

『普賢観経』はまさにこれをうけて、普賢菩薩の観想と、普賢菩薩によって説かれる六根（眼・耳・鼻・舌・身・意）の懺悔、さらに大乗経典の読誦による第一義空（究極の真理である涅槃や実相も空であるとする大乗の教え）の憶念を説くものである。船山氏は「普賢菩薩の感応を得るために、昼夜六時に十方諸仏を礼拝し、懺悔を行い、大乗経典を読誦し、大乗の教えを考察すべきこと、総じて、普賢菩薩の相好と行法を「観」ずべきことを説くという点に尽きる」と要約する（船山一九九五、六九）。

懺悔の歴史から見た場合、筆者はこの経典の意義として、以下の四点を指摘してみたい。

一、六根の懺悔を明確に提示した。

二、心が妄想より起こり罪福も主体がなく空であることを観想することを「大懺悔」と名づけ、大乗の空観を懺悔の根本とした。

三、クシャトリヤ（王侯貴族・武人）・居士という在家者の懺悔として、様々な善行を懺悔の名の下に統合した。

四、菩薩戒との結合がなされた。

まず、第一の六根懺悔であるが、この経典には「普賢菩薩が行者のために六根清浄懺悔の法を説く」（大正九・三九〇下）とあり、眼根・耳根・鼻根・舌根・身根・意根についての懺悔が説かれる。日本の大峰山（おおみねさん）・高尾山（たかお）などで山中を歩きながら唱えられる「慚愧（ざんぎ）（懺悔）、懺悔（ざ（さ）んげ）、六根清浄（ろっこんしょうじょう）」という言葉も遡ればこの経典に由来すると言ってよいだろう。六根懺悔は、南斉の竟陵王蕭子良（しょうしりょう）の『浄住子（じょうじゅうし）』や梁の武帝と関わりがあるとされる『慈悲道場懺法（じひどうじょうせんぼう）』にも採用されており、『普堅観経』は、南朝における懺悔の盛行に最も寄与した経典と言っても過言ではない。注意すべきは、舌根の懺悔は、味覚を貪ることの懺悔ではなく実際は悪口（あっく）・妄語などの口業（くごう）の懺悔であり、身・意とともに身・口・意の三業（あらゆる行為を三種に分けたもの）の懺悔を形成していることである。

第二の空観については、六根の懺悔は最終的に大乗経典の読誦によって罪障を空であると観ずることに帰結すると説かれており、「一切の業障の海は、皆な妄想より生ず。もし懺悔せんと欲せば、端坐して実相を念ぜよ。衆罪は霜露の如し、慧日能く消除す。是の故に応（まさ）に至心に六情根を懺悔すべし」という天台智顗も引用した有名な偈によってまとめられている。

次に第三の、様々な行を懺悔という言葉に統合することについては、後述するように、クシャトリヤ・居士という在家の懺悔を、五つの懺悔として定義する。その中には正しい法による国家統治といった、一見懺悔とは関係の無い内容まで含む。南斉の蕭子良や梁の武帝が懺悔儀礼を極めて重視したことと関係するであろう。

最後の第四については、船山徹氏が、中国における菩薩戒の受容という面からこの経を非常に重視し、この経の意義について、菩薩戒情報を告げる経典としての意義、懺悔思想が菩薩戒思想を取り込む形での結合、この経典が普賢菩薩像を通じて斎会と結びつき、菩薩戒の立場から行う斎会の形式の端緒を開いた、という三点を指摘する（船山一九九五）。

以上のように、中国における懺悔思想の展開史から見て非常に重要な経典であるので、経文内容について詳しく紹介して説明していきたい。以下、経の順に沿って内容を要約する。

**1、三大士の問い**　仏が涅槃に入るまであと三ヶ月の時、毘耶離（びやり）（ヴァイシャーリー）国大林精舎の重閣講堂にて、阿難・迦葉・弥勒の三大士が釈迦に対し、如来の滅後、衆生はどうすれば菩薩の心を起こして大乗経典を修行し、正しいただ一つの真実の境界を正しく憶念し思惟することができるか、どうすれば無上の菩提に向かおうとする心を失わないでいられるか、どうすれば煩悩を断つことなく五欲を離れないままで、諸感覚器官を浄め諸罪を滅除して、煩悩の障りのない〔仏菩薩やそのすばらしい〕世界を見ることができるかと尋ねる。

2、**仏の答え**　仏は以下のように答える。一切衆生が大乗を修し、普賢菩薩の色身、多宝仏塔、釈迦仏及び分身諸仏を見ようと願い、六根が清浄になることを願う者は、以下に述べる観想を修すべきである。この観は三昧に入らずにただ誦持して一心に修習して心が大乗から離れなければ、一日から二一日に至って普賢菩薩を見ることができる。ただし罪障の重いものはそれ以上かかる。

3、**白象を観ずる**　ここから具体的な観想が説明される。最初に、普賢菩薩が乗る六牙の白象を観想する。その身体は長さと高さがともに四五〇由旬（一由旬は八十里、六十里、四十里など諸説あり）もある巨大な象である。六牙の尖端には六つの浴池があり、各浴池の中に十四の蓮華が生え、各蓮華の上に玉女がいるのを観ずる。観じ終わると次に懺悔して大乗を思惟しつづけ、蓮華台、さらに化仏・化菩薩を観想し、化仏の眉間から金色の光が出て、象の鼻に入り、鼻から出て眼に入り、眼から出て耳に入り、耳から出て象の頂上を照らし、変化して金台となるのを観ずる。さらに象の頭上の三人の化人（仏菩薩が神通力で人の姿となって現れたもの）を観想し、そのうちの一人が手に持つ金剛杵をふり挙げて象に指図し、象は空中を浮遊して進む。地上の印文からも多くの化象が生じる。次に象の鼻の上の化仏が眉間から光を放ち、その光が順に鼻、眼、耳を通って頸の上に至り、さらに象の背中に至って金の鞍となるのを観想する。

**4、普賢菩薩を観ずる**　次に結跏趺坐する白玉色の普賢菩薩を観想する。五十種の光があり、それらが頭光（頭部の後ろにある光の輪）となる。身体の毛穴からも金色の光が出て、その光の尖端には無量の化仏がいる。普賢菩薩は多くの化菩薩をつき従えて、ゆっくりと歩み宝華を雨のように降らして行者の前に至る。その象が口を開くと、象の牙の上の諸池の玉女たちが音楽を奏で歌う。その歌声は絶対平等の真実である大乗を讃歎する。観想の後、十方仏、多宝塔、釈迦仏、普賢菩薩、諸大菩薩を礼拝し、普賢菩薩の色身（物質的な形をもつ肉身）を見せたまえとの誓願をおこす。この願の後、昼夜六時に十方仏を礼拝して懺悔し、大乗を念じ、人に仏の思いをおこし、衆生に父母の想いをおこす。すると普賢菩薩は眉間の白毫や全身の毛穴より大光明を放ち、大象・化象・諸菩薩、さらには十方世界がみな金色となる。そして十方の各方面に六牙の白象に乗る普賢の如き一菩薩がおり、それらも普賢菩薩の神通力によってすべて見ることができる。

**5、普賢の説法力によって諸仏を見る**　行者は夢で普賢菩薩の説法を聴き、その導きにより十方仏が次第に見えるようになる。そこでさらに礼拝・懺悔し、二一日間行ずると、旋陀羅尼（凡夫が諸法に執着する有無の相を旋転して空理に達する智力）を得る。夢に過去七仏を見て、そのうち釈迦だけが説法する。さらに普賢菩薩は行者に過去世の一切の業縁（苦楽の報いを招く因縁）を説き、一切の罪事を告白させる。告白が終われば、諸仏現前三昧を獲得し、東方の阿閦仏とその浄土である妙喜国を始め、十方の諸仏の国土がはっきりと見えるようになる。

**6、普賢菩薩、六根懺悔の法を説く**　普賢菩薩が行者のために六根懺悔の法を説き、行者が教えのとおりに七日間懺悔すると、六根が清浄となり、百千万億の旋陀羅尼を獲得し、無量の諸仏に見えて、頭頂を撫でてもらい、「われらも昔日菩提心を発した時、ちょうど今の汝のように真心をたもち失わなかった。前世に大乗を修行したので仏の身となれたのであり、汝も怠らず大乗の修行に励み法種を断たないように。汝はいま、東方の諸仏を諦らかに観ぜよ」との言葉を賜った。

**7、諸仏を観ずる**　そこで諸仏の言葉に従い東方の一切無量の世界について、地が平坦で瑠璃でできており、黄金が入り雑ざるさまを観想する。次に十方世界についても同様に観想し、次に宝樹、宝座、白象とその上の普賢菩薩を観想する。そこで、行者は普賢菩薩を礼拝して、「何の罪で宝地、宝座、宝樹だけ見えて諸仏に見えることができないのでしょうか」と尋ねると、大乗を修行する功徳によって宝座に坐る諸仏を見ることができた。

**8、釈迦牟尼観**　大乗の経典を誦することに努め励むと、また夢の中で釈迦仏が耆闍崛山（霊鷲山）にて『法華経』を説き、大乗一実の義を演説するのを見た。夢から覚めて懺悔し、釈迦仏の身を現したまえと言うと、耆闍崛山の無数の声聞比丘が集まり、釈迦が眉間より光を放って十方世界を照らし、十方無量の世界を過ぎ、十方の分身の諸仏やそのつき従いの諸菩薩が一時に雲のように集まってくる。

　釈迦は全身の毛穴から金色の光を放ち、一つ一つの光に百億の化仏がいる。分身の諸仏も眉間より光を放ち、釈迦仏の頭頂より流入する。分身諸仏も毛穴から金色の光を放出し、一つ一つの光に無数の化仏がいる。この時に普賢菩薩は光を放って行者の身体に入る。すると、行者は過去無数の仏が受持読誦した大乗経典を憶念し、自ら過去世の姿をはっきりと見る。すると目の前がぱっとひらけたように大悟し、諸陀羅尼門を獲得する。また下方空中から蓮華が涌出し、一つ一つの蓮華の間に無数の菩薩が結跏趺坐し、普賢の分身の菩薩も彼らの中にいて大乗を讃歎する。

**9、六念の法を説く**　諸菩薩は異口同音に、行者の六根を清浄にしようと述べ、仏・法・僧・戒・布施・天界の六法を念ずるように説く。さらに、この六念の法は菩提心であり、菩薩を生ずる法であると説き、諸仏の前で先の罪を告白し、至心に懺悔するように述べる。

**10、別して六根懺悔の法を明かす――眼根**　ここからは、六根のそれぞれについて懺悔を行う。まず眼根についてである。菩薩が行者に対し、「汝ははかりしれない過去世から眼根の因縁によってあらゆる存在に貪著して、迷いの世界を輪廻し恩愛の奴隷となってきた。我が語に従い、諸仏・釈迦仏に帰依し、眼根の罪咎を告白せよ」と述べる。そこで行者は十方仏を礼拝し、釈迦仏・大乗経典に向かって、「私が今懺悔する対象である眼根の重罪は、煩悩に覆われ穢れ濁っているため見ることができません。願わくは御仏よ、大いなる慈悲によって哀れみお護り下さい。普賢菩薩は大いなる仏法の船に乗っておともする無数の菩薩たちをすべて救済されます。願わくは私の眼根の悪業の障りを懺悔する法を行ずることをお許し下さい。」と述べる。この懺悔を行えば現世で釈迦仏に見え、その分身である無量の諸仏を見て、無限に長い時間、悪道に堕ちないとする。

**11、眼根の懺悔によって多宝仏を見る**　眼根を懺悔によって清浄にしおわると、再び大乗経典を読誦し昼夜六時に胡跪して懺悔し、いま釈迦仏や分身諸仏を見ることができたが、多宝仏塔、全身の舎利が見えないのは自分の濁悪の眼に原因があると述べる。そして再び懺悔して七日たつと、多宝仏塔が地より涌出する。釈迦仏が右手で塔の扉を開くと、多宝仏が普現色身三昧（様々に身をかえてすべての生あるものを導き救う三昧）に入っていた。毛穴から無数の光明を放ち、その光明には百千万億の化仏がいる。

この相が現れると行者は歓喜し讃偈を唱え塔のまわりを七周する。すると多宝仏は行者を誉め讃え、「汝いま真実によく大乗を行じ、普賢菩薩に従って眼根を懺悔した。この因縁によって汝に認可を与えよう」と言う。

**12、耳根の懺悔**　次に再び普賢菩薩のもとに行き、耳根（にこん）の懺悔の方法を教わる。行者はその教えに従って五体投地し、「正しい悟りを得た世尊よ、現れて私を認可して下さい。大乗経典は慈悲の主です。ただ願わくは私を観て私の言葉をお聴き下さい。私は曠劫（こうごう）の昔から今生（こんじょう）の身まで、耳根の因縁によって声を聞いて惑い執着すること、まるで膠（にかわ）が草にひっつくようでした。様々な悪を聞いては煩悩の毒をおこし、あちこちに惑い執着して少しも停まる時がありませんでした。この声の煩悩の穴におちいり、精神を労し、三塗（さんず）に堕ちました。いま初めてこれに気づきまして、みなさま世尊に向かって罪を告白し懺悔いたします。」と述べる。この懺悔が終わると、多宝仏が大光明を放ち、その光は東方及び十方界を照らし、真金色の無量諸仏が東方の空中にて、「ここに仏世尊あり。その名を善徳という。また無数の分身の諸仏も宝樹の下の獅子座の上で結跏趺坐したまえり」と唱える。これらの仏世尊たちは普現色身三昧に入り、行者がいま読誦している大乗経典は仏の境界であると讃える。

**13、鼻根の懺悔**　この後、普賢菩薩は行者に鼻根の懺悔の法を説く。すなわち、無量劫の前世から香りを貪るためにあちこちに貪り執着して輪廻の迷いの世界に堕落した。そこで大乗の因である諸法実相（すべての存在の真実究極のすがた）を観想せよと普賢は行者に説く。行者は五体投地して懺悔し、それが終わると、「南無釈迦牟尼仏、南無多宝仏塔、南無十方釈迦牟尼分身諸仏」と唱える。さらに十方仏を礼拝し「南無東方善徳仏、及び分身諸仏」と唱える。香華を仏に供養した後、胡跪合掌して様々な偈で諸仏を讃歎し、十悪業を懺悔し、さらに「私は無量劫の過去世において香・味・触の認識対象を貪って多くの悪事を行いました。この因縁によって限りない世の間、いつも地獄・餓鬼・畜生・辺境の地、邪見の様々な不善の身を受けました。このような悪業をいま告白し、正法の王である諸仏に帰依し、罪を告白し懺悔致します」と述べる。ここでは香だけでなく味・触について懺悔しているので、実質的には舌根や身根の懺悔を含んでいる。

**14、舌根（口業）の懺悔**　次は舌根の懺悔である。ここで注意すべきは、舌根の懺悔は、味覚に執着することを懺悔するのではなく、身・口・意の三業のうち、口業（妄言・悪口などの言葉によって造られる業）を懺悔するのである。空中から舌根がおこした悪業を告白し懺悔せよと声が聞こえると、五体投地して十方仏を礼拝し長跪合掌（両膝を並べて地につけ、両足の指を地につけ身を支え合掌すること）して、「この口舌の過ちによる災いは極まりがありません。諸々の悪業のいばらは舌根より生じます。正しい法輪を断ずるのはこの舌よりおこります。このような悪舌は功徳の種を断じます。真理に非ざることを様々に無理に強弁し、邪しまな見解を讃歎すること、まるで薪を火にくべ、猛火が衆生を傷害するようです。（中略）妄語のために大地獄に堕ちます。わたしは南方の諸仏に帰依して罪悪を告白懺悔いたします」と言う。

**15、他方仏の教誡**　この念をおこした時、また空中から声がして、「南方には栴檀徳仏とその無量の分身諸仏がいるが、一切の諸仏は大乗を説いて罪悪を除滅するのである。十方無量の諸仏世尊に向かって罪悪を告白し誠心誠意に懺悔せよ」と言った。

そこで行者は五体投地して諸仏を礼拝すると、諸仏は光明を放ち行者を照らして、身心を自然に歓喜させ、大慈悲をおこして普く一切の衆生を心にとどめさせる。

この時に諸仏は広く行者のために大慈悲と喜（他人の喜びをともに喜ぶこと）・捨（恨みと親しみを平等にし、執着を捨てること）の法を説き、愛語（衆生に優しい言葉をかけ仏道に誘引すること）を教え、六和敬（比丘が互いに和し敬う六つの方法。身業同・口業同・意業同・同戒・同施・同見）を修行させる。行者はこの教えを聞き大いに歓喜し、誦し習い怠らない。

**16、身根・意根（心）の懺悔**　また空中から玄妙なる声がして、身（殺・盗・婬の罪）と、心（様々な不善をおもうこと）による十悪業と阿鼻地獄に堕ちる五逆罪を懺悔すべきであると述べる。これは六根懺悔の一部であると同時に、14の舌根（口業）の懺悔とあわせて身・口・意の三業の懺悔となっている。殺・盗・婬は、妄語（自分が悟っていないのに修行が完成したと妄語すること）とあわせて四重禁と言われ、出家者においては、教団追放にあたる重罪である。

空中からの声に対し、行者はいかなる場所で懺悔すべきか尋ねる。すると空中の声は、その場所はあらゆるところに遍く存在する釈迦仏の、常寂光という名の住処であり、常住・安楽・自在・清浄という究極の境地であり、有無など一切の相を離れた場所であり、静寂な解説の境地、智慧の完成であると答え、このように十方仏を観想せよと説く。

**17、諸仏、広く甚深の大懺悔の法を説く**　ここでは、罪や福徳の一切が空であると観想することを大懺悔と位置づけることが説かれる。この経の核心部分であるので、省略せずに現代語訳を示そう。

その時、十方仏はそれぞれ右手を伸ばして行者の頭頂をなで、以下のように説かれた。「すばらしい、すばらしい。善男子よ。汝が大乗の経典を読誦するので、十方諸仏は懺悔の法を説くのである。菩薩の修行は煩悩を断ぜず、煩悩の海に住しない。心には〔実体としての〕心は無く、誤った想念から起こり、心が妄想から起こること、あたかも空中に吹く風が拠り所として留まるところがないように観想する。このように法の相は、生じることも滅することもない。何が罪であるのか、何が福であるのか、自らの心はそれ自身が空であり、罪や福徳には主体がない。一切の存在もまたこのようであり、存続することも壊れることもない。このように懺悔し、心には〔実体的な〕心が無く、あらゆる存在の構成要素は存続することはなく、あらゆる存在は解脱し、苦の止滅についての真理は寂静であると観想する。このように観想することを大懺悔と名づけ、荘厳懺悔と名づけ、無罪相懺悔と名づけ、心識を破壊する懺悔と名づける。この懺悔を行ずれば、身心が清浄になり、この無常なる世界の構成要素の中にとどまらないこと、流水のようであり、一念ごとに普賢菩薩と十方仏を見ることができる。」（大正九・三九二下〜三九三上）

仏たちは以上のように語ると、大悲の光明をもって無相の法を説く。行者は第一義空が説かれるのを聞き、すぐさま菩薩の正位に入るのである。

18、**総結**　仏滅度の後、仏弟子たちが悪業を懺悔しようとするなら、大乗経典を読誦すべきであると総括する。そして、二五二頁でも引用した空観に関わる有名な偈頌を説き、六根を懺悔するには、大乗経典を読誦し、法の空・無相などを観ずるべきであることを繰り返す。そうすれば、釈迦及び多宝仏塔、十方分身無量諸仏、普賢・文殊・薬王・薬上菩薩を見ることができ、仏菩薩は行者を讃歎恭敬し、昼夜に供養するとする。

**19、懺悔の功徳――自誓受戒**　これ以降は懺悔によって菩薩戒や様々な戒を仏菩薩から受けることが説かれる。特に比丘僧の介在なしで、自分一人で仏や菩薩から授かる自誓受戒が以下のように説かれる。

この懺悔を行ずることは普賢の行を行ずることであり、普賢行を修する者は悪相や悪業の報いを見ない。昼夜六時に十方仏を礼拝し、大乗経を読誦して第一義空を思えば、わずかな時間に百万阿僧祇劫の輪廻をくり返す中で得てきた罪が除去される。これを行ずれば、真の仏子となり諸仏より生まれる。十方諸仏や諸菩薩が和上（授戒の師）となり、菩薩戒を完全にそなえることになる。羯磨（受戒するときの儀礼作法）を経ずに自然と菩薩戒が成就し、あらゆる人天の供養を受けるだろう。

菩薩戒を完全にそなえようとする者は、合掌して何もない閑静な場所で十方仏を礼し、自らの罪を懺悔告白して以下のように十方仏に申し上げるべきである。「諸仏世尊は常に世におられますが、私は業障のため、大乗を信じていても仏をはっきりと見ることができません。今仏に帰依しますので、釈迦仏世尊は和上となり、大智慧をそなえた文殊菩薩は、その智慧によって私に清浄の諸菩薩の法を授け、弥勒菩薩はその大慈悲によって私を哀れみ私が菩薩の法を授かることをお許し下さい。十方諸仏はお見とどけ下さい。諸大菩薩は（中略）我らを助けお護り下さい。たとえ死後に地獄に堕ちて無量の苦を受けても大乗経典を受持し、諸仏の正しい教えを誹謗しません。この因縁・功徳力によって、釈迦仏よ、和上となって下さい。文殊菩薩よ、阿闍梨となって下さい。未来の仏である弥勒菩薩よ、私に法をお授け下さい。十方の諸仏よ、はっきりお知りおきください。諸菩薩よ、わたしの伴となって下さい。私は今、大乗経典の奥深い妙義に依拠し、仏に帰依し、法に帰依し、僧に帰依します」。これを三回繰り返す。（大正九・三九三下）

ここで仏法僧の三宝に帰依しおわると、六重法（菩薩戒における在家の六つの重罪を犯さないこと。六重とは、殺生、偸盗、虚説、邪淫、出家・在家の過ちを言いふらす、酒を売ること）を自ら誓って受ける。その次の段階として、出家者が行うべき禁欲生活である梵行を勤修し、八重法（菩薩戒における出家の八つの重罪。八重とは、殺、盗、婬、妄語、私利私欲のため自らを讃える、法や財を物惜しみする、他人を怒り恨む、大乗を誹謗する者と共住し讃歎すること。）を誓って受ける。ここで焼香・散華し、諸仏菩薩・大乗経典を供養し、「私は今日菩提心を発しました。この功徳によって普く一切を救済します」と言う。さらに一切の諸仏菩薩に頂礼し、大乗の道理をよく考え、一日から二一日、在家・出家にかかわらず修行すれば、普賢菩薩が勧める修行法であるため、自然に仏や阿羅漢が有する功徳である五分法身（戒・定・慧・解脱・解脱したことを自覚すること）を獲得できると説かれる。

**20、出家・在家の破戒の懺悔**　もし声聞比丘が戒や威儀を破り（比丘の資格を失ってしまった時）、再び比丘となろうとするなら、大乗経典を読み第一義空を思い、この空の智慧を心と相応させるべきである。もし、在家の男性信者が様々な威儀を犯し、仏法の過ちを述べ、出家者が犯した悪事をあげつらい、盗みを犯し・婬逸放蕩して恥じる気持ちがないとする。もし懺悔して諸罪を滅しようとするなら大乗経典を読誦し、第一義空を思うべきである。王者・大臣・バラモン・居士らが貪り求めて飽くことなく、五逆罪を犯し大乗経典を誹謗し十悪業をなせば、必ず阿鼻地獄に堕ちる。この業障を滅除しようとするなら、恥じて諸罪を懺悔すべきであるとする。

**21、刹利・居士の懺悔**　ここでは在家である刹利種（クシャトリヤ。王侯貴族・武人）と居士の懺悔が説かれる。懺悔を拡大解釈し、五つの項目を挙げてみな懺悔であるとする。

第一の懺悔とは、正しい心を持ち三宝を謗（そし）らず、出家を邪魔せず、梵行人の修行の邪魔をせず、六念（仏・法・僧・布施・戒・天）の法を修し、大乗を持（たも）つ者を供養・礼拝し、第一義空を憶念することである。

第二の懺悔とは、父母を孝養し、師僧を恭敬することである。

第三の懺悔とは、正しい法によって国を治め人民を邪にさせないことである。

第四の懺悔とは、六斎日（八日、十四日、十五日、二三日、二九日、三十日）において国内の様々な地に命令して力の及ぶ範囲において不殺生を守らせることである。

第五の懺悔とは、深く因果を信じ、唯一の真理の道を信じ、仏は不滅であると知ることである。

以上のように、国家統治を含めたかなり幅広い善行を懺悔という名で統合したことが、この経の面目躍如たるところであり、篤信の在家仏教徒として有名な南斉の蕭子良や梁の武帝に好まれた要因の一つであろう。

それでは、普賢菩薩に関わる斎会（さいえ）について実際の事例を見てみよう。この経の出現前に、『法華経』普賢菩薩勧発品の内容に基づき、普賢斎が行われていた。

京兆の人である僧苞（そうほう）は鳩摩羅什に学んだ後、宋の孝建年間（四五四～四五六）、北徐州（州治は彭城）に遊行して黄山精舎に入住した。そしてこの場所で二一日間の普賢斎懺を行じた。七日目には白鳥が飛来し、普賢菩薩像の座の前にとまり、正午になって行香（ぎょうこう）の儀礼（参加者が順に焼香する）を終えると立ち去ったという。二一日目には、四人の黄色の衣を着た者が現れて仏塔のまわりを数回巡り見えなくなったという（『高僧伝』巻七）。

扶風好時（ふふうこうじ）（現在の陝西省乾県）の人である道冏（どうきょう）（道環）は、かねてから『法華経』を読誦していたが、元嘉二年（四二五）九月に洛陽にて人のために道俗四十人ほどで普賢斎を設け、七日経った時、まさに昼食の時間に、忽然と馬に乗った者が堂の前に来て、馬から下りて仏像を礼拝した。その後、馬に乗り鞭を揮ってたちまち見えなくなり、赤い光が輝き天に達するのが見えたという。また、翌年の十二月にも、在家者の家で普賢斎を設け、まさに終わろうとした時、二人の僧が来て仏像を礼拝した。礼拝が終わり門を出て数十歩ばかり進んだところで塵が飛び散り、まっすぐに天に向かって上昇し、僧を目で追うも見えなくなったという（『法苑珠林』巻一七所引『冥祥記』（大正五三・四〇八下～四〇九上））。

以上は『普賢観経』が世に出る前の話である。これ以後では、『宋書』巻四一に立伝される路太后（路恵男（ろけいだん））の設けた斎会と慧基の行ったものが挙げられる。

劉宋時代の孝武帝の生母である路太后は、大明四年（四六〇）十月八日、かねてより制作していた普賢像が完成すると、中興寺の禅房で二百人の僧を集めて斎会を設けた。この普賢像は、宝輿（ほうよ）の白象に乗る行像（進み行く姿の像）であり、普賢菩薩が来臨する盛大な様子を表現した像であった。中興寺は曇摩蜜多が建康に来て最初に止住した寺院であり、「禅房」に像が設置されたことも曇摩蜜多が「大禅師」であったことと関わり、この斎会が『普賢観経』をふまえたものであった可能性は高いとされる（船山

一九九五、七四～七五）。参列する人数は決まっており、増減はなかったが、経典の転読（節をつけて経典を朗々と歌うように読みあげること）が半ばになろうとし、太陽の位置が一番高くなろうとしたとき、一人の僧が突然やってきて座に着いた。その姿は端正で気品にあふれていた。皆が彼を誰かわからず、斎主が尋ねると、「名は慧明」で「天安からやってきた」と答えた。しかし、問答を重ねていると突然見えなくなった。このことが県に報告されたが、この報告では、彼は普賢菩薩であり、大明の御世を顕彰すべく現れたのだと説明されている。この報告はさらに県から郡、郡から孝武帝に上奏され、孝武帝はこの禅房を天安寺と改めたという（『高僧伝』巻七道温伝、『法苑珠林』巻一七所引『冥祥記』）。『普賢観経』には六根のうち眼根の懺悔において「女人の身」に生まれたことに言及する部分があり、太后が普賢菩薩像を造り斎会を設けたのもこれと関係するかも知れない。

一方、呉国銭塘（浙江省杭州）の人である慧基（四一二～四九六）は、祇洹寺の慧義に師事し、宋の文帝の勅許を得て出家した高名な僧である。その後、西域出身の僧である僧伽跋摩に師事し、各地の師を訪ねて遊歴し、その後故郷の銭塘に戻った。後に会稽の亀山に宝林精舎を建立した。あるとき、夢に普賢菩薩が現れたので、〔授戒の〕和上となってくれるように請い願った。寺が完成すると普賢菩薩と六牙の白象の像を造り、二一日間の懺悔の斎会を設けた。士人庶民が多数集まり、供養奉納の品が続々と供えられたという。この後、慧基は勅命により僧主となった。これが江南における僧正の嚆矢とされる（『高僧伝』巻八・慧基伝）。夢に普賢菩薩が現れ、懺悔を行うというのが『普賢観経』をふまえたものであることは明らかであろう。

南斉の蕭子良にも『抄普賢観懺悔法』一巻という、『普賢観経』の懺悔法を抄出してまとめた著作があり、その著作である『浄住子』にも、『普賢観経』に基づく六根懺悔が説かれている。また、梁の武帝にも『六根大懺』という六根懺悔を中核にすえた著作があり、両者との関係が深い『慈悲道場懺法』にも六根懺悔が見られ、『広弘明集』悔罪篇にも梁の簡文帝が撰した「六根懺文」が収録される。そして既に述べたように、天台の法華三昧行法において、この経は懺悔の根幹として依用されている。

## C、『観虚空蔵菩薩経』と『虚空蔵菩薩経』——根本重罪の懺悔

『観虚空蔵菩薩経』と『虚空蔵菩薩経』は、ともに教団追放となるような極重の罪の懺悔を説くものである。虚空蔵菩薩が懺悔と強いつながりを有していることは経典目録に虚空蔵菩薩に関する懺悔の文章が収録されていることからわかる。

具体的には、『出三蔵記集』巻一二に収録された「法苑雑縁原始集目録」の「法宝集」下に「虚空蔵懺悔記」という懺悔文の題が有り、「『虚空蔵経』に出ず」と記されている。また、『広弘明集』巻三〇には、陳の文帝が撰した「虚空蔵菩薩懺文」が収録されている。

虚空蔵菩薩の名を冠し五世紀までに訳された経典は多数存在する。曇無讖訳『大方等大集経』虚空蔵品、後秦の弘始十（四〇八）～十五（四一三）年に訳された仏陀耶舎訳『虚空蔵菩薩経』、曇摩蜜多訳『虚空蔵菩薩神呪経』、失訳で同名の『虚空蔵菩薩神呪経』、そしてここでとりあげる曇摩蜜多『観虚空蔵菩薩経』などがある。

このうち『大方等大集経』虚空蔵品は懺悔を説かない。『虚空蔵菩薩神呪経』には同名の経典が二つ現存し、一つは曇摩蜜多訳、もう一つは失訳である。ともに同一の原本からの訳とされる。これらは、

仏陀耶舎訳『虚空蔵菩薩経』の序説に該当する部分を欠くが、王・大臣・声聞に各五つの根本重罪、初めて正しい目覚めに向かおうとする心をおこした菩薩（初発心菩薩）の八つの根本重罪、合計二三の重罪の懺悔を説く点は同じである。このうち、『虚空蔵菩薩経』で最も重要である初発心菩薩の八つの根本重罪のみ紹介すると以下のようになる。

①いまだ智慧が浅薄であるのに、奥深い空の教えを聞き、智慧が浅薄な人の前でそれを読誦して解説し、それを聞いた人は恐れを懐き声聞乗を願うようになる。

②他人に対し、あなたは大乗の教えを求めることができず、大乗の六波羅蜜を修行することができず、菩提も得ることができないので、声聞・辟支仏の心をおこし、輪廻から解脱して涅槃に入るべきだと説く。

③他人に対し、戒律など学ぶ必要がないと説き、速やかに菩提心をおこし大乗経典を読誦すれば、既に犯したあらゆる不善の行いは清浄になり、未来に悪報を受けないとする。

④他人に対し、声聞の経典など聞いたり読誦したりすべきではないと説き、声聞の教えには大きな果報はないと説く。これを説いた者と信じ受け容れた者はともに重罪を得る。大乗の奥深い経典を受持読誦してこそ不善の業を消除し、速やかに菩提を獲得できると説く。

⑤利益と名声を得るために他人を欺き二枚舌を使い、自分はよく大乗を理解していると言い、他人が大乗経典を説き供養を得ているのを見て嫉妬憎悪し、自分の方がより優れていると説く。

⑥未来の初発心菩薩が在家・出家の初発心菩薩に対し、経典を聞いたとき他人から教えを聞いたとは言わずに、自分一人で教えを獲得したといい、利益・名声を貪り求めるために自らをひけらかす。

⑦未来の濁悪の世において、初発心の菩薩が自ら智慧ある者と称し、放逸驕慢で他の善良な比丘と争い、王や大臣の権勢に恃んで善良な比丘の物を奪い取り、それを大臣に献上し、大臣はそれをまた王に献上する。三宝に属する物についても同様にする。このような王と大臣、悪比丘ともに根本重罪を得る。

⑧未来の濁悪の世において、初発心の菩薩が種々の悪事を行い、国王大臣の力に恃み、自分を智慧ある者と言い、他の善良な比丘と争い、正しい教えを誤りと説き、誤った説を正しいと説く。正しい経典や戒律を捨て、誤った議論をし、般若を学ぶのをやめ慈悲心を離れる。如来が説く経典の方便戒を信じず、法に違い別の制度を建てる。清浄で善良な比丘たちが坐禅し読経するのをやめさせる。苦悩の無い者に苦悩を生じさせ、苦悩のある者にはさらに苦悩を増やす。いつも悪だくみし、規則に則った正しい行いを破壊する。行住坐臥において時節を無視し戒を破る。僧ではないのに僧と言い、梵行ではないのに梵行と自称する。経典を理解していないのに他人に解説し、出家と在家の供養と恭敬を受ける。このような王と大臣、悪比丘はともに根本重罪を得る。

以上の八条では、声聞などの小乗との関係が意識されるが、声聞や戒律を排除しようとすることは厳しく戒められている。また、世俗の権力を借りて教団の秩序を乱す僧の悪事も戒められている。

虚空蔵菩薩は、大慈悲を起こして辺地（仏の教化から遠く離れた辺境の地）に様々な姿で現れ、奥深い大乗などの種々の妙なる教えによって、上記重罪を犯した者を導く。そうしてその者は、心に慚愧と畏怖の念を生じ、説法者に罪を懺悔告白し、先に犯した罪は二度と犯さないことを約束し、大乗の六波羅蜜（布施、持戒、忍辱、精進、禅定、智慧）を修行し、人天の楽・涅槃の楽を生じるのである。

虚空蔵菩薩がもし目の前に姿を現さない時は、後夜（午前四時前後の二時間）において至心に合掌し、東方に向かって黒色の沈水香と多伽羅香を薫じ、明星（金星）に対して、「明星さま、明星さま、大いなる慈悲を完成し、あなたさまはいま初めて姿をお現わしになり、この世界を照らし出されました。どうか大悲によって私を護持し、私のために虚空蔵菩薩が夢の中で私に方便を示し、私に根本罪を懺悔告白させ、大乗の方便智の眼を獲得させて下さい」という。初発心菩薩の夢に、明け方に天空が白くなる相が現れた時、虚空蔵菩薩はその時の初発心菩薩にふさわしい姿として現れ、様々な手だてを用い先に犯した罪を懺悔告白させ、速やかに六波羅蜜をすべて獲得させ、ほどなくして一切種智（一切のものについて、個々の特殊具体的な相を知る仏の智慧）を完成させるのである。以上が『虚空蔵菩薩経』の懺悔である。

『観虚空蔵菩薩経』は、これらの虚空蔵菩薩に関する経典や『菩薩善戒経』、竺法護訳の『決定毘尼経』をもとに作成されたものである。説かれる観想の方法も非常に不完全で、多くの重要な概念が説明されないままであり、未完成の草稿とされる経である（月輪一九七〇、一一二～一一八）。経典の冒頭では、長老優波離が釈迦に対して以下のように質問する。

世尊は以前に功徳経において、虚空蔵菩薩摩訶薩の名を唱えれば一切の悪・不善業を滅除でき、王旃陀羅・沙門旃陀羅（旃陀羅はインドで四姓外の最下級の人々。ここでは比喩的に最悪の王や沙門という意味）の様々な悪律儀を治すことができると説かれていますが、このような悪事を治すことができるなら、いかに虚空蔵菩薩を観想すべきでしょうか。もし見ることができれば、同じ寺に同居の可否や布薩についてはどうすればよいですか。もし優婆塞が五戒を破り、八戒斎を犯し、出家の比丘・比丘尼・沙弥・沙弥尼・式叉摩尼が四重禁を犯し、在家菩薩が六重法を破り、出家菩薩が八重禁を犯し、このような罪過を犯した者は、世尊は先に律の中において、必ず〔僧団から〕追放すること、大石が破壊されるようにする（元に戻らないことの喩え）と説かれています。〔それなのに〕今、この経では大悲虚空蔵菩薩は様々な苦を救うことができ、呪を唱えれば罪過を除去できると説かれています。もしこのような者は、いかにしてこのことを知ることができるでしょうか。何によってその証明とするのでしょうか。世尊よ、それぞれ解説をお願いします。（大正一三・六七七中）

すなわち、ここでは、虚空蔵菩薩の名を唱えれば、僧団から追放となる極重の罪でも滅罪ができると説くが、その具体的な修行法、そしてもしこの滅罪の行を修した場合に、いかにして滅罪がなされたことを知りうるか、滅罪の証明をどのようにして得ることができるか、さらに行が成就した場合の僧団への復帰のあり方などの問いが最初になされている。

それに対する仏の答えは、『決定毘尼経』に説かれる懺悔法を主とするものである。この経は西晋の竺法護訳であり、三十五仏の前で五逆罪をはじめとした重罪の懺悔を説く経典である。上記問いに対する仏の答えを要約して示すと以下のようになる。

罪を犯した衆生は、慚愧して一日から七日まで十方仏を礼拝し、『決定毘尼経』の三十五仏名を唱え、別に虚空蔵菩薩の名を唱え、澡浴・焼香する。

明星が出現すれば、長跪合掌して悲泣して涙を流し、虚空蔵の名号を唱え、「大徳よ、大悲菩薩、我を哀れみたまえ」と言う。この時に以下の観想を修す。すなわち、虚空蔵菩薩の頭頂に紫金色の如意珠があり、これが見えれば天冠が見える。天冠には三十五仏像が現れ、如意珠には十方仏像が現れる。虚空蔵菩薩の身長は二十由旬で、手には如意珠を持つ。そして、懺悔者の夢中あるいは坐禅中に、比丘の姿、またはあらゆる姿となって現れ、摩尼珠の印をその腕に印する。その印に「除罪」と記されていれば、比丘であれば僧団に戻り戒本のとおり布薩でき、優婆塞（在家男性信者）であれば出家に支障がなくなる。もしこの字を得られなくても、空中に「罪が滅した、罪が滅した」という声を聞く、あるいは、夢で虚空蔵菩薩を見て、「毘尼薩、毘尼薩。某甲比丘・某甲優婆塞をさらに懺悔せしめたまえ。」という声を聞く。そして一日から四九日間、三十五仏を礼拝すれば罪は軽微となる。

また厠を掃除させ、八百日経過後、法を知る者が罪を犯した者に対し、「おまえは不浄な行為をしたので、今一心にあらゆる厠を掃除し、他人に知られないようにせよ。掃除が終われば澡浴して三十五仏を礼拝し、虚空蔵菩薩の名を唱えよ。十二部経に対して五体投地し、汝の過ちや悪事を告白せよ」と毎日告げる。このように二一日間懺悔させる。この後、智者は親しい者を集め、仏像の前において、三十五仏・虚空蔵菩薩・文殊菩薩・賢劫の菩薩の名を唱え、はっきりと見とどけてもらい、さらに白羯磨して（僧団において授戒などの重要な決議事項の趣旨を一回表明し、それに対する賛否を問う作法）戒を授ける。この人は苦行の力によって罪業が永えに滅除し、菩提の行の障害がなくなる。

以上が『観虚空蔵菩薩経』の内容であるが、沮渠京声訳『治禅病秘要法』（大正一五・三三七上）にも、三十五仏を念ずる、諸罪の懺悔、厠の掃除を八百日行い、その後澡浴して再び懺悔を求めるという内容が見え、両者の関係性をうかがうことができる。このような古い経典にもトイレ掃除の功徳が述べられているのは興味深い。

この経の末尾には虚空蔵菩薩に関係する種々の陀羅尼や、三十五仏名を始めとし、過去五十三仏名（『観薬王薬上二菩薩経』）、過去七仏、六方仏（『宝網経』）、十方仏（『観薬王薬上二菩薩経』）、その他菩薩や声聞、さらには十の舎利塔や天上・人間の四塔などの名号とその一部分についての説明文が増補され、さながら仏名経典の様相を呈している。この部分は、経典では言及されながら具体的な内容が説明されない呪や仏名などの具体名について述べているので、経の作成当初より存在したとする見解がある（月輪一九七一、一一四）。たとえ後の付加であるとしても『七仏八菩薩所説神呪経』『陀羅尼雑集』など南朝やそれ以前のものばかりで隋唐の経典は使用していないので、梁・陳時代までに増補されたと考えてよいだろう。

ちなみに弘法大師空海は、善無畏訳『虚空蔵菩薩能満諸願最勝心陀羅尼求聞持法』に基づき、虚空蔵菩薩の真言を百万遍唱える虚空蔵求聞持法を修したと伝えられる。『三教指帰』の序文には「阿波の大滝岳に登りよじ、土佐の室戸岬に勤念す。谷響きを惜しまず、明星来影す」という有名な文章がある。求聞持法を修し明星が姿を現したことが、虚空蔵菩薩の応現とみなされたのであろう。また、天台智顗の講説をもとにまとめられた『法華文句』巻二にも「普香は是れ明星天子、虚空蔵の応作なり」とあり、普香天子とは明星天子のことで、虚空蔵菩薩が姿をかえて現れたものであるとされている。

### D、『観薬王薬上二菩薩経』——七階仏名懺悔儀礼の原型

この経は薬王・薬上菩薩が登場する『法華経』をうけて作られたものである。また、「このことは『観仏三昧経』に詳述されている」（大正二〇・六六四下）とあり、何度も「観仏三昧海」という語が用いられているので、『観仏三昧経』の内容をうけて作られた経でもあることが明らかである。様々な修行法が述べられるが、第二章で述べた「七階仏名」の典拠がこの経であることは重要である。

『高僧伝』巻三の伝によると、訳者とされる畺良耶舎は西域の人で、経・律・論の三蔵すべてに明るかったが、とりわけ禅定を専ら修した。禅観に入ると七日も出定せず、三昧によって諸国を教化した。元嘉（四二四～四五三）の初めに建康にやって来て、鍾山の道林精舎に入住した。僧含の要請によって『観薬王薬上二菩薩経』と『観無量寿経』を翻訳し、僧含が筆受した。この経は罪障を滅する秘術、浄土往生の因となる修行であるので、宋の国に流通させた。孟顗はその評判を聞いて畺良耶舎を敬服し、手厚く供養した。孟顗が会稽太守として赴任する際、同行を強く要請したが断り、その後、江陵に移り住んだ。曇暉の詳細な経歴を記す『比丘尼伝』巻四・曇暉伝によれば、元嘉九年（四三二）西の四川に赴いてあちこちで禅観を広めた。（『高僧伝』では元嘉十九年とするがおそらく九年の誤り）後にまた江陵に戻り、六十歳で遷化した。元嘉七年（四三〇）僧含は都の霊味寺に入ったので、二経が世に現れたのはおそらく元嘉七年（四三〇）以降元嘉九年（四三二）以前と考えられる。

この経は、薬王・薬上二菩薩の功徳・観法・過去世を説くものである。あらすじを説明しよう。

仏が両眼から光明を放ち、薬王・薬上二菩薩の頭頂を照らし出し、金剛山のように光がそこにとどまった。そこで長者の息子宝積が、衆生がこの二菩薩の名を聞けばいかなる功徳が得られるか、罪障

を断つには、この二菩薩の身体の光明をいかに観想すればよいか質問した。

それに対し、二菩薩の名を聞けば五百阿僧祇劫の間、悪道に堕ちないとする。そして、二菩薩は仏の威神力を承けてそれぞれ呪を述べ、殺生の罪が清浄になる、諸天や国王大臣に尊敬される、などの十種の功徳が得られるとする。

ここで二菩薩が瓔珞を外してそれを仏に供養すると、仏の両肩にかかって須弥山のようになり、その山上に梵王宮があり、宮内に摩尼珠のような宝蓮華があり、それが宮殿を囲む垣根の上から突然下りてきて合わさり一つの千葉金華になり、十方仏がその金華上に坐した。その十方仏は二菩薩を讃歎し、二菩薩の名と我ら十方仏の名を聞くだけでも百千万劫の生死の罪（輪廻する中で積み重ねてきた罪）を滅除でき、受持して読誦・礼拝・供養すればなおさらであるとする。そして、仏は弥勒に対して、この薬王薬上二菩薩が未来に成仏すると話し、二菩薩に授記する。

ここから経文は、具体的な修行法の説明に入る。順に番号を振って説明しよう。

①五想（呼吸を数える数息想・心を安定させる想・息を出さない想・実相を念ずる想・三昧に安住する想）を修す。

②初観――薬王菩薩の功徳ある相貌を観ずる。特に興味深いのは、衆生がこの菩薩の十本の指先を観想すれば、あらゆる病気が自然に滅除し、身体の煩悩も生じないというところである。

③第二観――この観では滅罪部分が注目される。すなわち、薬王菩薩の毛穴から出た摩尼珠光が行者を照らし、行者は自らの六根が浄化され、十方世界の諸仏菩薩が罪を滅除する甘露の妙薬を説くのを見る。行者がこの妙薬を服用すると五百万億旋陀羅尼門を得、諸仏菩薩が行者の前に来て六波羅

蜜を説く。この時行者は諸仏を見たことで、百千万億観仏三昧海を獲得する。

④薬王菩薩を見るための二種の清浄行の第一——仏滅後の衆生が薬王菩薩を見たり念じようとするなら、二種の清浄行を修すべきである。第一の清浄行とは、菩提心をおこし、菩薩戒を受持し、威儀をそこなわないことである。これを修せば薬王菩薩は行者のために百千万億旋陀羅尼門を説き、九十億劫の輪廻で得てきた罪を超越し、即時に無生法忍を得る。

⑤二種の清浄行の第二（四法）——煩悩に縛られた凡夫は、以下の四法を修すべきである。

第一、慈しみの心を持ち殺生せず、十悪を犯さず、常に大乗を念じ、忘失しない。修行に励み精進する。

第二、師僧や父母に四事（飲食・衣服・臥具・薬）を供養する。様々な照明によって三宝及び説法者を供養する。

第三、深く禅定を修し、世間を厭い離れる修行をねがう。阿蘭若処（死体を遺棄する樹林など閑静な場所）にてひとりで十二頭陀行を修す。

第四、身体・命・財産を一切捨て、恋慕執着する気持ちをおこさない。

この四法を修せば、一念一念に薬王菩薩の説法を見、あるいは夢で薬王菩薩が仏の教えという薬を授けてくれるのを見ることができる。夢から覚めると過去無量の前世のことを記憶しており、心が大いに歓喜する。すぐに塔に入り仏像を対象として観想・礼拝すれば、観仏三昧海を獲得できる。その三昧に入れば無量の諸菩薩を見るが、そのうち薬王菩薩だけが行者のために説法する。以上のように薬王菩薩を観想し、名号を受持できれば、八十万劫の輪廻で得てきた罪を滅除できる。また、その名を唱え、一心に礼拝すれば、禍（わざわい）に遭遇せず、不慮の死をとげない。

⑥薬上菩薩を見るための七法——薬上菩薩の清浄な色身を観想するには以下の七法を修す。

第一、いつも持戒をねがい、決して小乗である声聞や縁覚に近づかない。

第二、いつも俗世間の善法および出世間の善法を修す。

第三、その心は大地のようであり、驕慢（きょうまん）を起こさない。普く一切を慈しむ。

第四、あたかも金剛が壊れないように、心に貪著（とんじゃく）するところがない。

第五、平等法に住し、威儀を捨てない。

第六、常にヴィパッサナー（事物を正しい智慧で観察する修行）・シャマタ（心を外界や乱想に動かされず静止させる修行）を修し、怠ける心を生じない。

第七、大いなる解脱である般若波羅蜜に対し、疑惑を懐かない。

以上の七法をすべて具備すれば、速やかに薬上菩薩を見ることができる。

⑦過去五十三仏の因縁——薬上菩薩の名号を聞き、受持し、唱え、薬上菩薩の身を観想すれば、薬上菩薩は光明を放ち、その人を護持する。菩薩の放った光は梵天や沙門など様々な姿に変化する。行者は夢の中でそれらの姿の者が薬王薬上二菩薩の神呪を説くのを見れば、上述した劫数の罪が滅除される。夢から覚めても神呪を憶持して忘れず、三昧に入れば、禅定中に薬上菩薩が過去世の五十三仏名を説くのを見ることができる。さらに行者の禅定中に過去七仏が現れ、この五十三仏名号受持の様々な功徳を説く。

釈迦も過去世にて妙光仏のもと、五十三仏の名を聞いて受持し、それを他人に聞かせて受持させ、人から人へと三千人に伝わった。この三千人は異口同音にこれら諸仏の名を唱え、一心に敬礼した。この諸仏を敬礼した功徳によって無数億劫の輪廻で得た罪を超越した。これら三千人のうち千人は過去千仏、千人は現在賢劫千仏、千人は将来に成仏する。善徳如来をはじめとした現在十方諸仏も五十三仏名を聞いたので、成仏したという。

⑧諸仏名の敬礼による懺悔儀礼――もし、衆生が教団追放である四重禁の罪を滅除し、五逆十悪を懺悔し、仏法を誹謗する極重の罪を滅除しようとするなら、以下の行を修すべきとされる。

第一、勤めて薬王薬上二菩薩呪を誦す。

第二、十方仏を敬礼。

第三、過去七仏を敬礼。

第四、五十三仏を敬礼。

第五、賢劫千仏を敬礼。

第六、三十五仏を敬礼。

第七、十方無量一切諸仏を遍（あまね）く礼拝。

前述したとおり、これは北斉仏教や三階教で行われた七階仏名儀礼につながる原型である。後に、北魏において訳された十二巻『仏名経』に見える二十五仏をはじめとして様々な仏菩薩名がここに追加されることになる。この懺悔法を、昼夜六時に心を流れる水のように聡明鋭利にして行じ、その後、二菩薩の清浄なる色身を念ずることに集中する。すると十方一切諸仏が普現色身三昧に入り、行者の前に現れ、行者は諸仏を見て甚深の観仏三昧海を獲得し、未来に成仏するという授記を得ると記される。この後、薬王薬上二菩薩の過去世における誓願が説明される。

以上、この経においては、二菩薩名や神呪を唱えることに加え、諸仏名の礼拝称名を一つの儀式次第として定型化したことが重要である。

## E、『観無量寿経』――浄土の観想

『観無量寿経』と『観弥勒上生経』は、仏菩薩以外に行者の往生先である浄土あるいは兜率天の観想を非常に重視するのが特徴である。前者は阿弥陀浄土と阿弥陀仏・観音・大勢至菩薩、さらには仏菩薩が臨終者のもとに来迎し浄土に往生する様子まで観想する。後者は兜率天と弥勒菩薩の観想を主とする。ここでは、後者については、懺悔とほとんど関係しないので省略し、『観無量寿経』を簡単にとりあげたい。この経は浄土三部経の一つとして日本の浄土真宗や浄土宗で尊崇されてきた。特に阿闍世王が父の頻婆娑羅王と母の韋提希夫人とを幽閉する冒頭の説話は有名である。以下、韋提希の懺悔にいたるまでのこの説話の概要を説明してみよう。

王舎城に阿闍世という王子がいて、提婆達多という悪友にそそのかされ、父の頻婆娑羅王を捕え、七重にかこまれた牢獄に閉じこめ、家来たちに命じてひとりもそこに近づくことを許さなかった。王妃韋提希は自分の身体に小麦粉と酥蜜をまぜたものを塗り、胸飾りにぶどうの汁をつめ、ひそかに王のもとに行き、それを差し上げた。頻婆娑羅王はこれを食べ、また釈迦の弟子の目連尊者から毎日八斎戒を授かり説法を聴き、三週間がすぎても表情もおだやかで喜びに満ちていた。

阿闍世王は母が父を助けていることを知り、母を殺そうとしたが、大臣に制止され、母も王宮の奥深くに閉じ込めた。

ここで閉じこめられた韋提希は、悲しみと憂いにやつれはて、遠くの耆闍崛山（霊鷲山）の方角に向かって、釈迦を礼拝して目連と阿難を遣わして下さるよう申し上げ、悲しみに涙を流し、再び釈迦に向かって礼拝した。釈迦は耆闍崛山にあって韋提希の思いを知り、二人を派遣し自身も王宮に姿を現した。韋提希が礼拝を終えて頭をあげると、そこに釈迦の姿があった。韋提希は釈迦の姿を仰ぎ見て、自ら胸飾りをかなぐり捨て、その足もとに身を投げ出して声をあげて泣きくずれ、釈尊に向かって申し上げた。

「世尊、わたしはいかなる前世の罪があって、このような悪い子を生んだのでしょうか。世尊もどのような因縁で、あのような提婆達多と親類なのでしょうか。どうか世尊、わたしのために憂いも悩みもない世界をお教え下さい。わたしはそのような世界に生れたいと思います。この濁れと悪に満ちた世界にはもういたいとは思いません。この濁れ悪に満ちた世界には地獄、餓鬼・畜生がみちています。いま世尊の前に、五体投地して礼拝し、哀れみを求め懺悔いたします。どうか世の光でいらっしゃる世尊よ、このわたしに清らかな善業によって作られた世界をお観せください。」

これが愛情を注いで育てた息子に裏切られ、自らの境遇を呪い、釈迦をすら責め、自分の住む穢れた世界から離れたいという気持ちをおこした韋提希の懺悔である。ここの懺悔の解釈については第二章でとりあげたが、具体的な罪の告白というよりも、自分の本心を露わにして仏に哀れみを求め受け入れてもらうことを願うという意味であろう。釈迦はこの韋提希の懺悔をうけて、眉間から光を放ち、頭頂に光をとどめて金台を化現し、その中に無量の諸仏国土を現した。韋提希はこの中の阿弥陀極楽浄土に生まれたいと釈迦に願い出たのである。

『観無量寿経』に見られる懺悔は実質的にここだけであり、西方浄土の詳細な観想と、生前の行いに応じて上上から下下にいたる九品（九つのランク）の往生を説く。

『観無量寿経』が他の観仏経典と異なるのは、阿弥陀仏と観音・勢至二菩薩だけでなく、西方浄土の情景や仏菩薩が往生者をこの世界に迎えに来る様相についても詳細に説明していることである。このことは、在俗の信者にとっても自分の往生に重ね合わせて容易に受容される要因となり、ここから極めて内容豊かな浄土美術を生み出すことになった。例えば、阿弥陀仏についても来迎の様子を表した阿弥陀来迎図、浄土の情景を描いた浄土図、韋提希の観想の場面を描いた図、阿闍世王が父母を幽閉する場面などである。こうした美術の面から見れば、この経は他の観仏経典と比べて突出して重要である。例えば、北斉の文宣帝（在位五五〇～五五九）の師として知られる僧稠禅師が禅観を行じた小石窟である小南海石窟中窟右壁の阿弥陀像の上部には、まさに僧稠が観想に用いた九品往生を表した阿弥陀浄土図が浅浮彫で表現されている（図3–1）。短冊状の榜題には「上品上生」など明らかに観無量寿経に基づく語句が記されているのである。

思想的な点において、この経が後に特に問題となったのは、下下品でも臨終の際に「南無阿弥陀仏」を唱えるという簡単な行によって八十億劫の生死の罪が滅し、誰でも浄土に往生できると説いていたことである。陳の時代に真諦によって『摂大乗論釈』が翻訳されると、高位の菩薩で願と行をともに備え

図 3-1　小南海石窟中窟九品往生浄土の浮彫

ていないと阿弥陀仏の浄土に往生できないことが明かされ、例えば一銭を貸して（その利息によって）千銭を得るというのは、一日で一挙に千銭を得るのではなく、遥か遠い未来のことを言ったものであるように、称名による浄土往生も遠い未来世のことであると説明された。善導が撰したこの経の注釈書『観無量寿経疏』ではこの説に反論し、「南無阿弥陀仏」と唱えることは阿弥陀仏の本願にかない願と行ともに具足しており、これさえ修すれば往生できると主張した。

善導は、懺悔儀礼を浄土往生の行として整備し、大衆化したことでも知られており、その主要な儀礼書である『往生礼讃偈』などに、懺悔に関する内容が詳しく説かれていることは注意すべきである。実際に善導が西方往生のための修行として懺悔と称名を組みあわせ、大衆に受容されやすいような工夫を随所に施した礼懺儀礼（仏菩薩を称名礼拝し懺悔する儀礼）を考案し、それが道俗ともに広範に行われるようになって以降、仏教の礼懺儀礼に浄土教の占める位置が非常に大きくなった。その後、善導の浄土教の流れをくむ法照が五音の曲調にあわせて緩急をつけて唱える五会念仏を考案し、中国や東南アジアの華人社会においてその系譜の礼懺儀礼が現在まで主流となって続いている。

さらにこの経は、臨終の往生の場面を詳細に説くものであったため、臨終の儀礼もこの経の記述をもとにして多様な発展をとげた。例えば特に日本ではこの面の発展が顕著であったのは良く知られているとおりである。

以上、本章では、般舟三昧と観仏経典について内容を概観してきた。中国では般舟三昧は最初は仏像を前にして坐して静かに仏を憶念する行であったが、南北朝から隋にかけて次第に四事品に説かれる苦行が重視され、滅罪のための懺悔行としての要素が強くなっていった。『観仏三昧経』などの観仏経典類も同様に観想の要素は次第に重視されなくなった。『普賢観経』『観虚空菩薩経』『観薬王薬上二菩薩経』などのように、むしろ懺悔あるいは仏名経典として重視され、七階仏名などの様々な懺悔儀礼にとりこまれ、礼懺儀礼として発展した。ただし、天台では『普賢観経』の行法を四種三昧の一つとして組み込み、観想の行として新たな体系化を行った。

『観無量寿経』は仏菩薩だけでなく、その浄土の観想が非常に詳細であるという点で、他の経典よりは観想の側面が重視され図像化がなされたが、次第にそれを観想という行者の修行に用いるというよりも、西方浄土という概念を大衆に普及させるための視角化されたツールとして重宝されるようになった。浄土の情景だけではなく、臨終行儀における仏菩薩の来迎の場面など、様々な形態の幅広い浄土美術が生み出された。そして、浄土教の善導により、「南無阿弥陀仏」と唱える称名が阿弥陀仏の本願にかなう浄土往生の行として重視され、やはり礼懺儀礼として発展したのである。次章ではこの阿弥陀仏の本願、すなわち阿弥陀仏の過去世の身である法蔵比丘の誓願と関わる菩薩の誓願について論ずる。

# 第四章　菩薩の誓願——仏前での誓い

## 第一節　菩薩の出発点としての誓願

第二章では五悔（懺悔・随喜・勧請・廻向・発願）という概念を紹介し、そこに発願が含まれていることを述べた。また、懺悔は誓願と密接な関係にあることを述べた。北響堂山石窟の刻石においても、『涅槃経』に『勝鬘経』の誓願が組み合わされていた。本章では、この誓願について考察してみたい。大乗仏教の懺悔が仏の存在を抜きにしては成立しないように、大乗仏教の誓願も仏との関係において成立する。すなわち仏に対しての誓約という形をとることに大きな意味がある。実際には、仏像に向かって誓願がなされるのが通例である。

大乗仏教の誓願について、外薗（一九九五）は、大乗仏教の中心思想は仏伝の中で胚胎し、その中で大いに発展をとげたと主張する。氏の説を以下にまとめてみよう。

仏伝の『ラリタヴィスタラ』において、誓願に相当する語は Praṇidhāna（または、Praṇidhi, 心を前に置く）という意味で「願い」でもあり、「誓い」でもあるが、この語に劣らず、Pratijñā（誓言）が頻繁に用いられる。これは単なる願望ではなく、確固たる決意であり、守られるべき約束である。そして、最初は願いの意味が強かったが、次第に「誓い」の意味の強いものにかわる。

誓願思想の出発点に位置するテーマの一つは施餓鬼であり、ここでは、仏や僧に対しての食事の布施の功徳を祖霊の安楽に向けるという追善供養が行われる。ここでの誓願は、布施という「善行の功徳の行方に関わる願い」である。ここでは、過去の善業を因として将来の果報を生じるという意味での業報因果の法則は守られている。

しかし、誓願と業報の力関係は相反すべきものであり、衆生救済の誓願の力が大きくなれば、業報の力は小さくなる。すると、菩薩は一切衆生の安楽に向けて修行するという誓いを立てた上で、その誓いの実現に向けて修行することになる。すなわち、〈善行を為した後で修行する〉から、〈誓願を立てた後で修行する〉となる。

この段階においては、自分の功徳をすべて出家的な価値（菩提）に向ける「上求菩提」の誓願（菩提廻向）と、衆生を業報輪廻の世界から救い出す「下化衆生」の誓願（衆生廻向）ともに、業報因果の輪廻の世界にとどまらないことを誓うものとなる。

このような「廻向の誓い」こそが業報輪廻の世界から解脱を可能にするものという観念が成立すると、「成仏の因としての誓願」という思想がおこる。

すなわち、「成仏の因は単なる善業功徳にあるのではなく、むしろそれら善業功徳への執着を捨てる決意としての誓願にある」とする考え方である。このような誓願は、純化され堅固にしようとする決意や誓いを内実にするため、常に修行と一体化し、誓願しては修行し、修行しては誓願を純化し堅固ならしめていくという形をとる。この誓願は「成仏に向けてなされる最初の決意」という点から見れば「発菩提心」であり、この発心こそが、菩提を求める上で最も重要と考えられたのは当然である。

以上が外薗氏の説を筆者なりにまとめたものである。『華厳経』梵行品に「初発心時、便成正覚」（初めて菩提を目指そうとする心をおこすときがすなわち菩提を完成する時である）と説かれるのは、まさにこのような世俗的善行の執着からの解脱という価値観の大転換を比喩的に述べたものであろう。

『華厳経』では、このような発心の重要性を説くとともに、発心した後に、誓願が修行と一体化し、誓願しては修行し、修行しては誓願を純化し堅固にしていくあり方も説かれる。以下ではこのあり方が説かれる『華厳経』浄行品を紹介する。ついで、衆生救済の大誓願を代表する例として、自ら仏国土の建設とそこに衆生をおさめとるという、阿弥陀仏の本願、すなわち、阿弥陀仏の前身である法蔵比丘の誓願を自らの誓願としようとした僧たちの存在を紹介したい。

## 第二節　誓願に生きる――『華厳経』浄行品

### 三帰依文の典拠

誓願というのは最初に一回おこせばそれでよいものなのか。前述したようにそれは誤りである。大乗仏教徒として日々誓願に生きる生活を具体的に示してくれるのが『華厳経』の浄行品である。これは一四〇の偈からなり、在家・出家の一日の日常的生活の各場面で、「衆生が～しますように」という誓願がなされる。「衆生が」というのは、「自分が衆生とともに」という意味で考えてよい。とりわけ最も有名なのは日本の多くの寺院で唱えられている以下の三帰依（三宝への帰依）文である。一四〇の願のうち、第二十～二二願に相当する。

**自帰依仏　当願衆生　体解大道　発無上意。**

自ら仏に帰依したときは、衆生が仏の大道を体得してこの上ない菩提に向かう心をおこすようにと願います。

**自帰依法　当願衆生　深入経蔵　智慧如海。**

自ら僧に帰依したときは、衆生が深く経典を学び、智慧が海のように広大になるようにと願います。

**自帰依僧　当願衆生　統理大衆　一切無礙。**

自ら僧に帰依したときは、衆生が大衆（サンガ、または説法の会座などに集った人々）を統べおさめて、あらゆることにさまたげのない〔境地に到達する〕ようにと願います。

このうち、「自帰依」の部分が経では「自帰於」であるという細かな相違はあるが、これは『華厳経』浄行品の一節からとられたものであり、智顗の『法華三昧懺儀』や様々な懺悔儀礼を集めた智昇の『集諸経礼懺儀』などで「自帰依」と改められ、三帰依の文として定着した。

『華厳経』浄行品に相当する部分は、古くから中国に紹介されており、最古の漢訳は、三世紀前半に三国呉の支謙によって訳された『菩薩本業経』一巻の願行品で一三五願よりなる。第二訳は西晋の聶道真訳『諸菩薩求仏本業経』一巻で一三二願である。この訳は、例えばさきの三帰依文でいえば「菩薩自帰於仏時、心念言、『十方天下人皆使無不歓楽於仏法、悉生極好処。』」というように、偈の形をとらない。第三訳がここで主に紹介する東晋の仏駄跋陀羅訳『華厳経』浄行品であり、南北朝～初唐にかけて広く用いられた。第四訳は唐の実叉難陀訳八十巻『華厳経』である。漢訳以外にも九世紀成立のチベット訳が存在し、内容的には唐訳に類似する（平川一九六〇a）。古い訳は願の数が一四〇よりも少し少なく、内容にも少しの異同はあるが、おおよそ同じ内容である。

この浄行品で説かれる一四〇の誓願の重要性を物語る話が、華厳の祖師として知られる法蔵（六四三～七一二）の弟子恵英が『華厳経』にまつわる様々な霊験を集めて撰し、それを胡幽貞が一巻にまとめた『華厳経感応伝』に見られる。唐の総章元年（六六八）、西域出身の三蔵が唐の都に来て、第三代皇帝高宗が三蔵に師事し道俗ともに帰依した。当時いまだ童子（出家を願って修行者に随う得度以前の若者）であった法蔵が、その三蔵の足下にひれ伏し頭を地につけて礼拝し、菩薩戒を授与して下さるように請い願った。その時、僧衆が三蔵に対し、法蔵は『華厳経』を誦えることができ、その教理も理解しておりますと申し添えたところ、三蔵は驚嘆して、華厳の一乗は諸仏が秘蔵しているもので、この経に遭遇するのは難しく、まして理解するのは言うまでもないと述べ、さらに浄行品を誦す者がいれば、この人はすでに菩薩の浄戒をそなえており、あらためて菩薩戒を受ける必要はないと言ったという。この三蔵とは、スリランカ出身で医術に優れた僧である釈迦蜜多羅（Skt. Śākyamitra）を指す（Forte 2002）。このように浄行品を誦することが菩薩戒を受持することと等しい価値を持つものとして、非常に重視されていたのである。

この誓願の内容は早くも三国呉の康僧会によって重視されていた。『高僧伝』巻一・康僧会伝には、支謙訳『菩薩本業経』に関する逸話が見える。第一章の灌仏のところで言及した呉の君主孫皓は、仏像に尿をかけて陰部が腫れ上がり、そこで懺悔したところ痛みが消えた。そして康僧会から精緻な教えを受けて喜び、沙門の戒律を見せて欲しいと頼んだ。出家者の戒律を教えてはいけないという決まりが

図 4-1

あるので、康僧会はこの経の一三五願を二五〇の事項に分けて授けた。これは行住坐臥すべてにわたり衆生のことを願うものであり、慈悲の誓願が広くいきわたるものであるのを見て、孫皓はさらに善心を増し、康僧会から五戒を授かったという。

北魏では、『華厳経』の一部である十地品にある部分の、瑜伽行唯識派の世親（ヴァスバンドゥ）による注釈書『十地経論』がもたらされて六世紀初頭に漢訳された。それにつれて『華厳経』の研究も盛んになった。北斉時代（五五〇～五七七）には、第二章の九で言及した大住聖窟を造営した僧である霊裕が、この『華厳経』研究の第一人者であった。霊裕は、婁叡ら高官の援助を得て、北斉の河清年間（五六二～五六五）前後に、『華厳経』の各処から精華の偈を抜粋した大乗妙偈碑（図4-1）を造った。この碑には、浄行品の偈が第一願から第一〇五願「到人門戸、当願衆生、入総持門、見諸仏法」まで、合計一六八〇字整然と刻まれている。また、河南省衛輝市街の西北二十キロメートルにある北斉期とされる香泉寺摩崖にも浄行品の偈が刻まれる（図4-2）。筆者が確認できたのは、第一願から一一七願までであるが、おそらく元来は一四〇願全体があったことと思われる。ここは、北斉文宣帝の師であった僧稠禅師の一番弟子である曇詢が住していた地で、もとの寺名は霖落泉寺であった。

この他、法滅の危機にそなえるため隋の静琬が造営した房山の雷音洞にも、『華厳経』からでは唯一浄行品の一四〇願全体が採用され石に刻まれた（図4–3）。現在は失われてしまったが、河北省の隆堯県にかつて存在した初唐の宣霧山石窟にも一四〇願が刻まれていたという記録が残る。このように浄行品は、『華厳経』の中でも非常に重視されていた部分であるのは疑いがない。以下、具体的に誓願の内容を紹介してみよう。

図4–2　香泉寺摩崖

## 主な誓願の内容

浄行品では、在家菩薩と出家菩薩の日常生活の各場面において、大乗の誓願がおこされる。『華厳経』浄行品に説かれる在家菩薩の願を第一願から第十一願まで示してみよう。冒頭の数字は一四〇願のうち何番目にあたるかを示している。論述の都合で順番が前後することがある。

1、菩薩在家　当願衆生　捨離家難　入空法中。
菩薩が家にいるときは、衆生が家宅の苦難を離れ、空法の中に入るように願います。

2、孝事父母　当願衆生　一切護養　永得大安。
父母に仕えるときは、衆生があらゆるものを護

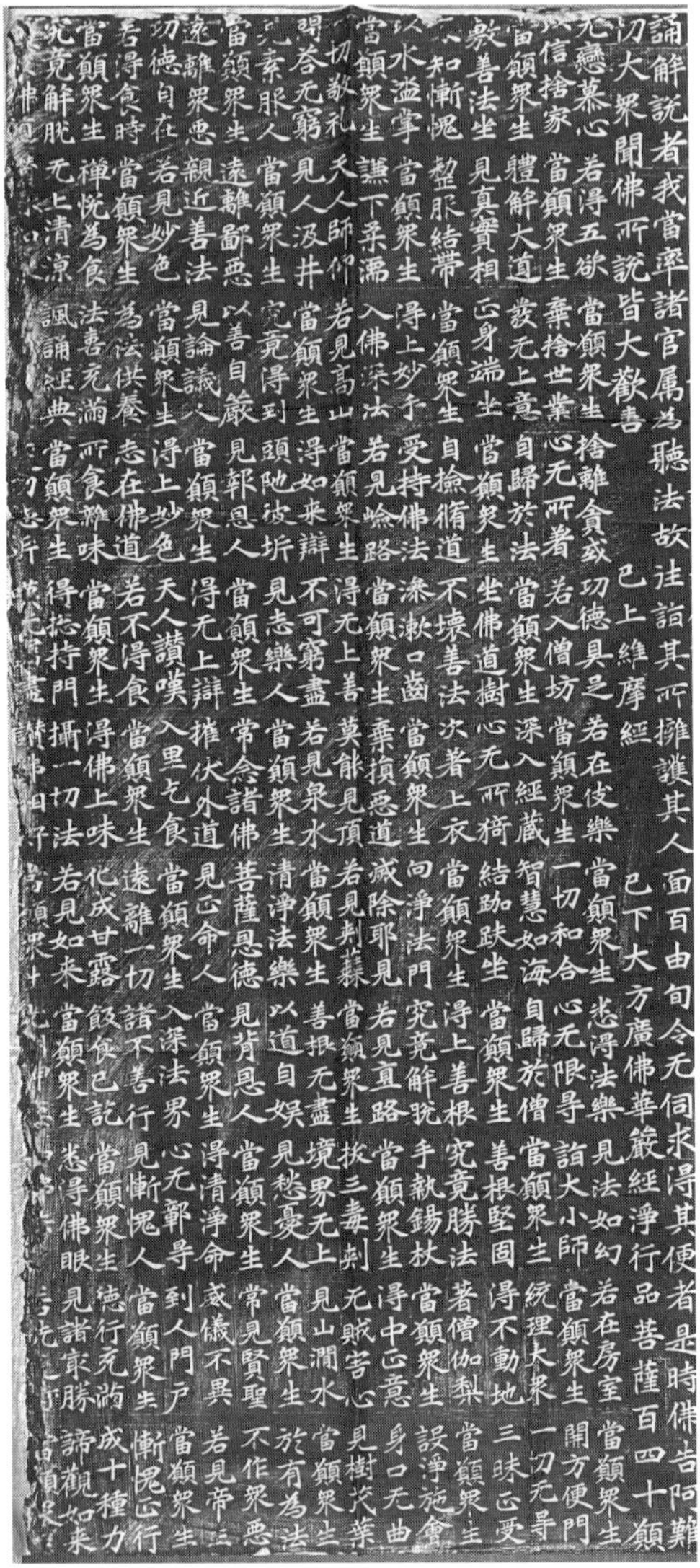

図4-3　房山雷音洞百四十願刻石

り養い、とこしえに大いなる平安を得るように願います。

3、妻子集会　当願衆生　令出愛獄　無恋慕心。

妻子と集う場合は、衆生が愛欲の獄を抜け出て、恋慕の心がなくなるように願います。

4、若得五欲　当願衆生　捨離貪惑　功徳具足。

もし五欲（眼耳鼻舌身という五つの感覚器官によっておこされる欲望）が生じたならば、衆生が貪欲の迷いを捨て去り、功徳を具足するように願います。

5、若在妓楽　当願衆生　悉得法楽　見法如幻。

妓楽（妓女の奏する音楽）の場にあるときは、衆生がみな仏法の楽しみを得て、あらゆる存在を幻のように見ることを願います。

6、若在房室　当願衆生　入賢聖地　永離欲穢。

房室（夫婦の寝室）にいるときは、衆生が賢聖の菩薩の境地に入り、とこしえに欲の穢れを離れるように願います。

7、著宝瓔珞　当願衆生　捨離重担　度有無岸。

珠宝で作られた装身具を身につけるときは、衆生が重荷を捨て去って、有無の二見（すべてのものは永久に存在する、あるいは絶対的に存在しないという二種の誤った考え）の世界を超越するように願います。

8、若上楼閣　当願衆生　昇仏法堂　得微妙法。

楼閣に登ったときは、衆生が仏の法堂に昇り、奥深い教えを得るように願います。

9、布施所珍　当願衆生　悉捨一切　心無貪著。

珍貴なものを布施するときは、衆生が一切を捨て去り、心に貪りや執着がないように願います。

10、若在聚会　当願衆生　究竟解脱　到如来処。

集まりに参じたときには、衆生が解脱をきわめ、如来のもとに到ることを願います。

11、若在危難　当願衆生　随意自在　無所罣礙。

危難に遭遇したときは、衆生が各自の思いどおりになり、さまたげがないことを願います。

以上が在家の部分であるが、続いて12出家を志し、13僧坊に入り、14大小の師（和尚と阿闍梨）のもとをたずね、15出家の法を求め、16俗服を脱ぎ、17剃髪し、18袈裟を着け、19出家の法を受ける、というように続く。20～22までがさきに紹介した三帰依の文である。その後、25に至り、具足戒を受けて比丘となる。

この後は、出家後の日常の生活について願がなされる。ただかなりの部分が出家者に限らず、在家者にも応用できるものである。現在の日本においても禅宗や密教の修行道場では、食事作法・洗面作法・トイレの時など、この経の偈が唱えられている。現代の私たちにも応用できる毎日行う日常生活に関わるものを紹介してみたい。まずは衣食住の衣からである。着衣の場面の誓願は以下のとおりである。

36、被著衣裳（ひじゃくえしょう）　当願衆生　服諸善根（ぶくしょぜんごん）　毎知慚愧（まいちざんぎ）。

衣（上半身に着ける服）と裳（下半身に着けるスカート状のもの）を着けるときは、衆生が様々な善根を身につけ、いつも過ちを反省し深く恥じることを知るように願います。

37、整服結帯（しょうぶくけったい）　当願衆生　自検修道（じけんしゅどう）　不壊善法（ふえぜんぼう）。

服を整え帯を結ぶときは、衆生が自己を点検して仏道を修し、善法を破壊しないように願います。

38、次著上衣（じじゃくじょうえ）　当願衆生　得上善根（とくじょうぜんごん）　究竟勝法（くきょうしょうぼう）。

次に上衣を着けるときは、衆生がすぐれた善根を得て、勝れた法をきわめることを願います。

39、**著僧伽梨　当願衆生　大慈覆護　得不動法。**

僧伽梨（大衣）を着けるときは、衆生が〔仏の〕大慈悲によって覆い護られ、不動の法を得ることを願います。

以上が着衣の場面の誓願である。39は僧伽梨を外套、コートとして考えれば現代の生活にも当てはまるであろう。衣服を身につけることを善き行いを身につけること、仏の慈悲により覆い護られることに結びつけて説くのである。次に歯磨きと洗面である。

40、**手執楊枝　当願衆生　心得正法　自然清浄。**

手に楊枝をとるときは、衆生が心に正しい教えを獲得し、おのづから清浄になるように願います。

41、**晨嚼楊枝　当願衆生　得調伏牙　噬諸煩悩。**

朝に楊枝を噛むときは、衆生が〔諸魔を〕調伏する歯を得て、様々な煩悩を噛み砕くことを願います。

ここでいう楊枝は現代で言えば歯ブラシのことで、楊枝を噛むとは、歯ブラシで歯磨きをすることと考えればよい。歯の汚れを落とすことにちなんで、衆生が心の汚れを落とすように誓願するのである。

歯磨きを終えて口を漱ぐときは以下の偈を唱える。

46、**澡漱口歯　当願衆生　向浄法門　究竟解脱。**

口を洗い漱ぐときは、衆生が清浄な教えに向かい、解脱をきわめるように願います。

次にトイレの時の偈である。ある寺院でこのような偈が掲示されていることに気付かれた方もいるかもしれない。

42、**左右便利　当願衆生　蠲除汚穢　無婬怒痴。**

大小便にあたっては、衆生が穢れを除き、婬欲・怒り・愚昧がなくなるように願います。

43、**已而就水　当願衆生　向無上道　得出世法。**

おわって水をとるとき、この上ない仏道に向かい、出世間の法を得るように願います。

44、**以水滌穢　当願衆生　具足浄忍　畢竟無垢。**

水で汚れを洗い流すときは、衆生が清浄な忍辱をそなえ、究極的に穢れがないように願います。

45、**以水盥掌　当願衆生　得上妙手　受持仏法。**

水で手を洗うとき、衆生が優れて妙なる手を獲得し、仏法を受持するように願います。

ここでも歯磨きと同様な身心の清浄と仏道への志向が誓願される。この後、経では托鉢に出かける、道中での誓願が説かれる。道を行き、山や林、川など様々な景色を見て誓願を行う。例えば登り道では、衆生が無上の仏道を登り輪廻の世界から出ることを願うなどである。そして、道すがら会う人々についても誓願を行う。例えば端正な人を見れば、衆生が仏菩薩を喜んで恭敬するように願う、などである。そして次に托鉢の場面の誓願になる。托鉢以外で食事するときも同様な誓願をおこすことができよう。

109、若見空鉢（にゃくけんくうはつ）　当願衆生　其心清浄（ごしんしょうじょう）　空無煩悩（くうむぼんのう）。
空の鉢を見たときは、衆生の心が清浄で空にして煩悩がないように願います。

110、若見満鉢（にゃくけんまんぱち）　当願衆生　具足成満（ぐそくじょうまん）　一切善法（いっさいぜんぼう）。
〔食物で〕満ちた鉢を見たときは、衆生が一切の善法を円満成就するように願います。

111、若得食時（にゃくとくじきじ）　当願衆生　為法供養（いほうくよう）　志在仏道（しざいぶつどう）。
食を得たときは、衆生が仏法を供養し、仏道を志すように願います。

115、得香美食（とくこうみじき）　当願衆生　知節少欲（ちせつしょうよく）　情無所著（じょうむしょじゃく）。
おいしい食を得たときは、衆生が節度を知り寡欲で、心に執着がないように願います。

116、得不美食（とくふみじき）　当願衆生　具足成満（ぐそくじょうまん）　無願三昧（むがんざんまい）。
口にあわない食を得たときは、衆生が無願三昧（あらゆるものに願い求めることなしと観ずる三昧）を円満成就するように願います。

119、若嚥食時（にゃくえんじきじ）　当願衆生　禅悦為食（ぜんねついじき）　法喜充満（ほうきじゅうまん）。
食事を喉に通らせた時は、衆生が禅定の喜びを食とし、仏法の喜びが充満するように願います。

121、**飯食已訖**　**当願衆生**　**徳行充盈**　**成十種力**。

食事が終われば、衆生が徳行を満たし、十種の力（『華厳経』離世間品には様々な菩薩の十種の力が説かれる。例えば直心・深心・方便・智慧・願・行・乗・遊戯神通・菩提・転法輪の十種の力）を成就するように願います。

次に入浴の場面での誓願である。

124、**若入水時**　**当願衆生**　**深入仏道**　**等達三世**。

入浴するときは、衆生が深く仏道に入り、過去・現在・未来の三世が平等であることを深く理解するように願います。

125、**澡浴身体**　**当願衆生**　**身心無垢**　**光明無量**。

身体を洗い流すときは、衆生の身心が穢れなく、光明が限りなく満ちあふれるように願います。

次に、129～137では、仏像を礼拝し、仏塔の周りを回る時の誓願のあり方についても述べられる。例えば、冒頭の一願は、

129、**若見如来**　**当願衆生**　**悉得仏眼**　**見諸最勝**。

もし如来を見たならば、衆生がみな仏眼を得て、様々な最も勝れたものを見ることを願います。

などである。そして最後は就寝と起床の場面である。

139、昏夜寝息　当願衆生　休息諸行　心浄無穢。

夜に就寝するときは、衆生が様々な営みを休息し、心が清らかで穢れがないことを願います。

140、晨朝覚悟　当願衆生　一切智覚　不捨十方。

朝に目覚めたときは、衆生が一切を覚り、十方〔の衆生〕を見捨てないことを願います。

以上、浄行品の一四〇願の流れを辿ってきた。一四〇願全体では在家菩薩に関する記述は少ないものの、出家菩薩に関する記述であっても在家菩薩に適用可能なものは多い。このように毎日の日常生活ほぼ全てにわたって誓願をおこすことが修行であり、かつこの修行によって大乗の誓願が確固としたものとなっていくのである。

最初に述べたように、中国の北朝から初唐にかけては、『華厳経』浄行品の一四〇願は非常に重視されていたのであり、現代日本の禅宗や密教の修行道場で、食事、洗浴、洗面、トイレなどの場において、部分的には今でも実際に用いられている。具体的な毎日の生活の場でお唱えすることが可能という意味で、西域から来た三蔵が法蔵に語ったように、浄行品で説かれる誓願は現代の菩薩戒として相応しい内容を有しているのではないだろうか。

## 第三節　南岳慧思の『立誓願文』

衆生救済の大願として知られているのが、阿弥陀仏の本願である。本願とは過去世に立てられた誓願の意味である。阿弥陀仏は過去世の世自在王仏（せじざいおうぶつ）の世において、国王であった。しかし仏の説法を聞いて深く感動し、王位を捨て法蔵（ほうぞう）という名の比丘となった。そして、世自在王仏のもとで大誓願をおこした。その内容は、自らの仏国土を建設し、そこにあらゆる衆生をおさめとり、その願いがかなうまでは成仏しないという誓いであった。（伝）康僧鎧（こうそうがい）訳『無量寿経』では、阿弥陀仏の本願は四八からなり、例えば最も有名な第十八願は、

> わたしが仏になるとき、すべての人々が心から信じて、わたしの国に生まれたいと願い、わずか十回でも仏を念じて、もし生まれることができないようなら、わたしは決して正覚（しょうがく）（菩提、悟り）を完成しません。ただし五逆罪を犯す者や、仏の教えを謗る者だけは除きます。

というものである。法蔵比丘はこのような大誓願をおこしたことで将来必ず正覚を完成すると讃（たた）えられ、今から十劫前にすでに成仏し、阿弥陀仏として西方浄土に鎮座するのである。それではこのような誓願は、法蔵比丘だけがおこせるものなのであろうか。中国には、そうとは考えなかった僧がいた。最初に紹介するのはこれまで何度か言及してきた南岳の慧思である。慧思は中国においてはじめて末法思想を表明した僧として知られている。

末法について簡単に説明すると、仏教においては、釈迦滅後の時代を正法・像法・末法の三時に分ける、いわゆる三時説と言われる教法が存在する。正法は悟りを得る者が存在する時代、像法の像は、似るという意味であり、正法に似ているものという意味である。教法・修行はあっても悟りを得ることによる聖者がいなくなる時代である。末法は修行もなくなってしまい、教法のみが残る時代である。

正法五百、像法一千年、末法一万年の三時説は、天保九年（五五八）の南岳慧思が撰述したとされる『立誓願文』に最初に見られる。そして慧思はすでに末法に入って八二年目の年である北魏延昌四年（五一五）に世に生まれたと自ら述べる。この慧思の認識は、当時すでに末法の時代に入っているという深刻な危機意識が広がる端緒となった。慧思は地方において大乗仏法の講義を依頼された時、その講義内容が斬新で既存の仏教教学を否定するところがあったため、しばしば邪悪な論師たちから毒を盛られるなどの激しい迫害に遭った。慧思はこのため未来に仏法がこの世界から失われることを恐れ、四三歳の時（五五七）に金字『摩訶般若波羅蜜経』一部を発願し、それを琉璃などの七宝によって造られた宝函の中に納め、各種供養品によって供養した。同時に誓願を発し、慧思が菩提を成就する時まで、十方衆生のためにこの経を講説することを誓願したのである。翌年、光城県（現在の河南省光山県）の斉光寺にて金字『摩訶般若波羅蜜経』、『法華経』各一部を造り、五六億万年後の弥勒仏下生時に、この経をおさめた宝函が必ずや再び弥勒仏前に出現し、仏力によって開かれることを誓った。

『立誓願文』は、末法に関わる年代や慧思の伝記を述べた前半部と、後半部の願文に大きく分けることができる。前半部には、慧思が各地で招かれ経論の講義を行った際、比丘たちから憎まれ、毒を盛られ生死をさまよったことが記述される。そして、そうした自身への迫害を直接の契機とした、法滅に対する危機意識から金字『般若波羅蜜経』の制作を発願したことが記されている。

後半部は願文であるが、その願文に主に表現されているのは、弥勒下生信仰である。遥か未来に弥勒がこの世に下生するまでの間、この世の山中で修行し、五通神仙（神通力をそなえた仙人）となり、六神通を得て、三界の頂点である非想非非想処（天上界最高処の有頂天）や、閻浮提、さらには三塗、地の底である金剛際（金輪際）にまで、あらゆるところで説法し仏法を護持するというのが主な誓願の一つである（これについては（村田二〇二〇）を参照）。

そして、弥勒下生の際には、授記される者の中で第一となり、未来世における成仏時、その願力によって穢土の衆生に菩提心を発させるのである。慧思が『無量寿経』の法蔵菩薩の四十八願に範をとっているのは、将来の成仏後に関する誓願である（苗村一九七六）。その典型的な願文を一つ記しておく。

> 私が仏になった場合には、十方の世界に、もし五逆罪を犯して地獄に堕ちるはずの衆生がいれば、〔その人が〕臨終のときに、善い指導者が私の名まえを称えることを教えるのに出会い、罪人は〔それを〕聞いてから、合掌し、〔私の〕名まえを称え、その声がとだえることなく、十返称えおわって、命がまさに終わろうとするとき、たちどころに私を見ることができるであろう。〔私は〕その人の魂を迎え、私の国に生まれさせ、〔その人のために〕大乗を説くと、この人は法を聞いて無生忍を得て永久に退転しないであろう。もしこのようにならなければ、〔私は〕妙覚を取るまい。
> （大正四六・七九〇上、中国仏教研究会一九九〇、四六八、ただし（　）を〔　〕に改める。）

これは『無量寿経』だけでなく『観無量寿経』を組み合わせた内容である。すなわち、五逆罪を犯し地獄へ堕ちるべき者でも、臨終時に我が慧思の名を唱えれば我が浄土に生まれ変わり、説法を聴いて無生忍を得る、このようでなければ成仏しないと述べている。以上のように、慧思は自らを阿弥陀仏の前身である法蔵比丘に重ね合わせ、自らの浄土建立の大誓願を立てたのである。

## 第四節　阿弥陀仏となる誓願

慧思のように阿弥陀仏の本願を摸倣し、自らの仏国土を建立する誓願を立てる者は他にもいた。しかもその誓願文が世界文化遺産の龍門石窟に石刻文という形で現在まで残されているのである。龍門石窟で最も有名な仏像と言えば、唐の高宗と則天武后が造営した盧舎那大仏である。この盧舎那仏の造営には、浄土教の祖師である善導が検校（工事監督）をつとめた。西山の中央の山の中腹にあるこの盧舎那大仏の近くには、極めて興味深い内容を有する刻文を付す特殊な形状の小窟一〇七四窟が存在する。一九九六年に龍門石窟の窟番号の編号作業を行っていた王瀧氏はかつてこの窟が経を保存しておく蔵経洞であるという新説を短文の考古報告の中で発表した（王一九九六）。しかしこの報告はあまりにも短く、なおかつ肝心の題記の内容も記録されていなかったため、学界では全くと言ってよいほど注目されることはなかった。ついでこの窟に注目したのは久野美樹氏であり、窟の造形面の特殊性について述べ、題記の内容にも着目したが、依拠した釈文自体が誤りを多く含むものであったため、十分にこの題記の意義が明らかにされることはなかった（久野二〇一一）。それというのもこの窟龕はかなり高所にあり、容易には近づくことができないからである。

筆者は二〇一三年に龍門石窟を訪れ、望遠レンズを使い、この窟の窟外上部にある題記の撮影を行った。帰国後、写真画像をもとにこの題記の釈読を行ったところ、確かに王滝氏の述べたとおり、蔵経洞であると認められるものであった。それにも増して、この題記の内容は驚くべきものであった。なんと刻文の冒頭には善導の『観無量寿仏経疏』（以下、『観経疏』と略）冒頭の十四行偈（じゅうしぎょうげ）といわれるものが刻まれていたのである。これは『観経疏』十四行偈の現存最古のテキストということになる。そして、善導浄土教を信奉する慧審（えしん）という僧の発願によることも判明した。慧審はまず西方浄土へ往生して修行し、一万年後の仏法が滅する時に、再び西方浄土からこの世に戻りこの経蔵を開き、法滅の危機を救うという誓願内容が刻まれていたのである。この内容に基づけば、この窟を「浄土教の蔵経洞」と名づけてもよいであろう。また、慧審は薬方洞窟口外側の上方にある発願文の願主でもあり、こちらも自ら阿弥陀仏と名乗るという極めて興味深い内容を有している。以下、まず薬方洞上方の題記から解説しよう。

### A、一三八七窟（薬方洞）〈究竟荘厳安楽浄土成仏銘記〉

この銘記は、薬方洞窟門外上部の碑形状の浮彫（高さ二八四、幅一一四センチメートル）に刻まれ、碑額部分には「究竟荘厳／安楽浄土／成仏銘記」（／は改行を示す）という題が見える。薬方洞は盧舎那大仏の南側、古陽洞の北側に位置する。窟内正壁主尊の造像年代には北斉、隋、初唐等の諸説がある。主尊の光背には、蓮蕾・蓮華から頭部あるいは上半身を露出した往生者が浮彫される。戦前に撮影された写真には、左脇侍菩薩の頭冠に化仏が刻まれており、主尊を阿弥陀仏とする見解が有力である。「究竟荘厳安楽浄土成仏銘記」とは、安楽浄土を荘厳しつくし成仏する誓願の銘記という意味である。碑身には毎行約五五字、全四十行の銘文が刻まれる。

筆者が傅斯年図書館所蔵のこの銘文の拓本を調査したところ、銘文は、『悲華経』以外に『観世音菩薩授記経』を引用し、沙門の名が後述する一〇七四窟銘文中に出現する「慧審」であることが判明した。すなわち、この石刻は刻経ではなく、経文を用いた浄土誓願文である。この文も損傷部分が多い。筆者が拓本に基づいて作成した釈文を以下に示そう（△は欠損ではない空白箇所を示す。紙幅の都合で途中省略する）。

01 沙門□慧審者、千代輪王之孫□。其人志操高□、超□二乗之陁娑□五濁?三界?……………
……………／
02 □□□□□□　十?八□慧審稽首釈迦・弥陁尊、□十△方恒沙等覚尊、同舒舌遍三千□□　慧審師
子吼□□□□□□□□□□浄土妙／
03 行、弘誓発菩提。生死無量劫、本際不可知、為一衆△生故、爾数劫行道。況此諸劫中、度脱無量
衆、修行菩提道、而生疲倦心。我若従今始、起於貪／
04 欲心、是則為欺誑十方一切仏。瞋恚、愚痴垢、慳、嫉亦復然。今我説実語、遠離於虚妄、亦不求
縁覚、自済利己身、当於万億劫、大悲度衆生。我□安／
05 楽国、清浄妙荘厳、令我得道時、超踰億百千。国無声聞衆、亦無縁覚乗、純有諸菩薩、其数無限
量。衆生浄無垢、悉具上妙楽、出生於正覚、総持諸／
06 法蔵。此誓若誠実、当動大千界。慧審発二十八大願、荘厳妙土。法蔵菩薩四十八願、亦□在其中。

我成無上菩提時、惟願十□□□□我□記、願／
07 取□方安楽世界成仏。国名安楽、仏号阿弥陁?依正二報与弥陁仏無異。洒発願言、我得阿耨多羅三
藐三菩提時、世界之中、無有地獄・畜生△／
08 餓鬼。一切衆生命終之後、令不堕於三悪道中。△我得阿耨多羅三藐三菩提時、我世界衆生皆作金
色、人天無別、皆得六通、以宿命通乃至得／〔中略〕
37 羅三藐三菩提已………………………羅尼門及諸三昧者如其所願悉皆△得之乃至成阿耨多……
……………／
38 世尊、我之所願、如是仏土、如是衆生。若世界清浄衆生如是者、然後乃成阿耨多羅三藐三菩提。
／
39 □□菩薩五百区、造大乗□□□□□□百餘鋪、金銅香炉一具、銅灯台一枚、読華厳等経五万巻、
誦阿弥……／
40 □□□□□徳………………………子孫万代不□絶。△△△大唐永隆二年四月廿三日。

この銘記は善導往生の一箇月後、すなわち永隆二年（六八一）四月二三日に完成している。これは決して偶然ではない。なぜなら、後述する一〇七四窟の願文において慧審は善導の著作を長文襲用していることから、善導浄土教の信奉者であり、善導の弟子であったと考えられるからである。

それでは銘文内容を順に解説しよう。まず、冒頭第一行では、慧審は自ら「沙門釈慧審者、千代輪王之孫」と自身を千世続く転輪王の子孫であると述べる。以下は銘記が欠損しており判読困難である。二行目も欠損が激しいが、十方恒沙諸仏がともに舌をのばして三千世界を覆い、慧審の師子吼（以下で述

べる誓願）が真実であると証明したという内容であると推測できる。
三行目「弘誓発菩提」から六行目「当動大千界」までは、『観世音菩薩授記経』（大正一二・三五六中下）の文章を一部改め省略したものである。欠損箇所を経典によって補って現代語訳を示すと、以下のようになる。

〔私は〕菩提を求める広大な誓願を発します。限りなく長い時間を輪廻しても、輪廻の本源は知ることができないのです。一人の衆生の為に〔すら〕、私は数劫修行を重ねます。ましてやこの諸劫の中において、無数の衆生を世俗の迷いから抜け出させ、菩提の道を修行し、疲れ飽く心が生じております（文脈では「疲れ飽く心をおこしません」が正しい）。私がもし今後貪欲の心をおこせば、これは十方一切仏を欺き誑かすことになります。怒り・愚かさについても同様です。いま私は真実の語を話し、虚妄から遠ざかります。また縁覚の位を求めて自身〔のみ〕を救い利することはいたしません。万億劫の果てしない時間、大悲によって衆生を済度します。私は安楽国を〔建立し〕、清浄で玄妙に荘厳します。私が菩提を完成させる時、〔国土が〕億百千倍をこえますように。〔安楽〕国には声聞たちがおらず、また縁覚もおらず、専ら菩薩たちだけで、その数は無数です。衆生は清浄無垢で、みな極上の妙楽をそなえ、正覚を生み出し、様々な仏の教えを記憶します。この誓いがもし誠実なら、大千世界を震動させて下さい。

すなわち、もとの『観世音授記経』では、宝意・宝上の二童子（のちの観世音・得大勢菩薩）が、金光師子遊戯如来に対して、いかなる供養が最も勝れているかと尋ねた。それに対し如来は菩提心を発し衆生を広く救済することが最上の供養であると答えた。その答えをうけて、二童子が菩提心を発して仏に述べた誓願の偈が上記引用箇所である。

この経典は、阿弥陀仏の滅後に観世音菩薩が成仏し、さらにその滅後に得大勢菩薩が成仏することを説く。銘記と経文とを比較すると、「遠離於虚妄」に続いて経文に見える「我若於今始、起於声聞心、不楽修菩提、是則欺世尊」という箇所が銘記にはなく、経文の「如今日仏土」が銘記では「我□安楽国」となっている。すなわち慧審は、阿弥陀仏の次に安楽国において将来相継いで成仏するこの二童子に自身をなぞらえ、万億劫にわたり大悲によって衆生を安楽国へと済度するという誓願を述べているのである。銘記では、上記『観世音菩薩授記経』を用いた誓願文に続いて、

わたくし慧審は二十八の大願をおこし、玄妙なる浄土を荘厳します。〈阿弥陀仏の過去世の身である〉法蔵菩薩の四十八願もまたその二十八願の中に含まれます。私が無上菩提を成ずる時、ただ願わくは〈十方諸仏がそれを証明して下さいますように〉。願わくは西方安楽世界を選び取って成仏し、その国の名は安楽といい、仏の名は阿弥陀と号し、依報（過去世の報いとして受ける世界）・正報（過去の報いとして受ける身）の二報は阿弥陀仏と同じでありますように。〈〈〉内は残存文字からの推測〉

とある。この箇所は経文の引用ではなく、慧審オリジナルの文章であり、この銘記の核心でもある。こ

こでいう二十八大願とは、以降の『悲華経』に基づく誓願のことをいい、これは自身が無上菩提を成ずるとき、十方諸仏から証明され、西方安楽世界において成仏し阿弥陀と号し、依報・正報ともに阿弥陀仏と同じであることを願うものである。以上のような阿弥陀浄土と同様の仏国土を建立して衆生をおさめとるという誓願については、曇鸞『無量寿経優婆提舎願生偈註』巻下の「この無上菩提心はすなわち仏になることを願う心である。仏になることを願う心はすなわち衆生を救おうとする心である。衆生を救おうとする心はすなわち衆生を摂め取って仏国土に生まれかわらせようとする心である。これゆえ彼の安楽浄土に生まれたいと願う者、かならず無上の菩提心を発すべきである。」（大正四〇・八四二上）という文章や、善導『往生礼讃偈』に「彼の厳浄土の微妙難思議なるを見、因りて無上心を発し、我が国も亦た然りと願う。」（大正四七・四四一中）と、十方世界から阿弥陀浄土にやって来た菩薩衆がそのすばらしい有様を見て、この上ない心をおこし、我が国もまた同様でありたいと願うと説かれているものをふまえていると考えられる。七行目「酒発願言」以下は、『悲華経』諸菩薩本授記品四之一（大正三・一八三下第九行―一八四下第十六行）に基づいている。その内容は、転輪聖王無諍念が、宝蔵如来のもとで浄土を選び取ると決意し発した誓願である。慧審はこれを整理して合計二十八願にまとめ、その中に法蔵菩薩の四十八願が含まれるとし、自身をあたかも『無量寿経』の法蔵菩薩のような存在になぞらえて誓願の主体としている。実際に『悲華経』の願の内容は、『無量寿経』の四十八願とかなりの部分が対応していることが知られている（宇治谷一九六九）。『悲華経』では各願の区切りが明確ではないが、この銘記の大部分においては、願と願との間に空白が一文字分あり、区切りが明確である。各願の冒頭に関しては、経典では不統一であるのに対し、銘記ではところどころ経典にない語句が追加され、

図 4-4　龍門石窟薬方洞外観

整理されている。

二十八願の後は、「世尊よ、私が願うのは、このような仏土、このような衆生です。もし世界が清浄で、衆生がこのようであって、はじめて阿耨多羅三藐三菩提を成就します」と締めくくり、経典とほぼ一致する。

これに続いて銘記では、「□□菩薩五百区、造大乗□□□□□□百餘鋪、金銅香炉一具、銅灯台一枚、読華厳等経五万巻、誦阿弥……」とあり、菩薩像や香炉などを造り、『華厳経』などを五万巻も読むという誓願が記される。先述したようにこの銘記の願主である慧審は善導浄土教の信奉者であり、高宗の勅により検校僧となって『華厳経』の教主である盧舎那大仏像を造営した善導も『華厳経』を重視していたことを示唆するものである。銘文には最後に、「大唐永隆二年四月廿三日」と記されている。この年月は冒頭で述べたように、善導が往生したとされる同年三月の翌月に相当する。

以上、この銘記は、慧審が自身を『観世音菩薩授記経』で説かれる阿弥陀仏の滅度後に安楽浄土において成仏する観世音・得大勢菩薩の前身である宝意・宝上二童子になぞらえて、万億劫にわたり衆生を救済するという誓願を述べ、さらに『悲華経』で説かれる転輪聖王無諍念の誓願を利用し、浄土を荘厳し将来成仏して「阿弥陀仏」と号するという誓願を述べたものであることを説明した。その誓願が法蔵菩薩の四十八願を包摂するものであるとの言及も重要である。

## B、浄土教の蔵経洞――第一〇七四窟慧審題記

一〇七四窟は特殊な形状の小窟である（図4-5）。窟内には像が全く残っていないが、後述するように窟門外上部の題記によれば、善導浄土教を信奉する僧が龍門石窟の造営に直接関与していたことを示す極めて注目すべき窟である。

この窟は趙客師洞（ちょうきゃくしどう）と盧舎那大仏龕のほぼ中間に位置し、地上からかなり離れた高所にある。『龍門石窟総録』の記載によると、窟高一八八、幅二百、奥行き二三五センチメートルである。天井には三重の蓮弁が浮彫され、窟内の床面には、左右及び正壁に沿って直径約五十センチメートルの九個の八角形のくぼみがあり、さらに内側には、直径約二十から三十センチメートルの八角形のくぼみが十二個ある。このほか、正壁中央に高九十、幅九五、奥行き七一センチメートルの方形龕がある。

すでに述べたように、この窟の特殊な形態に着目した王滝氏は、この窟を蔵経洞とし、床面のくぼみは経典を中に入れた経筒を設置したものと推測し、正壁中央の龕の機能は不明とした（王一九九六：一四〇―一四三）。

『龍門石窟総録』には、この窟の図と題記釈文を収録するが、久野美樹氏はそれらを利用し、この窟について検討を加えた。久野氏は床面のくぼみついて、浄土を表現したことが確実な高平郡王洞（こうへいぐんおうどう）の床面との類似性を指摘し、元来、そこに蓮華座がはめこまれ、床面は宝池に見立てられ、正壁中央部方形龕については、遺灰などを安置したと推測する（久野二〇一一）。筆者も床面を宝池に見立てたとする久野

図 4-5　1074 窟内部

氏の見解に同意し、窟全体で西方浄土を表現していたと考える。なぜなら、経典を床面に置くにしては穴は不規則な配置だからである。ただし正壁中央に開かれた龕は遺灰等を安置したのではなく、経典を函に入れて安置した「経龕」であったと考えられる。

銘文に「この世界に戻り来て、この経蔵を開く」、「雑経疏等二百巻を一万年後の法滅尽（の際に窟から取り出す）」とあることから、この窟は「経蔵」であることがわかる。雑経疏など二百巻をこの正壁の龕に安置し、一万年後の法滅尽の際に浄土からこの世界に帰り経蔵を開くと記していたと考えられる。善導『法事讃』巻下には、「行者たちに告ぐ。一切の時に常にこの法に依拠し、これを恒久の法式とせよ。まさに知るべきである。経をどこに送ろうか。摩尼宝殿に送ろう。経をどこに送ろうか。竜宮の大蔵へ送ろう。経をどこに送ろうか。西方石窟の宝函の中に送ろう。」（大正四七・四三八中）とあるが、ここでは「宝函」は経巻を収める箱のことをいい、まさに宝函に経典を収め、それを経龕に安置したと考えられる。慧審も善導の『法事讃』のこの文を当然知っていたであろう。

また、左右および奥壁に沿って存在する床面外側の九個のくぼみについては、おそらく三方にそれぞれ一仏二菩薩像を安置したものであろう。則天武后期に造営された北市綵帛行浄土堂は、本来三方の壁面に沿った壇上に十一のくぼみが有り、これが造像記に「阿弥陁仏像三鋪、并侍衛総一十一」とあるのに相当する。この解釈に関しては諸説あるが、「鋪」が組を表すことから阿弥陀・観音・大勢至の一仏二菩薩像が各壁面に安置され、窟門に最も近い二つのくぼみに侍衛の役割を果たす天王像が安置されたとするのが妥当であろう。このことと、一〇七四窟も西方浄土を表現していると考えられることとを勘案すれば、この窟も三方に阿弥陀三尊像を造っていたと考えられる。床面内側の小さなくぼみには、あるいは蓮華座と九品往生（くぼんおうじょう）をあらわす化生童子（けしょうどうじ）像などが設置されていたのかもしれない。

　前述したように、この窟には窟門外の上部に刻文が存在する。『龍門石窟碑刻題記彙録』と『龍門石窟総録』はほぼ同じ釈文を掲載しているが、その釈文は非常に多くの誤りがあり、全文の意味の把握が困難であった。筆者は実地調査、龍門石窟研究院所蔵拓本の調査、さらに典拠仏典の調査の結果を総合して独自に釈文を作り、典拠と対照させて以下の表を作成した。なおこの龕の年代については、「天后」という語が見え、かつ則天文字を使用していないところから、六七四から六八三年の可能性が高く、遅くとも六八九年までと言えよう（年代考証の詳細は（倉本二〇一四）を参照）。さらに年代を限定すると、法滅後を意識した経典の保存を企図する刻文の内容に鑑み、善導の往生後の六八一から六八九年までと考えておきたい。

表7　一〇七四窟題記とその典拠

| 一〇七四窟題記（注意すべき字句の異同に傍線を施す） | 典拠 |
| --- | --- |
| ①沙門釈慧審勧一切衆生、発願帰三宝。道俗時衆 | ①「先勧大衆発願帰三宝 |

| | | |
|---|---|---|
| 等、各発無上心、生死甚難厭、仏法復難欣、共発金剛志、横超断四流、願入弥陁□、帰依合掌礼。世尊我一心、帰命尽十方、法性真如海、報化等諸仏、一一菩提身、眷□□無量、荘厳及変化、十地三賢海、時劫満未満、智行円未円、正使尽未尽、習気□未亡、功用無功用、証智未証智、妙覚及等覚、正受金剛心、相応一念後、果徳□□者。我等咸帰命、三仏菩提尊。無礙神通力、冥加願摂受。我等咸帰命、三乗等賢聖、学仏大悲心、長時無退者。請願遙加備、念念見諸仏。我等愚痴身、曠□□□転、今逢釈迦仏、末法之遺跡、弥陁本誓願、極楽之要門、定散等廻向……。我依菩薩蔵、頓教一乗海、発願帰三宝、与仏心相応。十方恒沙□……、□乗二尊教、広流浄土門。願以此功徳、平等施一切、同発菩提……。 | ②……発此願者、欲使業影先淳、臨□終必会、如樹先傾、倒……十八大願、又依天親菩薩二十四願、如一一願不依……名極楽、仏号阿弥陁、依正二報荘厳及眷……雑経疏等二百巻、於一万年後法滅尽……経五万巻了、誦阿弥陁経千万……宿命、還来此界、開此経蔵……。 | ③……得因縁則生。何以故。不……生、捨浄土命、随願得生三……弥陁仏善力住持故。 |
| 道俗時衆等、各発無上心、生死甚難厭、仏法復難欣、共発金剛志、横超断四流、願入弥陀界、帰依合掌礼。世尊我一心、帰命尽十方、法性真如海、報化等諸仏。一一菩薩身、眷属等無量、荘厳及変化、十地三賢海。時劫満未満、智行円未円、正使尽未尽、習気亡未亡、功用無功用、証智未証智、妙覚及等覚、正受金剛心、相応一念後、果徳涅槃者、我等咸帰命、三仏菩提尊。無礙神通力、冥加願摂受、我等咸帰命、三乗等賢聖。学仏大悲心、長時無退者、請願遙加備、念念見諸仏。我等愚痴身、曠劫来流転、今逢釈迦仏、末法之遺跡、弥陀本誓願、極楽之要門、定散等廻向、速証無生身。我依菩薩蔵、頓教一乗海、説偈帰三宝、与仏心相応。十方恒沙仏、六通照知我、今乗二尊教、広開浄土門。願以此功徳、平等施一切、同発菩提心、往生安楽国。」善導『観無量寿仏経疏』十四行偈（大正三七・二四五下～二四六上） | | ③「如以不朽薬塗種子。在水不爛、在火不焦。得因縁則生。何以故。不朽薬力故。若人一生安楽浄土、後時意願生三界、教化 |

| | |
|---|---|
| | 衆生、捨浄土命、随願得生。雖生三界雑生水火中、無上菩提種子畢竟不朽。何以故。以逕正覚阿弥陀善住持故。」曇鸞『無量寿経優婆提舎願生偈註』巻下（大正四〇・八三八上） |
| ④用斯……天后聖代無窮　皇太……相常居禄位、師僧父母七代……。 | |
| ⑤依経讃△万年三宝滅……仏世甚難値、人有信慧難、遇聞……悲伝普化、真誠報仏恩。哀……人李猷。 | ⑤「万年三宝滅、此経住百年、爾時聞一念、皆当得生彼。仏世甚難値、人有信慧難　遇聞希有法、此復最為難、自信教人信、難中転更難、大悲伝普化、真成報仏恩。」善導『往生礼讃偈』（大正四七・四四一下） |

表の①の部分は、善導『観無量寿仏経疏』の冒頭、いわゆる十四行偈を、慧審自ら大衆に勧める主体と設定しつつ、ほぼそのまま引用したものである。十四行偈の現存最古のテキストと言える。仏教石刻で経論以外の注疏に属するものを刻するのはこれが最古の事例であろう。『観無量寿仏経疏』巻四には「此義已請証定竟、一句一字不可加減。欲写者一如経法。応知。」（大正三七・二七八下）とあるが、いかに善導の文章がその信者に尊崇されていたかをこの刻文は示している。

②の部分は、欠損が多く詳細は不明であるが、法蔵菩薩の四十八大願や天親（世親）菩薩の二十四願（『無量寿経優婆提舎願生偈』）に依拠する①の願によって阿弥陀浄土に往生し、一万年後の法滅尽の際にはこの世に戻り経蔵を開くという意味であると解釈できよう。

③は対応する典拠である曇鸞『無量寿経優婆提舎願生偈註』から推測すると、もしひとたび安楽浄土に生まれたならば、衆生を教化するため三界（輪廻の世界）に生まれかわることを願い、浄土での命を

捨てて、願いどおり三界に生まれかわっても、阿弥陀仏の善住持によって、無上菩提の種子が畢竟不朽であることを述べたものである。よって、①②③をあわせると往相廻向（自らが行じた功徳を自他ともに浄土往生することに振り向けること）還相廻向（浄土に生まれ行を成就した後、再びこの世に戻り衆生を教化すること）を表現していると考えられる。④は、造像の功徳を、（高宗）、天后（武后）や皇太子、先祖、師僧父母へと廻向したものであると考えられる。⑤も欠損部分が極めて多いが、善導『往生礼讃偈』の重要な一節を引用している。「李猷」はおそらく史書に見える先天二年（七一三）に誅殺された中書舎人であろう。一〇七四窟と薬方洞の「究竟荘厳安楽浄土成仏銘記」を総合して考えると、慧審の誓願内容は、法蔵菩薩の四十八願に依拠した発菩提心の大誓願を発し、浄土に往生して修行し、一万年後の法滅尽の際には、再びこの世界に帰還し、この経蔵を開いて、法滅の危機から人々を救済するというものである。これは、法滅後百年『無量寿経』がこの世にとどまるとする『無量寿経』の言説をふまえた、善導『往生礼讃偈』の「万年三宝滅、此経住百年」という語句を一万年後の法滅として正面から受けとめ、その危機を免れるため窟を開鑿し、経典を窟内に収めるという形で実行にうつし、曇鸞『無量寿経優婆提舎願生偈註』にみえる還相廻向という概念を用い、浄土からこの世に帰還し、この窟（経蔵）を開くという誓願として表現したものと言える。

以上、法蔵比丘にならい、自ら仏国土を建てる誓願をおこした事例として慧思と慧審を紹介してきた。両者は強烈な法滅の危機意識を持ち、一万年後の法滅に経典を未来へ残そうとしたが、その手段が慧思の場合は弥勒の下生を待つものだったのに対し、慧審の場合は阿弥陀浄土への往生だったのである。

本章では、発菩提心としての誓願が世俗的善行の執着からの解脱という価値観の、一大転換であることを最初に説明した。その一つの究極の形態が自らの仏国土を建立し、そこに衆生を救いとるという阿弥陀仏の前身、法蔵比丘の大誓願であった。慧思や慧審は法蔵比丘にならいながら、各自の思想に立脚した独自の大誓願を打ち立てたのである。特に慧審は法蔵比丘の誓願に加え、世親の誓願にも依拠していることを述べている。過去の様々な菩薩の誓願をとりこむことでより強力な誓願となることを期待したのであろう。また、世俗的善行を放棄した誓願は、打ち立てた後に修行によって不断に強化されなければならない。それを日常生活に即して説いたのが『華厳経』浄行品であり、この願を受持することが菩薩戒を受持することと同等の価値を有するものとして認められていたのである。

# おわりに

本書では、釈迦入滅後の仏教徒にとって、仏という存在を、いかに現実味をもって感じとることが出来るかという視点から、いくつかの仏教儀礼の展開について述べてきた。こうした儀礼が生み出された思想的背景には、釈迦の生まれたインドから遠く離れ仏滅後の世界に生きる仏教徒たちが、現世あるいは来世において、実際に生身の仏に会ってその教えを受けたい、少しでも仏の存在を実感したいという切実な願望がある。仏教儀礼においてそうした願望が仏像に託される場合がある。

第一章でとりあげたのは、灌仏儀礼や行像・行城儀礼である。これらは、仏像を用いて、仏伝中の過去の重要場面を再現し、記念する祝祭であった。行像儀礼では、人が仏像を輦車に載せて移動させることで、仏の誕生場面や優塡王が仏を迎えた「仏を迎える」場面を表すものであった。一方隋代以降の行城儀礼は、釈迦の踰城出家や四門出遊の事跡を記念し「城を巡る」ものである。例えば敦煌の行城儀礼において仏像に法衣が着せられており、儀礼で用いられた仏像も生身性と関係する。

また仏像を輦車に載せて移動する儀礼を意味する「行像」とは別に、生きている仏のように「進み行く姿」を表現した「行像」がある。進み行く姿を表現した動きのある行像は、少しでも仏の存在を実感したいという願望に基づく表現方法の一例であろう。この意味の行像は、様々な霊験を顕現したものがしばしば見られる。こうした霊験も像が単なる物ではない生身性を証明するものと言ってよい。またこの意味の行像を観想するのは坐像などよりも難しく、懺悔が必要とされ、観想できた場合は滅罪が期待できた。

第二章ではその懺悔儀礼をとりあげた。まず五斗米道などの後漢から魏にかけて中国在来の罪の悔い改めについて先行研究に基づき概観した。それは当時の裁判をモデルにしたもので、自身を懲罰して自責し、至誠（真心の極み）を神々に示すことで赦しを乞うものであった。仏教においては、東晋までに五悔という懺悔儀礼の基本形はすでに整備されていた。また郗超のような在家者も懺悔について深い洞察を行い、空観によって滅罪することを論じていた。

中国における懺悔儀礼の発展の画期と指摘されるのは五世紀である。それはこの時期に戒律文献が大量に翻訳され、戒律違反の問題が意識されたことと密接に関係している。この時期に中国に出現した大乗の懺悔を説くほとんどの経典が重大な戒律違反を犯した場合も滅罪が可能であると説く。特に『大方等陀羅尼経』や『大通方広経』は具体的な儀礼の実践を説き、広く普及した経典である。こうした経典は夢でみる様々な相が重視された。大乗の懺悔においては、見えない十方諸仏の前で行うので、見える仏像の役割が重要になった。そして、『金光明経』に顕著なように多くの懺悔儀礼が衆生救済の誓願と密接に結びつくことを強調して論じた。

第三章も懺悔と密接な関係を有する念仏・観仏・菩薩に関わる経典を扱った。『般舟三昧経』に基づく般舟三昧も次第に重罪を滅する懺悔儀礼としての様相を強くし、また、観仏菩薩経典類も同様に懺悔の性格が強いものであった。観想において仏像が用いられ、その観想の修法にも懺悔や誓願が組み込まれている。その中でも仏・菩薩との直接的関係を取り結ぶ称名がより重視されてくることを論じた。

第四章は懺悔と密接な関係にある誓願をとりあげた。出発点としての誓願である発菩提心は世俗から出家的価値観への転換である。ただし一回誓願すればよいのではなく、日々の生活がまさしく誓願であるとする『華厳経』浄行品に説かれる一四〇願が重要である。この願は菩薩戒にかわりうるものとして重視されていた。

最後には自らの仏国土を建設し、衆生を救い取るという、数ある誓願のなかでも最もスケールの大きい衆生救済の大誓願について紹介した。阿弥陀仏が一四方浄土に鎮座するのは、過去世に偉大な誓願を立てたからであり、自分も同様の大誓願を立てることこそが仏になる道であると考えた者もいたのである。

総じて言うと、仏像には人々の仏に対する願望が様々に反映されることで生命を与えられ、目に見えない仏と人が関係を取り結ぶ儀礼において、両者をつなぐ形あるものとして重要な役割を果たしたのである。

# 参考文献（日本の図書は出版地を省略、海外の図書は出版地も記す）

【和文】

荒見（二〇一四）　荒見泰史「二月八日の出家踰城と敦煌の法会、唱導」『敦煌写本研究年報』八

安藤（一九七〇）　安藤俊雄「北魏涅槃学の伝統と初期の四論師」（横超慧日編『北魏仏教の研究』平楽寺書店）

井波・今鷹（一九九三）　井波律子・今鷹真訳『正史 三国志』2・魏書Ⅱ、筑摩書房

宇治谷（一九六九）　宇治谷祐顕『悲華経の研究』文光堂書店

大塚（二〇一三）　大塚伸夫『インド初期密教成立過程の研究』春秋社

小川（一九六五）　小川陽一「敦煌の行像会」『集刊東洋学』一三

奥（二〇一九）　奥健夫『仏教彫像の制作と受容――平安時代を中心に』中央公論美術出版

梶山・末木（一九九二）　梶山雄一・末木文美士『浄土仏教の思想　第二巻――観無量寿経　般舟三昧経』講談社

金岡（一九八〇）　金岡秀友『金老明経の研究』大東出版社

神塚（一九七八）　神塚淑子「沈約と仏教――「懺悔文」を中心として」『中哲文学会報』三

神塚（一九八八）　神塚淑子「『太平経』の承負と太平の理論について」『名古屋大学教養部紀要』A第三二輯

川勝（一九八二）　川勝義雄「中国的新仏教形成へのエネルギー――南岳慧思の場合」（福永光司編『中国中世の宗教と文化』京都大学人文科学研究所）

菊地（二〇二〇）　菊地章太『東アジアの信仰と造像――媽祖崇拝の比較宗教史的考察』第一書房

## 参考文献


岸野（二〇二〇）　岸野亮示「律に説かれる宗教活動――インドにおける「行像」」『現世の活動と来世の往生』臨川書店

木村（一九六〇）　木村英一編『慧遠研究・遺文篇』創文社

桐谷（一九八七）　桐谷征一「房山雷音洞石経攷」野村耀昌博士古稀記念論集刊行委員会編『仏教史仏教学論集――野村耀昌博士古稀記念論集』春秋社

久野（二〇一一）　久野美樹『唐代龍門石窟の研究』中央公論美術出版社

倉本（二〇一四）　倉本尚徳「龍門北朝隋唐造像銘に見る浄土信仰の変容」『東アジア仏教学術論集』二

倉本（二〇一五）　倉本尚徳「善導の著作と龍門阿弥陀造像記――『観無量寿仏経疏』十四行偈石刻の新発見」『印度学仏教学研究』六三（二）

倉本（二〇一六a）　倉本尚徳「阿弥陀仏となる誓願――龍門石窟薬方洞「究竟荘厳安楽浄土成仏銘記」小考」『印度学仏教学研究』六四（二）

倉本（二〇一六b）　倉本尚徳『北朝仏教造像銘研究』法藏館

倉本（二〇一六c）　倉本尚徳「刻経から見た鄴の仏教―小南海石窟・北響堂山石窟を中心に」『中国考古学』一六

倉本（二〇一九）　倉本尚徳「龍門石窟造像記からみた善導浄土教の受容」肥田路美編『アジア仏教美術論集　東アジアⅡ（隋・唐）』中央公論美術出版

氣賀澤（一九九六）　氣賀澤保規編『中国仏教石経の研究――房山雲居寺石経を中心に』京都大学学術出版会

小南（一九九三）　小南一郎訳『正史　三国志』6・呉書Ⅰ、筑摩書房

定方（一九八九）　定方晟『阿闍世のさとり――仏と文殊の空のおしえ』人文書院

塩入（二〇〇七）　塩入良道『中国仏教における識法の成立』大正大学天台学研究室

静谷（一九七四）　静谷正雄『初期大乗仏教の成立過程』百華苑

謝（二〇〇六）　謝振發「北響堂山石窟南洞北斉石経試論――唐邕の刻経事情をめぐって」（曾布川寛編『中国美術の図像学』京都大学人文科学研究所）

蒋（二〇〇四）　蒋人和「北響堂山南洞石窟寺院の復元」『国華』一〇九（九）

末木（二〇一一）　桂紹隆・斎藤明・下田正弘・末木文美士編「大乗仏教の実践」『大乗仏教の実践』春秋社

外薗（一九九五）　外薗幸一「仏伝と誓願思想――ラリタヴィスタラを中心として」『日本仏教学会年報』六〇

曾布川（一九九〇）　曾布川寛「響堂山石窟考」『東方学報』京都六二

高川（二〇一二）　高川慈照「常行三昧の体験を通して」道元徹心編『天台――比叡に響く仏の声』自照社出版

田熊（二〇一〇）　田熊信之「大斉故昭玄沙門大統僧賢墓銘疏攷」『学苑』八三三

多田（一九九七）　多田孝正・多田孝文『法華経下・観普賢菩薩行法経』大蔵出版

田中（二〇〇七）　田中純男「インドの行像――ハルシャ王による祝祭劇」松濤誠達先生古稀記念会編『梵文学研究論集――松濤誠達先生古稀記念』大祥書籍

中国仏教研究会（一九九〇）　中国仏教研究会「『南岳思大禅師立誓願文』訳解」『天台教学の研究――多田厚隆先生頌寿記念論文集』山喜房仏書林

月輪（一九七一）　月輪賢隆『仏典の批判的研究』百華苑

塚本（一九三五）　塚本善隆「石経山雲居寺と石刻大蔵経」『東方学報』京都：第五冊副刊。

塚本（一九七五）　塚本善隆「敦煌本・中国仏教教団の制規――特に行像の祭典について」『塚本善隆著作集』第三巻、大東出版社

塚本（一九九〇）　塚本善隆『魏書釈老志』平凡社

土屋（一九九四）　土屋昌明「後漢における思過と首過について――自伝文学との関連を考えるために」道教文化研究会編『道教文化への展望』平河出版社

土山（二〇一四）　土山泰弘「古代インドのヴェーダ文献にみられる灌頂」森雅秀編『アジアの灌頂儀礼――その成立と伝播』法藏館

東郷（一九八八）　東郷富規子「釈迦歩行像の存在について――タイにおける独創的仏像」『園田学園女子大学論文集』二二

苗村（一九七六）　苗村高綱「南岳慧思禅師の弥陀観」『宗学院論輯』三〇

中御門（一九九八）　中御門敬教「『舎利弗悔過経』試訳」『佛教大学仏教学会紀要』六

中村（二〇〇九ａ）　中村裕一『中国古代の年中行事　第一冊　春』汲古書院

中村（二〇〇九ｂ）　中村裕一『中国古代の年中行事　第二冊　夏』汲古書院

中村（二〇一二）　中村裕一『荊楚歳時記新考』汲古書院

長澤（一九八五）　長澤和俊訳『玄奘三蔵――大唐大慈恩寺三蔵法師伝』光風社

長澤（一九九六）　長澤和俊『法顕伝訳注解説』雄山閣出版

西谷（二〇一八）　西谷功『南宋・鎌倉仏教文化史論』勉誠出版

西本（二〇一〇）　西本照真「三階教成立の基盤としての地論宗」金剛大学校仏教文化研究所編『地論思想の形成と変容』国書刊行会

服部（一九九〇）　服部法照「文殊師利般涅槃経と観経類」『印度学仏教学研究』三九（一）

肥田（二〇一一）　肥田路美『初唐仏教美術の研究』中央公論美術出版

肥田（二〇一五）　早稲田大学大学院東洋美術史　肥田路美（編）『美術史料として読む『集神州三宝感通録』――釈読と研究（八）』早稲田大学大学院東洋美術史

肥田（二〇一六）　早稲田大学大学院東洋美術史　肥田路美（編）『美術史料として読む『集神州三宝感通録』——釈読と研究（九）』早稲田大学大学院東洋美術史

肥田（二〇一八）　早稲田大学大学院東洋美術史　肥田路美（編）『美術史料として読む『集神州三宝感通録』——釈読と研究（十一）』早稲田大学大学院東洋美術史

日野（二〇一八）　日野慧運『金光明経の研究——説法師と経典編纂についてのケーススタディ』山喜房佛書林

広川（一九八二）　広川尭敏「敦煌出土七階仏名経について——三階教と浄土教との交渉」『宗教研究』五五（四）

平川（一九六〇a）　平川彰「華厳経に見られる初期大乗教徒の宗教生活」中村元編『華厳思想』法藏館

平川（一九六〇b）　平川彰『律蔵の研究』山喜房佛書林

平川（一九七六）　平川彰「懺悔とクシャマ」『法華文化研究』二

藤岡（二〇二一）　藤岡穣『東アジア仏像史論』中央公論美術出版

藤田（一九七〇）　藤田宏達『原始浄土思想の研究』岩波書店

藤谷（二〇一一）　藤谷厚生「『金光明経』の成立と展開」『日本仏教学会年報』七七

船山（一九九五）　船山徹「六朝時代における菩薩戒の受容過程——劉宋・南斉期を中心に」『東方学報』京都、六七

船山（二〇一九a）　船山徹『六朝隋唐仏教展開史』法藏館

船山（二〇一九b）　船山徹「謝霊運と南朝仏教」蔣義喬編『六朝文化と日本——謝霊運という視座から』勉誠出版

船山（二〇二一）　船山徹「未詳撰者『慈悲道場懺法』十巻の資料価値」『東方学報』京都九六

牧田（一九七五）　牧田諦亮編『弘明集研究』巻下（訳注篇下）京都大学人文科学研究所

マスペロ（一九七八）　アンリ・マスペロ著、川勝義雄訳『道教』平凡社（東洋文庫）

水谷（一九九九）　水谷真成『大唐西域記』一〜三、平凡社（東洋文庫）

水野・長廣（一九三七）　水野清一・長廣敏雄『河北磁県・河南武安響堂山石窟——河北・河南省境における北斉時代の石窟寺院』東方文化学院京都研究所

宮林・加藤（二〇〇四）　宮林昭彦・加藤栄司訳『現代語訳南海寄帰内法伝——七世紀インド仏教僧伽の日常生活』法藏館

村田（二〇二〇）　村田みお「写経と仏画——わが身で表す信仰」『仏を信じ、教えを笑う』臨川書店

森（一九九九）　森章司「釈尊の出家・成道・入滅年齢と誕生・出家・成道・入滅の月・日」『原始仏教聖典資料による釈尊伝の研究』一、中央学術研究所

矢野（一九九二）　矢野道雄『占星術師たちのインド——暦と占いの文化』中公新書

山田（二〇一五）　山田明広『台湾道教における斎儀——その源流と展開』大河書房

山部（二〇〇〇）　山部能宜「『梵網経』における好相行の研究——特に禅観経典との関連性に着目して」荒牧典俊編『北朝隋唐中国仏教思想史』法藏館

吉川（一九八八）　吉川忠夫訳『弘明集・広弘明集』中央公論社。

吉川（一九九八）　吉川忠夫『中国人の宗教意識』創文社

吉川・船山（二〇〇九a）　慧皎著・吉川忠夫・船山徹訳『高僧伝（一）』岩波書店

吉川・船山（二〇〇九b）　慧皎著・吉川忠夫・船山徹訳『高僧伝（二）』岩波書店

吉川・船山（二〇一〇a）　慧皎著・吉川忠夫・船山徹訳『高僧伝（三）』岩波書店

吉川・船山（二〇一〇b）　慧皎著・吉川忠夫・船山徹訳『高僧伝（四）』岩波書店

吉村（二〇〇六）　吉村怜「行像考」『南都仏教』八八

劉（二〇一六）　劉建軍（著）・李梅（訳）「『大方等陀羅尼経』における「十二夢王」——石刻図像に関

する研究」『佛教藝術』三四八


（欧文）

Forte（2002）　"Fazang and Śākyamitra, A Seventh-century Singhalese Alchemist at the C[illegible]se Court," *Regional Culture, Religion, and Arts before the Seventh Century： the Third International Con[illegible]nce on Sinology, History Section*, Taipei： Institute of History & Philology, Academia Sinica, pp. 369–41[illegible].

Greene（2021）　Greene, Eric M. *Chan Before Chan： Meditation, Repentance, and Visionary Experienc[illegible] [illegible]hinese Buddhism*, Honolulu： University of Hawaii Press.

Kuo（2019）　Kuo, Liying "The Da Fangdeng Tuoluoni Jing（Vaipulya-dhāraṇī-sūtra） and Dunhuang Evidenc[illegible] *tin De L'École Française D'Extrême-Orient* 105, pp. 179–228.

Nattier（2003）　Nattier, Jan, *A Few Good Men： The Bodhisattva Path according to The Inquiry of Ugra (Ugraparipṛcchā)*, Honolulu： University of Hawaii Press, 2003, pp. 117–121.

Robson（2012）　Robson, James, "Sin, Sinification, Sinology： On the Notion of Sin in Buddhism and Chinese Religions," Phyllis Granoff and Koichi Shinohara（ed.）*Sins and Sinners*, Leiden； Boston： Brill, pp. 73–92.

Rösch（2012）　Rösch, Petra H. "Inscribed Columns： Ritual and Visual Space in Chinese Buddhist Cave-Temples," Jungmann, Burglind； Schlombs, Adele； Trede, Melanie（ed.）*Shifting Paradigms in East Asian Visual Culture： a Festschrift in honour of Lothar Ledderose*, Berlin： Dietrich Reimer Verlag GmbH, pp. 77–106.

Sharf（2005）　Sharf, Robert, "Ritual" Lopez, Donald S.（ed.）*Critical Terms for the Study of Buddhism*, Chicago and London： The University of Chicago press, pp. 245–270.

Trombert（1996）　Trombert, Éric, "La fête du 8e jour du 2e mois à Dunhuang d'après les comptes des monastères, in Drége, Jean-Pierre（éd）, *De Dunhuang au Japon： Études chinoises et bouddhiques offertes à Michel Soymié.*

Genève : Librairie Droz, pp. 25–72.

Vignato（2017）　Vignato, Giuseppe, "Monastic Fingerprints : Tracing Ritual Practice in the Rock Monastery of Qizil through Archaeological Evidence," *Indo-Asiatische Zeitschrif*, 20/21, pp. 22–31.

Yamabe（1999）　Yamabe, Nobuyoshi, The Sūtra on the Ocean-Like Samādhi of the Visualization of the Buddha : The Interfusion of the Chinese and Indian Cultures in Central Asia as Reflected in a Fifth Century Apocryphal Sūtra, Ph.D. thesis, Yale University.

（中文、ピンイン順）

倉本（二〇二一）　倉本尚徳「行像与行城——敦煌行城儀式起源考」『唐研究』二六

曹（二〇二一）　曹凌『中古中国宗教経典与儀式研究』新北：博揚文化事業有限公司

丁（一九八八）　丁明夷「北朝仏教史的重要補正—析安陽三処石窟的造像題材」『文物』一九八八年第四期。

杜（二〇一四）　杜新燕「儀式展演与文化整合—寺登白族太子会儀式的人類学解読」『西南民族大学学報（人文社会科学版）』二〇一四年第五期。

郝（一九九八）　郝春文『唐後期五代宋初敦煌僧尼的社会生活』北京：中国社会科学出版社。

蔣（二〇一三）　蔣人和「北響堂石窟刻経洞的歴史与芸術」（峰峰砿区文物保管所・芝加哥大学東亜 … 心『北響堂石窟刻経洞——南区1、2、3号窟考古報告』北京：文物出版社）

李（一九九七）　李裕群「鄴城地区石窟与刻経」『考古学報』一九九七年第四期

劉・李（一九九八）　劉景龍、李玉昆主編『龍門石窟碑刻題記彙録』北京：中国大百科全書出版社

呂（一九九九）　呂鉄鋼編『房山石経研究』（一）（二）（三）香港：中国仏教文化出

馬・段（二〇一四）　馬徳・段鵬「敦煌行城与剣川太子会及其歴史伝承関係初探」『敦煌研究』二〇一四年第五期。

馬・馬（二〇〇六）　馬忠理・馬小青「渉県木井寺北斉観音経碑小考」（焦徳森主編『北朝摩崖刻経研究　三』呼和浩

特：内蒙古人民出版社）
馬（二〇〇三）　馬忠理「邯鄲鼓山、滏山石窟北斉仏教刻経」（焦徳森主編『北朝摩崖刻経研究（続）』香港：天馬図書有限公司）
慶（二〇一七）　慶昭蓉『吐火羅語世俗文献与古代亀茲歴史』北京：北京大学出版社
譚（一九九八）　譚蝉雪『敦煌歳時文化導論』台北：新文豊出版社
王（一九九六）　王瀧「伊闕石窟之藏經洞」（龍門石窟研究所編『龍門石窟一千五百周年國際學術討論會論文集』北京：文物出版社）
王（二〇〇六）　王振国『龍門石窟与洛陽仏教文化』鄭州：中州古籍出版社
汪（一九九八）　汪娟『敦煌礼懺文研究』台北：法鼓文化
顔（一九九八）　顔娟英「北斉禅観窟的図像考――従小南海石窟到響堂山石窟」『東方学報』京都、七〇
顔娟英（二〇〇八）　顔娟英主編『北朝仏教石刻拓片百品』台北：中央研究院歴史語言研究所
張（二〇〇七）　張林堂主編『響堂山石窟碑刻題記総録』北京：外文出版社
張（二〇一三）　張総「北響堂山石窟刻経洞的仏典、偈頌和仏名」（峰峰砿区文物保管所・芝加哥大学東亜芸術中心『北響堂石窟刻経洞――南区1、2、3号窟考古報告』北京：文物出版社）
張（二〇一五）　張雲霞「大理太子会与敦煌遺書相関資料比較研究」『大理学院学報』第一四巻第七期。
趙（二〇一〇）　趙曉星「莫高窟第401窟初唐菩薩立像与《大通方広経》」『敦煌研究』二〇一〇年第五期

ウェブサイト
喇嘛網《聖大解脱經》的功徳利益（中国語）（https://www.lama.com.tw/content/msg/DiscussDetail.aspx?Id=6648）最終アクセス日　二〇二一年十二月十四日

# シリーズ実践仏教　刊行の言葉

京都大学人文科学研究所教授　船山　徹

世界の様々な宗教には、心のあり方を重んずる宗教もあれば、体を動かすことをより重視する宗教もある。仏教は、過去の歴史と現在社会において、心の状態を重視しながら、その一方で教えを口で説き示し、体を動かして実践してみせることにも大きな意義を認めている。

本シリーズは実生活や行為と仏教のつながりに目をあてる。仏教の概説書は、思想や教理という抽象的な側面から仏教を照らし出すことが多いだろうが、本シリーズはこれまであまり注目されてこなかった実践行為を取り扱う。

仏教の実践に着目する概説はこれまでもたくさんあった。しかし例えば「インド大乗仏教の瞑想実践」という概説があるとしよう。内容は実践と関係するに違いないだろうが、実際に中身を読んでみると、「具体的な実践」は取り上げず専ら「実践に関する理論」の説明に終始することがよくある。具体的な実践それ自体でなく、実践修行に関する抽象的理論を扱うだけの場合がままあるのだ。このような理論の枠組みに収まりきらないような具体的な事柄をもし主題とするなら、仏教の歴史や現状をどう説明できるだろうか。編者としてわたくしは、まさにこのような視点から『シリーズ実践仏教』を世に問いたい。

本シリーズの第一巻は、菩薩という大乗仏教の理想とする生き方を概説する。第二巻は、長い時間のなかで生きものは輪廻し何度も生まれ変わることの意味を取り上げる。第三巻は深い信仰から仏像や碑文を作る行為を具体的に説き明かす。第四巻は信仰とかかわる写経(経典の書写)の意義と、仏教の娯楽となった芸能や言葉遊びを紹介する。以上が前近代と関係するのに対し、第五巻は現代社会に息づく仏教を三章に分けて扱う。すなわち最初期から重視されつづけてきた瞑想法(精神統制)の今日的発展を扱う章、世界の仏教国の中で独自の価値を示し、注目されているブータン王国の仏教実践を解説する章、そして最後に、現代社会の避けられない課題として長寿のもたらす支援介護のあり方とターミナルケアにおいて仏教が果たす役割を紹介する章である。

本シリーズをきっかけに多くの読者が仏教の歴史と現代的課題に思いを寄せ、様々な形で現れた実践仏教について理解を深めるのに役立てて頂けるならば、編者として望外の喜びである。どの章も読者の目線を考えて分かり易くなるよう入念に執筆されているので、是非ご一読いただきたい。

**倉本尚徳**（くらもと　しょうとく）
1976年奈良県生まれ。東京大学文学部東洋史学専修課程卒。東京大学大学院人文社会系研究科博士課程単位取得退学。博士（文学）。龍谷大学アジア仏教文化研究センター博士研究員、台湾中央研究院歴史語言研究所助研究員を経て、京都大学人文科学研究所准教授。専門は六朝隋唐仏教史。『北朝仏教造像銘研究』（法藏館、2016）、『最澄・空海将来『三教不斉論』の研究』（共訳著、図書刊行会、2016）、『中国史書入門　現代語訳　北斉書』（共訳、勉誠出版、2021）などがある。

儀礼と仏像
シリーズ実践仏教 3

二〇二二年八月三十一日　初版発行

編者　船山　徹
著者　倉本尚徳
発行者　片岡　敦
印刷製本　亜細亜印刷株式会社

606-8204 京都市左京区田中下柳町八番地
発行所　株式会社 臨川書店
電話（〇七五）七二一-七一一一
郵便振替　〇一〇七〇-二-八〇〇



ISBN 978-4-653-04573-1　C0315　
〔ISBN 978-4-653-04570-0　セット〕

# 索　引

## あ行



## か行

## さ行



## た行

## な行



## は行



## ま行



## や行

## ら行

# 図版典拠

第一章

図 1−1：東大寺提供

図 1−2：ⒸVictoria and Albert Museum, London

図 1−3：銭国祥「北魏洛陽外郭城的空間格局復原研究——北魏洛陽城遺址復原研究之二」『華夏考古』2019 年第 6 期図 1 をもとに筆者加工

図 1−4：筆者撮影

図 1−5：京都大学人文科学研究所所蔵写真（羽舘易撮影）

第二章

図 2−1：東大寺所蔵、画像提供：奈良国立博物館

図 2−2：筆者撮影

図 2−3：興福寺所蔵、画像提供：東京国立博物館　Image : TNM Image Archives

図 2−4：筆者撮影

図 2−5：京都大学人文科学研究所所蔵拓本画像

図 2−6：山東臨朐山旺古生物化石博物館編著『臨朐仏教造像芸術』北京：科学出版社、2010、98 頁

図 2−7：山東臨朐山旺古生物化石博物館編著『臨朐仏教造像芸術』北京：科学出版社、2010、100 頁

図 2−8：筆者撮影

図 2−9：筆者撮影

図 2−10：晋城市文物保護研究中心提供

図 2−11：晋城市文物保護研究中心提供

図 2−12：晋城市文物保護研究中心提供

図 2−13：晋城市文物保護研究中心提供

図 2−14：林樹中主編『中国美術全集　雕塑篇三』北京：人民美術出版社、1988、図 139

図 2−15：筆者撮影

図 2−16：李玉珉氏提供

図版典拠

図 2-17：筆者撮影

図 2-18：京都大学人文科学研究所所蔵拓本（筆者撮影）

図 2-19：筆者撮影

図 2-20：峰峰礦区文物保管所・芝加哥大学東亜芸術中心『北響堂石窟刻経洞——南区 1、2、3 号窟考古報告』北京：文物出版社、2013、図版 1

図 2-21：李裕群『北朝晩期石窟寺研究』北京：文物出版社、2000、16（番号は筆者が付加）

図 2-22：筆者撮影

図 2-23：筆者撮影

第三章

図 3-1：筆者撮影

図 3-2：筆者撮影

第四章

図 4-1：陳怡安氏提供

図 4-2：陳怡安氏提供

図 4-3：京都大学人文科学研究所蔵拓本（筆者撮影）

図 4-4：Chavannes, Edouard. *Mission archéologique dans la Chine septentrionale, Planches*, Paris Imprimerie nationale, 1909, No. 360.

図 4-5：劉景龍・楊超傑『龍門石窟総録』北京：中国大百科全書出版社，1999、第七巻図録　図 186

図 4-6：筆者撮影

本書は令和四年度科研費基盤研究 C［20K01021］、基盤研究 A［21H04341］、特別研究員奨励費［21F21002］による研究成果の一部である。